哲人咖啡厅

卢梭民主哲学

（法）卢梭　著　陈惟和等　译

九州出版社
JIUZHOUPRESS
全国百佳图书出版单位

人是生而自由的，很多人自以为是别人的主人，其实比起别人来，他是更大的奴隶。

——卢梭

出版前言

卢梭(1712—1778)是十八世纪法国资产阶级民主革命前夜最杰出的思想家、哲学家。作为资产阶级启蒙运动的代表和平民阶层的代言人，卢梭从根本上否定当时贵族统治阶级的“文明”，他认为自然是美好的，出于自然的人是生来自由平等的，因此应该以自然的美好来代替“文明”的罪恶。

他宣扬天赋人权，给人以自然权利；返璞归真，赞美自然的人生。他相信“文明”的进步并不一定总是有助于人类对真理的认识，以及人的价值的提高和人的道德情操的进步，相反，文明的奢华掩盖了人类思想的贫乏和道德的卑下。卢梭在追求人类自然、平等、自由生活的时候，一方面看出私有制是产生不平等的根源(《论人类不平等的起源和基础》)，另一方面又指出私有制乃是社会的基础。“财产是文明社会的真正的基础，公民事业真正的保证。”“财产权的确是所有公民权中最神圣的权利，它在某些方面，甚至比自由还重要。”(《论政治经济学》)他们想着一个既保存私有制，又“不准有过于豪富的人和过于贫穷的人”的社会。于是，他在《社会契

约论》中倡导天赋人权；在《爱弥儿》中赞扬出于自然之手的理想人格。

他的内心深处，竭力想避开一切世俗的烦恼、世俗的欢乐、世俗的高尚，自然地、毫不掩饰、毫无虚伪地向人们敞开心怀，描述自己，不断走向澄明之境，形成他独特的“卢梭风格”。于是有了《忏悔录》及《遐想者的漫步》那样的不朽名著。卢梭正是以其对简单淳朴的自然与人生的赞颂和高度评价，开辟了启蒙时代文学的民主潮流，从而对资产阶级革命民主主义的文化思想起了重大的促进作用。

我们重读卢梭，感悟他对人生、自然的态度；领略他对社会、财富、科学与艺术的理解；体味他那淳朴、澄明、追求完美的天性，不能不算是一种真正的享受。自然是永恒的，人的天性也是永恒的，在人的天性中包含着自臻完美的能力。

本书是卢梭原著代表作的精选译本，基本反映了卢梭民主哲学的主要思想和理论。为便于读者阅读，编辑中对部分内容做了删节，并适当加了小标题。此书译者有陈惟和、张一江、宋文等。

九州出版社

二〇〇四年六月

目 录

一、社会契约论

我想就人性所然，法律所能，研究在国家社会秩序方面，究竟能否定立些公正确定的政治原则。在这项研究里，我将始终力求把权利所许可的和利益所要求的结合起来，以便正义与功利不相分离。

我从事这项工作前，并未证明本问题的重要。有人或将问我纵论政治，自身是个国君呢，还是个立法者呢？我答，我两种都不是，且唯其不是，我才这样做。倘使我是个国君或立法者的话，我将不复浪费时间去谈论所要做的；我将照行，否则沉默。

我既生而为一自由国家[①]的国民，为主权者之一分子，我觉得，无论我的言论对于公众事务的影响是怎样微弱，但我对之既有投票的权利，便有研究的义务。我很快乐，当我省察各种政体时，总会在我的探究中，发现热爱我国的政体的理由。

1. 人，生而自由

人是生而自由的[②]，但到处，都受着束缚。好些人自以

① 指瑞士日内瓦共和国。

② 据英译者 Cole 氏的绪言上说：“人是生而自由的”（Man is born free）一语即是说：“人是为自由而生的”（Man is born for freedom）。

为是别人的主人，其实比起别人来，还是更大的奴隶。怎么会变得这样呢？我不知道。什么能使之合法呢？这问题，我想我能回答。

如果只从强力及其效果而论，我应当说："人民被迫而服从，并服从着，那也好；如果一旦能够摆脱那束缚，且实行摆脱，那就更好；因为人民凭被夺去自由权时所凭的同样权利而重得自由，则人民回复自由是合法的，否则别人当初夺去他们的自由是不合法的。"但社会秩序是个神圣的权利，而这神圣的权利又为其他一切权利的基础。可是这权利并非来自自然的，所以必然是根据契约的。问题在于要知道那些契约是什么。我在讨论前一问题之前，须先将这后一问题解答。

2. 原始的社会

最原始的社会，唯一自然的社会，便是家庭；但儿子依附父亲，亦只限于需要他保护的时候。一旦不再有这需要，天然的结合便分解了。儿子不再需要服从他们的父亲，父亲也不再需要照料他的儿子；彼此便变为同等独立的。如果他们仍然结合在一起，这结合也不再是出于天然的，而只是出于同意的；那时家庭本身的维持，全依赖着契约了。

这种普通的自由来自人的本性。人的最大原则是保持他自己的生存，他的最大关心是照料他自己。一旦达到懂事（有理智）年龄，他就自行判断他维持自己生存的适当

方法，他便变为他自己的主人了。

家庭可以说是政治社会的雏形：统治者相当于父亲，人民相当于儿子；大家都是生而自由平等的，只是为着自由的利益，才会让予自由。所不同的：在家庭里，父亲对于儿子有爱心，报偿他对于儿子的抚育，而在国家里，统治者对人民没有爱心，只有统治的快乐。

格劳秀斯（Grotius）① 否认一切人类的权力都是为被统治者的利益所建立的，并引奴隶制度为例。他的推理所常用的方法是凭事实而定权利。② 较合理的方法是未尝没有的，但没有别的方法比这个更有利于暴君了。

所以，依照格劳秀斯说法，究竟人类属于某一百个人③，还是一百个人属于人类，是成疑问的；他在他的书里，似乎表示他倾向于前一种见解，这也是霍布斯④ 的见解。这样，人类便分为一群一群的牲畜，每群有个管领者，为吞噬它们而管领它们。

牧人生来高于羊群，统治者，——人群的牧人——也生来高于人民。所以斐罗（Philo）⑤ 告诉我们，卡理鸠拉皇帝（Emperor Caligula）⑥ 推理的结论，不是帝王为天神，

① Grotiua（1582—1645）荷兰人，为国际公法的始祖。

②“深究公权，知道那常不过是过去的滥权而已；故费心深究它，是无益的迷恋”。（Mraquis d'argenson）的话，见于《论法国的利益与其邻国的关系》（Traité des Intéréts de la France avec ses voisins）格劳秀斯的工作便是这样。——原注

③ 指统治阶级。

④ 霍布斯 Hobbes（1588—1679），英国人，主张专制政体的政治哲学家。

⑤ 哲学家，约生于公元前 20 年，死于公元后 54 年。

⑥ 罗马皇帝生于纪元后 12 年死于 41 年。

便是人民为牲畜，这都是一样的。

卡理鸠拉皇帝的理论正和霍布斯，格劳秀斯的相同。更前的亚里士多德（Aristotle）也说，人们不是生而平等的，有些是为做奴隶而生的，有些是为统治而生的。

亚里士多德的话是对的，但他倒果为因了。凡是生而为奴隶的人都是为做奴隶而生的，没有比这话更确切的了。奴隶在束缚中失去一切，甚至失去解脱束缚的愿望：他们喜欢服役，正如幼里赛（Ulysses）[①]的同伴喜欢他们野兽般的状况一样。[②]所以，假如有天然的奴隶，那是因为他曾反乎自然而做奴隶。最初的奴隶是以强力迫成的，而怯懦则使他们继续为奴隶。

我没有溯究上古的亚当王（King Adam）或诺亚帝（Emperor Noah），那平分天下的三王（有如农神 Saturn 的儿子一样，有些学者曾把他们考证出来）的父亲。我相信我不去溯究是一种谦和，可以得到相当称谢的，因为我就是那些王之一的后裔，或者竟是长王的后裔，如果考订起族谱来，或许还能辨出我是人类之合法的王呢？无论如何，亚当无疑是世界的王，有如鲁宾孙是他的荒岛上的王一样，只要鲁氏是该岛的唯一居民，他便是该岛的王。这种王国有种好处，即是君王得安于王位，不怕有反叛，战争，或阴谋者。

① 为古典神话中 Ithaca 之王，特洛伊战争中，希腊领袖之一，荷马（Homer）所著《奥德赛》（Odyssey）即描写 Ulysses（即 Odysseus）于归途中遇险，被变为猪的漫游之事。

② 参看 Plutarch 的短论文《动物的理智》（That Animals Reason）。——原注

3. 最强者的权利

最强者绝不能强到永远做王，除非他把他的强力（force，power）变为权利（droit，right），服从变为义务。故“最强者的权利”（简称为“强者权”）一词，表面虽含着讽刺的意思，然而实际上是被当作根本的原则定下来的。但是人们对于该词就永远不加以解释吗？强力便是实力，我看不出它能有什么道德上的效果。服从强力是件出于不得已的行为，却不是出于意志的行为——至少亦不过是委曲求全的行为而已，它依什么意义能成为义务呢？

让我们暂时假定确有所谓“最强者的权利”。但我仍要说，结果亦不过是些不可解的无意义的东西罢了，因为，如果强力能生权利，则结果随原因而变，苟有更大的强力，便又可夺取其权利了。人们一到可不服从而无伤时，便可合法地不服从了。既然最强者永远有权利，则人的行为只求为最强者便行了。但因强力终止而消失的权利又是一种什么权利呢？如果我们只有因受强力而服从的必要，那便没有依义务而服从的必要了。如果我们不再被迫而服从，那便不再有服从的义务了。所以，我们看出“权利”一词，对于强力无所增益；在这里，它是毫无意义的。

服从权力。如果这话是说服从强力向强力屈服，那么这个教训虽是很好的，但亦是多余的；我可以说，这话是永远不致被违反的。一切权力都来自上帝，我承认，但一切疾病也是来自上帝；难道因此就不许我们请医生吗？如

果我在山林深处突遇强盗，我是否不仅要在被迫时交出我的钱袋，还是当我可以把它隐藏起来时，也要凭道德良心交出我的钱袋呢？他手里拿的手枪分明也是个权力呀。

让我们承认：强力不能产生权利，我们所不得不服从的是合法的权力。这样，我原来的问题又重现了。

4. 奴　隶

既然人没有支配他人的天然权力，既然强力不能产生权利，那么契约便是人与人之间合法权利的基础了。

格劳秀斯说，如果个人可以让与他的自由，去做别人的奴隶，为什么全体的人民不能同样做，去成为王的奴隶呢？这话有许多含糊的词，须待解释的。且让我们限于究问“让予”（aliéner，aliennte）一词。“让予”即是给予或卖出。一个人做他人的奴隶，并不是把自己给予别人；他出卖自己，至少是为着他自己的生存。但全体人民出卖自己，是为着什么呢？帝王并不给人民以生活的供养，反而从人民那里抽取其生活的供养；而且拉伯雷（Rabe- lais）[1]说得好，帝王并不是能不靠什么而生活的呀。那么，是否人民卖身的条件还要让自己的资产也给帝王取去呢？我真不知道他们还留有什么以维持生活啊。

有人也许要说，专制主会给人民保证社会的安宁。即使假定能这样，但如果他的野心惹起的战祸，他无厌的贪欲，及其属员的扰民的行为，所加于人民的压迫，比人民

① Rabelais 1490（？）—1553 法国的讽刺家。

自己的相争还厉害，试问这时人民得到什么呢？如果他们所得到的安宁实是一种苦难，试问他们在这里又得着什么呢？在牢狱里也有安宁；但牢狱是否因而成为悦意而可居住的地方呢？幽禁于西劳斯（Cylops）岩穴中的希腊人，虽等待着被吞噬，也住得很安宁呀。

说一个人毫无所为地出卖自己，这是件荒谬的，不可思议的事，这种行为是不合法的，无效的，简单的理由是，因为这么行为的人是心智失常。若说全体人民都是这样，便是说全体人民都是疯子；疯狂是不能生权利的。

纵使让一步来说个人能让予自己，但他也不能让予他的子女。他的子女们是生而自由的人；他们的自由是属于他们的，除了他们自己，没有人有处置这种自由的权。在他们达到懂事年龄之前，做父亲的，可以用他们的名义规定出保护他们及其幸福的条件，但不能无可挽回地，无条件地把他们让予；因为这是违反自然的目的，并逾越亲权的行为。所以一个专断的政体要变为合法的，必需每代的人民对它都有加以接受或排斥的主权；但如果这样，该政体也就不是专断的了。

放弃自由，便是放弃做人，便是放弃做人的义务和权利。对于放弃一切的人是不能有补偿的。这种放弃是与人性相违的。从人的意志中去掉一切的自由，便是从他的行为中去掉一切的道德了。所以，规定一方是绝对的权威，另一方应无限服从的契约，是无效的，矛盾的。对于我们有权向他要求任何事物的人，我们没有应尽的义务，这岂不是很明显的事吗？只此一个条件不就使该契约行为无效

吗？因为如果奴隶所有的一切都属于我，那他还有什么权来反抗我呢？他的权就是我的，那么，说我自己反对我的权，岂不是一句毫无意义的话。

格劳秀斯和别的人又于战事中找到使人成为奴隶的奴役权的根据。他们说，战胜者有杀戮战败者的权利，后者可以牺牲其自由以换回性命。这种契约是比较合法的，因为它是为着双方的利益。

但很明白的，这种假定的杀戮战败者的权利，绝不是可从战争状态中推演出来的。人们最初各自独立生活时，相互间没有固定的关系足以形成战争状态或和平状态；因此彼此不能成为天然的敌人。形成战争的，是事物与事物的关系，而不是人与人的关系；又因战争状态不是起于简单的个人的关系，而是起于实物的关系，故私人的战争，即人与人的战争，在没有固定产权的自然状态中，不会存在，在一切事物都受法律规定的社会状态中，也不会存在。

私人的相争，决斗，不能形成战争的状态；至于法皇路易十四的命令所许可，而教皇所取缔的私战，乃是封建政制下的恶习。这封建政制，如果有的话，是个荒谬的制度，是违反自然权利的原则，也是违反一切良好政治的。

所以，战争不是人与人的关系，而是国家与国家的关系，个人的成为敌人，只是偶然的，不是以人的资格，也

不是以国民的资格[①]，而是以战士的资格；不是以祖国分子的资格，而是以祖国防卫者的资格。总之，一国只能以别国为敌人，不能以个人为敌人；因为本质不同的东西间不能有实在的关系。

其实，这原则是适合于各时代的定则，和一切文明国家的惯行。例如宣战，不只是通知对方的政府当局，尤其是要通知对方的人民。无论是外国的国王，或民族，或私人，如果没有对本国政府宣战，而径行劫掠，杀戮，或抢劫国民，便是强盗，并不成为敌人。甚至正式开战，公正的元首虽占取敌国国有的一切，然于个人的财产性命，则仍需尊重；即是尊重他自己的权利所根据的权利。战争的目的在于消灭对敌的国家，交战国有权杀戮敌国的防卫者，这要在他们持着武器的时候；但他们一经放下武器，实行屈服之后，便不再是敌人或敌人的工具，而回复为单纯的人，再没有人有权把他们的生命毁灭了。有时竟可毁一国家，而没有杀一国民。战争绝不能产生不是为战争的目的所必需的任何权利。这些原则不是格劳秀斯的原则，不是凭诗人的理想来的，而是从事物本质中推衍出来并以理智

① 罗马人较别的民族更明了新生战争权，他们竟顾虑到这样的地步：即一个公民如果没有明白表示反对敌人，反对某某敌人，则不能为义勇队员。罗马的军团在Iópilius氏下加以改组，幼Cpto氏初次为该团服军役。这时老cato氏写信给Popilius说，如果要他的儿子在他部下服军役，应该命令他的儿子作一新的服军役的宣誓，因为他以前的宣誓已无效了，不得再武装起来反抗敌人了。老cato又写信给他的儿子，要他注意在出战之前。作一新的誓言。我知道有人会引Clusium（地名）之围和其他的事件，来反对我上面的说法；但我所说的是法则和习惯。罗马人是最不违反其法律的人民；也没有别的民族有罗马人那么好的法律。——原注

为基础的。

至于战胜之征服权，亦不外根据最强者的权利基础。如果战争并不给战胜者以杀戮战败者的权利，则这种不存在的权利就不能用为奴隶其人民的权利的根据。只是当我们不能使敌人为奴隶的时候，我们才有权杀他，故奴隶他的权利不能出自杀他的权利。战胜者对于战败者的性命，既没有杀戮的权，而要战败者牺牲其自由以换回其性命，这真是不公平的了。建立生杀权于奴隶他人的权利之上，又建立奴隶他人的权于生杀权之上，这岂不显然是一种恶性循环吗？

即使我们假定有这种杀戮他人的可怕的权利，我仍以为战争中所降服的奴隶，或被降服的民族，除了被迫不得不服从主人之外，亦不要负什么义务。战胜者向战败者，取其相当于生命的东西，并未给予什么好处；他不直截了当地杀掉对方，——这于他是无利的，——而为自己的利益，役使对方，杀对方于无形中。这样，征服者在强力之外，既不曾获得什么权威，他们之间仍和从前一样，存在战争状态，甚至他们的关系本身便是战争状态之结果；而战争权之运用是表示不能有和平条约的。他们诚然订有契约；但这契约，不是结束战争状态，而是隐含着战争状态的继续。

所以，不论我们怎样观察这问题，奴隶他人的权利都是无效的，不仅因为该权利是不合法的，而且因为它是荒谬的，无意义的。“奴隶”和“权利”二词是相矛盾的，不相容的，无论是个人对个人说或个人对民族说：“我和

你订个契约，完全以你为牺牲并完全为我的利益，我将随我高兴而遵守它，你亦应随我的高兴而遵守它，”这都是一样毫无意义的。

5. 最初的约定

即使我把我上面所驳斥的说法都加以承认，然而赞成专制的人仍不能稍有所得。制服众人和管治社会是大有分别的。即使散漫的人民逐一被个人制服，无论被制服的人数怎么多，我以为那仍是主人和奴隶的关系，而绝不是人民和统治者的关系。那只是聚集，而不是结合，因为既没有公共的产业，也没有政治的机构。这样的个人，即使他把半个世界的人都降为奴隶，亦仍是个人；他的利害和别人的利害分离，始终只是纯粹个人的利害而已。如果他死掉了，他留下的王国仍然是散漫的，没有连贯性的，正如橡树被火烧掉了，只化为一堆灰烬。

格劳秀斯说，一个民族是可以把它自己交付予一个帝王的。那么，它在交付以前，已是个民族了。这种交付乃是个社会的行为，含有公共议决的意思。故在审察一个民族把自己交付予一个帝王（即选出并服从一个帝王）的行为之前，最好先审察一个民族怎么变成为一个民族，因为这一定是更先的行为，是社会的真正的基础。

事实上，如果没有事先的协约，那么，除非选举是全体一致的，否则何以有少数应服从多数议决的义务呢？赞成要有统治者的某一百人，何以有权替不赞成有统治者的

十人投票呢？多数表决的本身是由协约定立的，并假定最少有一次曾经一致通过。

6. 社会契约

我认定人们曾达到这样的地步：在自然状态下，危及他们生存的阻力，比个人为维持生存而做的努力，还要厉害。这样，这种原始的情况不能继续存在；人们必需改变其生存的方式，否则便要灭亡。

但因人们不能创生新的力量，只能结合及引导原有的力量，故他们除了结成足以克制阻力的力量，由一个唯一原动力发动起来，而一致动作之外，再没有别的自存的方法。

这种众力的结合，要好些人合在一起才能办到。但各人的力量和自由既然是他自己求生存的唯一的工具，那他怎么能把它们提供出来，同时又不致碍及他自己，不致忽略对他自己的关心呢？这种困难应用于我这一论题上，可用下面的话来表明：

“问题是在找出一种结合的形式，能以社会的全力保护每个分子的生命财产，同时每个分子一方面与全体相结合，一方面仍然可以只服从他自己并仍然和从前一样自由。”这是社会契约所要解决的根本问题。

这社会契约中的各条款是由该订约行为的性质所决定的，稍加修改，便足以使之失效。那些条款，虽从未曾正式发表，但它们是普天下一样，各处都加以默许和承认的。

一旦社会契约破坏，每个分子，就回复其原来的权利和天然的自由，至于他抛弃天然的自由而得到的社会契约上的自由，则归于消失。

那些条款，正确地解释起来，可归纳为一条，即是：每个分子连同他的权利都完全让予整个的社会。一则，因为每个分子都把自己完全让予社会，则大家的条件都相同；因为大家的条件都相同，故无人能去定出条件，以损人利己。再则，该让予是没有保留的，故结合是尽可能的完善，没有一个人会再要求什么。因为，如果个人还有什么权利保留着，则因没有共同的长者以判断他们和公众的关系，而每个人在某些事情上是由他自己判断，而他很快又要一切都由他自己判断，这样，自然的状态将仍存留，而该项结合将成为专制的或无效的了。

总之，每个人把自己让予公共，就不是把自己让予什么人了；他对于每个分子，都可取得相同于他自己所许给他人的权利，所以，他获得的相当于他所丧失的一切，并获得更多的力量以保护他所有的一切。

由此可见，如果我们删去了那些不是社会契约要素的各点，我们便可知道社会契约可简述如下："我们每个人都把自身和一切权力交给公共，受公意（volonté générale, general will）之最高的指挥，我们对于每个分子都作为全体之不可分的部分看待。"

这种订约的行为，立即把订约的个体结合成一种精神的集体。这集体是由所有到会的有发言权的分子组成的，并由是获得统一性共同性，及其生命和意志。这种

集体，古代称为城市国家（cité，city）[①]，现在称为共和国（république，republic）或政治社会（corps politique，body politic）。这种共和国或政治社会，又由它的分子加以种种的称号：从其被动方面称之为“国家”（état state）；从其主动方面称之为“主权”（sonverain，sovereign）；和类似的团体比较时，又称之为列强的“强”（puissanc，power）。至于结合的分子，集合地说来，称为“人民”（peuple，people），个别地说来，就是主权者，称为“公民”（ciloyens，citizens），作为国家法律的服从者，称为“国民”或臣民（sujets，subjects）。但这些名词常相混杂，误用。只要加以应用时，知道怎样区别它们便够了。

7. 主权体

从这方式我们看出社会结合的行为是包含着公共和个

① 这 Cité，City 一字之真正的意义，现在几乎是完全失去了；好些人误以 ville，town（城市）为 cité，误以 bourgeois，townsman（市民）为 Citoyen（公民）。他们不知道积房屋便成城市，积公民才成国家。这种错误使古代 Carthage 人付出了很大的代价。我从没有看见这 citoyen，citizen 一名词曾被用以称任何帝王的子民，甚至未见其应用于马其顿人（Macedonians）或现代的英国人，虽则他们是较他的民族接近自由的。只有法国人到处习用这 citoyens 字，因为从他们的字典上可以看出，他们对于该字的意义，并不曾具有什么观念；否则，窃用它，将犯“大逆不道”（Lèse-majeslé）之罪了。法国人用该字表示一种品德，而不是一种权利。当波丁（Bodin）氏说及“公民”和“市民”时，常误以此为彼，惟 d'Alembert 氏没有这种错误，在他的论日内瓦的文章里，把住在我们城里的人明白地分为四级（甚至分为五级，这又一级为单纯的外国人，）其中只有两级是组成共和国的。据我所知，没有另一个法国作者曾了解这 citoyen 一字的真正意义。——原注

人间的相互关系；每个契约的分子——可以说和他自己订约——都具有两重身份的负责的身份；对个体而言为主权体的一分子；对主权体而言，为国家的一分子。但在这里我们不能应用民法上的那条准则，即任何人不受自己和自己所订规约的约束，因为受自己的约束和受自己为其一部分的全体的约束，二者有很大的区别。

我们更要注意：公共的决定，虽因每个人的两重身份加以考虑，所以可使一切国民受主权体约束，但不能依反面的理由，使主权体受其自身约束。故主权体如以一种法律来约束其自身便违反了政治社会的本质。因为主权体只具有一种身份，故它的情形正与个人和他自己订约的情形相同。由此可见没有亦不能有什么根本的法律能约束人民的集体，虽社会契约亦不能约束它。但这并不是说，这种政治社会不能和别的团体订立契约，只要不违犯社会契约，那是可以的，因为就其对外的关系说来，它是个单纯的人，是个个体。

但这种由神圣社会契约产生的政治社会或主权体，不能——即使对外也不能——约束它自己去做有损于原约的行为，例如，让出它自己的任何部分或屈服于别的主权体之类。破坏它所赖以存在的条款，便是毁灭自己；而本身毁灭为无物，便不能产生物。

众人经这样结合成为团体之后，损及其分子必然会损及团体，而损及团体，便不能不使团体中每一分子愤恨。利益和义务都同样使订约的双方必需互助。人们必会就这两重关系，结合所有的利益。

主权体，因为是纯粹由各分子共同组成的，故而没有亦不能有什么违反他们的利害的利害；所以，主权体对于其人民不需提出什么保障，因为团体绝不愿损害其全体成员的；我们以后将看见，它亦不会损害任何个别的人。主权体，因为是主权体，便始终是它应该是的那样。

至于国民对主权体的关系便不如此。虽是有着公共的利益，但除非主权体能保证国民尽忠，否则不能保证他们能履行契约的义务。

事实上，每个个人，作为人，都有其特有的意志，与公共意志（他以公民的资格具有的公共意志）相反或相异；他私人的利害所指示他的，与他许予公共的利害所指示的完全不同。他自己的绝对的，和自然独立的存在，或许会使他把他该替公家做的事看作本来没有义务的善举，以为他不做这事而使他人所蒙的损失，远不及他做这事而使他自己所受的烦累。又因为现成国家的道德人格不是真的个人，他便以为那共同体是幻想的东西，于是他就只想享受公民的权利，而不尽国民的义务。这种不公平状态继续下去，将毁去政治的共同体。

所以，社会契约为免于空泛的仪式，隐含着这么一个条款：任何人如不遵守公共的意志，得由全体迫其遵守之。有了这条款，其余条款就都能生效。这条款只是要使人自由，因为它把各个国民共同连接于国家，保证他不必依靠任何个人。它使政治机构运用，使政治行为公正合法，没有了它，政治行为则将流为荒谬专制，易陷于不堪的腐败。

8. 国　家

从自然状态过渡至国家（即有政治组织的社会）状态，在人的方面产生极重要的变化：行为是以正义代替了本能，而取得原来缺乏的道德性了。只有当义务观念代替了冲动，权利代替情欲的时候，才会使一些以前只顾自己的人们，觉得必需依照另外的原则去行为了，必需在依从本能的倾向以前，加以理智的考虑。在这种情形之下，他虽然失去许多他于自然状态下所得的利益，但他所得的报偿是很大的，他的才能得到锻炼和发展了，他的思想观念扩大了，他的情感高尚了，他整个的灵魂提高了：如果不是这新环境的腐败常使他堕落，堕落到比他从前的原有的状况还不如，他就一定能继续不断地庆幸这快乐的日子，使他永远脱离自然状态，并使他成为有理智的东西，作为一个人而不再是愚昧无思的动物。

让我们用易于比较的词来总结这笔账。人们在社会契约上所丧失的是自然的自由，和随心所欲，取其所能的无限权利。他所获得的是社会的自由，及其保有物的所有权。我们如欲避免较量上的错误，必需把自然的自由，即受限于个人的力的自由，和社会的自由，即受限于公共意志的自由，加以区别；再把占有——即是强力之效果或最先占领者的权利——和所有权——只能依正当权利而享有的——加以区别。

此外，社会结合后的所得，我们还可举出道德的自由，

这使人成为真正自己的主人；因为循情欲的冲动是奴隶，而依从自己所定的法则是自由。但我对于这题目，已说得很多，这“自由”一词的哲学的意义现在不再讨论了。

9. 财产权

在社会初成立的时候，每个分子都把自己连同他所有的一切——包括他所有的财产——交与社会。这种行为改变了保有者，而未尝改变保有的性质，未尝变为主权体的财产。但国家的权力，比个人的权力，是大得无可比拟，故公共的保有是较稳固不变的。但公共的保有也并没有变为较合法，至少从外邦人的观点看来是如此。因为国家对于其国民而言，依照社会契约（社会契约在国家里是一切权利的基础，）是其国民的一切财产的保有者；但对于别国而言，国家是依据先占权（这先占权是国家从其国民取过来的）而为保有者的。

先占权虽较强者权实在些，但只在财产权成立之后才变为真正的权利。每个人本来对于他所需要的一切都有权取得，但他既为某物的所有者，即不能为其他一切物的所有者。他既然分得了一物，便该保持它，而对于未分的公共财产，便不能再有什么权利了。所以先占权在自然状态下，极不稳固，而在国家里，却备受每个人的尊重。我们在这种权利里，与其说是尊重他人的物，不如说尊重不属于自己的物。

普通说来，要在一块土地上确定先占权，必需具备下

面的条件：第一，该地须尚未有人居住；第二，个人只能占据维持其生存上所必需的面积；第三，除形式的占有外他必需以劳力经营开垦。这劳力才是所有的标记，即没有法律的名义，亦应受他人尊重的。

如果先占权具有“必需”与“劳力”两元素，我们是否便可尽量扩张它呢？是否对于该权利可以不加限制呢？仅仅足迹到了一块公共的土地上，是否便可宣告自己为该地的所有者呢？是否一时有力量逐走别人，便可永远剥夺别人重回该地的权利呢？如果不是用该受惩罚的霸占手段，一个人或一个民族怎么能占据一片极大的土地而不许别人同享（自然给他们共享的居住和维持生存的权利都被剥夺了）呢？当昔日的拔尔波亚（Nuñez Balbao）[①]站在海岸上以卡斯提尔（Castile）[②]国王的名义宣称占领太平洋和南亚美利加的时候，试问这是否可以逐去该处的居民，并排斥别国的君主占有该地呢？如果可以的话，则种种仪式都可不必了，该国国王——天主教的国王——不妨在他的私室里先宣告把全世界占有，然后把别国的君主早已占有的地方划入他自己的帝国版图不就行了吗？

国家成立后，原有互相连接的个人的土地变成公共的土地，国家主权从对人民而伸展至对人民所有的土地，于是变为对人而又对物的主权。因此土地所有者不再如从前那样自主，其所有的力量转化为保证其忠实。这种好处似乎古代的专制君主没有感觉到，他们称自己为波斯人的王，

① Nuñez Balbao（1475—1517）西班牙的探险家，为太平洋之发现者。

② Castile 昔西班牙区境内的一个王国。

昔西人（Scythians）[①]的王，或马其顿人的王，他们似乎把自己看作人们的统治者，而不看作国土的主人。现代的专制君主较聪明地自称为法国的王，西班牙的王，或英格兰的王；他们以为保有土地，当然就保有居民。

这种转变的特质是：国家接受个人的产业，不是剥夺个人的产业，只是保证他们合法地保有，使占据变为真正的权利，使享用变为所有权。于是所有者被认为是公共产业的保管人，他们的权利受国家全体成员的尊重，亦受国家的权力维持，使其不受外国侵占，他们仿佛由于一种有利于公共，同时更有利于他们自己的让渡，获得他们所已放弃的一切。这种似非而或是的推论，我们以后会弄明白，若把主权体和业主对于同一块地产之权分别清楚，便不难解释了。

人们也许在保有任何地产之前，即互相联结起来，后来占领了一块足供大家利用的土地，便共同享用，或把它分派，——或是平均地分派，或是依照主权体的规定而分派，无论地产是怎样获得的，总之，个人对于其地产的权利是居于社会对于整个地产的权利之下的，否则社会的连接便不能稳固，而主权的运用亦没有真正的力量了。

我现在要指出整个社会制度应根据的一件事实，以结束本章和本编。即是，根本的社会契约并不毁去自然的平等，且以道德的及法律的平等代替自然所加于人们的体智上的不平等，使人们虽在体力智力方面不平等，而依契约

① Soythians 昔亚细亚北部及中部之 Scythia 的人。

法约定的权利，大家一律平等。[1]

10. 主权不可转让

从我们上面所定下的原则，其首先的最重要的推论是：只有公共意志才能依照组织国家的目的——即是求公共幸福的目的——引导国家。因人们间的利害冲突，故须建立社会；因人们间的利害一致，故能建立社会。不同的利害中的共同的元素便是形成社会团结基础。如果没有共同一致之点，则社会不能成立。任何社会的治理都应完全根据这共同的利害。

我以为主权不过是公共意志的运用，所以它是永远不能转让的；主权体只是个集体，不能由他人代表；权力是可以转授的，但意志是不能转授的。

事实上，个别意志和公共意志即使在某点上可以相合，其相合至少也是不能长久不变的；因为个别意志自然是倾向偏颇的，公共意志是倾向公平的。所以要确保其长久相合那就更不可能了；因为纵然相合，也不是意定的结果，而是偶然的结果。诚然，主权体可以说："我现在的意志是和某人的意志一样，或至少和某人所说的意志一样；"但不能说"他明天的意志是什么，我的意志也将是什么。"因为让意志拘束它自己于将来，是荒谬的；又因任何意志

① 在不良的政府下，这种平等只是表面的，虚幻的：它只是维持贫者于其贫穷状态，富者于其所掠夺的富有状态。实际上，法律总是利于富者，不利于贫者的。因此社会的状态，是当大家都有一些财产，而没有人过于富有的时候，才有利于人类。——原注

对于“无利于意志者的事物，”没有加以同意的义务。如果一国人民只允许唯唯诺诺地服从，那么其人民必因此而解体，失掉人民所以为人民的特质；有了主人，便没有主权体，而政治社会也便不存在了。

这不是说统治者的命令不可以成为公共意志；那是可以的，只要主权体可以自由反对却不加反对，因为在这样的情形下，普遍的缄默当作人民默许。这点，后面将加以解释。

11. 主权不可分割

又主权是不能分割的，其理由和不能转让的理由一样；因为意志或者是公共的[①]，或者不是公共的；或者是人民全体的，或者只是一部分人的。在前种情形里，所宣布的意志是主权之行为，构成法律；在后种情形里，它只是个别的意志，或是个官长的行为，——至多是个法令而已。

但我们的公法学者，不能把主权依原则区分，乃依目的而区分主权。他们把主权分为强力（force）和意志（volonté，will）；分为立法权和行政权；分为征税权，司法权，战争权；分为内政权，外交权；有时混乱不清，有时又区辨清楚。他们使主权体变成一种由好些相连的部分拼凑起来的奇怪的东西。他们好像用好几个人身去构成一个人一样，从这个人身上只取眼睛，从那个人身上只取手

① 意志为“公共的”，不必全体一致；但每票都须计及。倘有一票除外，便是有碍于公共性。——原注

臂，又从另一个人身上只取脚。据说，日本的幻术家在观众面前把一个小孩肢解，把肢体抛入空中，又能使小孩活着而完整地落下来。我们的公法学者的幻术差不多也是这样；他们用足以迷惑人的戏法把政治社会分割，然后又把各部分连起来，没有人知道这是怎么回事。

这种错误是由于他们对于主权体没有正确的观念，由于他们把主权体所派生出的东西，当作组成它的部分。例如，战争和议和的行为被认为主权的行为，而实则不是，因为它们都不是法律，只是法律的应用，只是决定法律怎样应用的特别行为；当“法律”（loi，law）的观念确定之后，我们便可了然了。

如果我们同样去审察别的区分，我们将知道：当主权似乎被区分了的时候，他们总是有了错觉：被当作主权部分的那些权利，其实只是从属于主权的权利，暗示其要以至高无上的意志为前提，要执行最高意志。

许多论政权的作者，因对于这点缺乏正确的了解，以致当他们应用他们所定下的原则以判断国王和人民的权利时，他们的见解暧昧得不可言喻。在格劳秀斯著作的第一编第三四两章里任何人都能看出，他这个有学问的人和他的译者巴比勒（Barbeyrac）怎样陷身于他们自设的诡辩中，不能自拔，因为他们怕把他们所想的说得太多，或说得太少，因而触犯他们所要调解的各方面。格劳秀斯是个逃亡到法国的人，不满意于他的故国，想献媚于路易十三，把他的书题献给他，用尽心力，想尽方法，去剥夺人民的权利以交给帝王。这也很合巴比勒的脾胃，他把他

的译本题献给英国的乔治第一。但不幸詹姆士第二的被驱逐——他称为“让位”——迫使他用种种隐讳，支吾，规避，以免显出威廉是篡位的。如果这两个作者采取了正确的原则，则一切困难都可以除去，他们的理论便不难始终一致了。“但这是于他们不利的真理，”他们只能献媚于人民；而且，真理不是到幸运之路，人民不会给予他们大使或教授头衔，也不会给他们以高薪厚俸的。

12. 公共的意志

依上所说推论下来，便是公共意志永远是“公正的，”为公共利益的；“但不能因而说人民的决议是同样正确的。”人们的意志固然始终是求他们自己的好处，但不能时常看出什么是好处。人民是不会“腐化”的，但他们易于受骗，在受骗时，才仿佛他们的意志是在为恶。

全体的意志（volonté de tone，sill of all）和公共的意志（volonté génerale，generalwill）当有很大的区别，后者只考虑公共的利益；前者则顾及私人的利益，不过是个别的意志之总和而已：但把这些个别意志中互相抵消的正反两面的意志除去，[1] 其余下的（正面意志或反面意志）即代表公共意志（其意即指较多数的意志代表公共意志——译者）

① Marquis aArgenson 说：“每种利益都有其不同的原则。两个利益之相合是由于二者都不同于第三个利益。也可以说，一切利益之相合是由于彼此利益有不同。因为如果没有不同的利益，则共同的利益将几乎觉察不着，没有阻难，一切都顺利进行，政治将不再成为技术了。——原注

如果人民"从事决议；在事前具有充分的智识，又没有把意见相互交换，则结果当常有互相一致的占大多数的个别意志以代表公共意志，而这种决议也终是妥当的。"但如果有了营私的党派，以公共的团体为牺牲，则每个党派的意志，对于其成员而言，是公共的，对于国家而言便是个别的了。这时可以说不再是有这么多的人，便有这么多的投票者，而是有这么多的党派便有这么多的投票者了。这时个人的个别意志愈少表示，而结果亦愈不是公共的了。最后如果这些党派中有了一党，其势力大至足以胜过其他，则结果的互相一致将不再是个人个别意志的总和而是党派的单独意志；这样，便不复有公共的意志，占优势的意见只是个别的意见了。

因此欲使公共意志能表示出来，须要国家之内没有营私的党派组织，每个公民应只依其自己的思想去表示自己的意见。[①] 这是伟大的莱卡格斯（Lycurgus）[②] 所建立的独特而高明的制度。但如果有了党派的组织，则这些组织须愈多愈好，并须防止它们之间的不对等，梭伦（Solon）[③] 奴马（Numa）[④] 沙威厄斯（Servius）[⑤] 诸人的办法便是这样。

① Macchiavelli（马其雅弗利 1469 年生，1527 年死）说"有些派别是有害于共和国的，有些是有利于共和国的。那些惹起党同伐异的党派，便是有害的，不然便是有利的。所以，共和国的建立者既然不能使大家一致，他至少应该防止他们形成党同伐异的党派。（见 History of Florence，Book Ⅶ，卢梭引的是意大利原文。——原注）

② Lycurgus，斯巴达之立法者，其享盛名约在公元前八四四年。他起草过许多法律，沿用至七百年之久。

③ Solon（639（？）—559 B. C.）为雅典的圣人和制定法律者。

④ Numa（715—672 B. C.）相传为罗马的第二个帝王。

⑤ Serviua（578—534 B.C.）相传为罗马第六个帝王。

有了这种预防，才能保证公共意志始终开明的保证人民不致自欺。

13. 主权体的权限

如果国家是个有道德的人，其生命是在于其各个成员的结合，又如果其最重要的关心是求保存它自已，那么，它必定有普遍的强制性的力量，才能推动及指挥各部分，以求最有利于整体。自然给人以绝对的权力，以指挥他的肢体，社会契约亦给政治的集体以绝对的权力，以指挥它的每一分子；这种权力，在公共的意志指导之下，即是我上面所说的主权。

但我们除了考察公共人格之外，还要考察构成公共人格的私人，其生命与自由原是独立于公共人格之外的。我们于是要区别公民的权利和主权体的权利[1]，要区别公民以人民的资格应尽的义务，和他们以人的资格应享的权利。

我承认，每个人依据社会契约，只让出他的需要由社会控制的那部分权力，财产和自由；但同时必需承认：唯有主权体才能裁判这种需要。

一个公民对于他所能替国家服务的事，应该于主权体需要其服务时，立即去做。但在主权体却不能以无利于社会的任何约束，强加于其人民，而且不能有这种意图；因为在理性的法则下，亦如在自然之法则下一样，一件事的

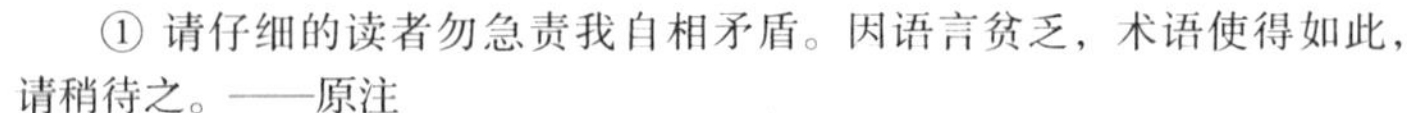

① 请仔细的读者勿急责我自相矛盾。因语言贫乏，术语使得如此，请稍待之。——原注

发生，总要有个理由的。

社会契约所以能使我们受社会的拘束，因为社会契约的条款是相互的；其性质是：我们履行那些条款，是不致只利及他人而不兼利及自己的。为什么公共的意志始终是对的，同时大家又始终希望各自的利益呢？——这无非因为没有人不以为“各自”是指他自己，并认为他自己是为大家的利益而投票的。这证明权利的平等及其产生的公平观念，是起源于各自爱重自己的本性，所以也是起源于人性的。这证明公共的意志，欲成为真正的公共的意志，不仅其实质要是公共的，其目的亦要是公共的；它必定要出自全体，又适用于全体；若倾向于个别的特定的事物，它便失去了它自然的公正，因为这时我们便是判断我们所不知的东西，便没有真正的公允原则以指导我们了。

事实上，个别的事实或权利一经出问题，而问题所在又未曾由公共的契约规定，那便要发生争执了。这情形是：当事的私人为一边，而公众又为一边。但这里，我看不出什么是应该遵守的法律，哪个是应该从事裁判的法官。欲把此案诉诸公共意志，求个明白的判决，是很荒谬的，因为那种判决只是两边中一边的片面判决而已，在另一边看来，只是外来的个别的意志，这种场合下既很容易错误，又很容易不公平。所以个别的意志不能代表公共的意志，而公共的意志有了个别的目的，便变了性质，也就不能再作为公意来判断一个人或一件事实了。例如，当雅典人民选举或废去其统治者，以荣誉颁给某人，以惩罚加于某人，并用许多特别命令，混杂地施行政府各种职权的时候，严

格地说来，便没有公共的意志；其施行职权不是以主权体的身份，而是以官长的身份了。这种看法似乎与普通一般的看法相反；但请容我解释我的看法。

从上面所说的看来，我们知道：公共意志之成为公共意志，与其说在于投票的人数，倒不如说在于连接他们的公共利益；因为在这种制度之下，每个人都必要遵照他所加于他人的条件；这种利益和正义的结合，使社会的决议有公平的精神。但在讨论私事时，因为没有共同的利益使判断者的原则和当事者的原则结合为一。这种精神就立即消失了。

我们不论从哪方面去讨论我们的原则，我们都达到同样的结论，即是：社会契约在公民间定出一种公平，使他们一律遵守同样的条件，享受同样的权利。所以，依社会契约的性质，主权体的行为，即是公共意志所认可的行为，都一律地约束或优待各个公民；所以主权体只认可国家这个共和体，而对于构成国家的每一分子，则不加区别。那么，严格说来，主权体的行为是什么呢？它不是在上者和下者间的契约，而是共和体与其各分子间的契约。它是合法的，因为它是根据社会契约的；它又是公平的，因为它是大家共同的；它又是有用的，因为它除了为公共的幸福外，不能有别的目的；它又是稳固的，因为它是受公共的力量和最高的意志保障的。当人民只要遵从这社会契约时，他们便不是服从什么人，只是服从他自己的意志。因而究问主权体的权力和人民的权力各伸展至怎样的范围或限度，即是究问人民与他们自己，每个人和全体，全体和

每个人，能订约至怎样的程度。

我们由此可以知道，“主权”体的权力固然是绝对的，神圣的，不可违犯的，但也不能超过公共的限度，又每一个人都可以任意处置公约所留“给”他的财富和自由。因而主权体无权使一人的负担重于另一人。因为这样，问题就变为个别的，超出主权的权限了。

这些区别一经承认，便可以看出社会契约并没有使个人放弃权利，人们在社会契约成立后所处的地位，比在社会契约成立以前所处的地位，真的较好。人们没有放弃什么权利，而获得的是有利的交换：他们获得一种较好的较安定的生活方式，替代不稳定的有危险的生活方式；他们获得自由，替代从前的各自独立；他们获得安全，替代伤害他人的权力；他们获得由社会结合体保障不受侵犯的权利，替代可被他人超胜的个人强力。他们的生命——他们奉献于国家的生命——也始终受国家的保障；他们舍身卫国，岂不是报答他们所受于国家的赐惠吗？他们所做的，岂不是他们在自然状态时（那时他们要冒险去战争以保卫其生存的方法）所要做，而且更常做，更冒险做的吗？一切人民遇国家需要时，诚然是要去战争，但这时人民不必再为自己而战了。我们为给予我们安全的国家“去冒些危险——去冒些失掉国家时所必需去冒的危险的一部分，岂不是很值得的吗？”

14. 生死权

有人问：个人既然没有处置他自己生命的权利，何以能将该权——他所没有的权——转交给主权体呢？我觉得这问题所以难于解答，是因为他的提法不对。每个人为着保存其自己的生命，都有权把他的生命冒险。一个人由窗跃下以避火灾，能说是犯了自杀的罪吗？人上船时，并不知会遇险，后来葬身风暴中，又岂能加以自杀的罪呢？

社会契约的目的在于保护订约的当事者。凡欲达目的者，亦必欲有达此目的的手段，而该手段一定含有些冒险，甚至有些损失。凡欲依靠他人的生命以保全自己的人，在必要时，亦须牺牲自己的生命以保全他人。法律要个人冒险时，个人不能自行判断。当元首说："为国家之故，你当死，"他便应死，因为他所以能够安全地生活到现在，便为此故；他的生命不再单纯是自然所赐，且是国家依一定条件所赐的。

犯罪之人受死刑的道理也可依同样的看法：我们因为不愿意被人杀害，所以同意自己一旦做了凶手杀害人时也受死刑，在订这种契约时，我们只是想确保我们的生命，而不是想处分我们的生命，任何订约的人都不预料自己当受死刑。

再则，凡侵犯社会权利的罪人，便成为国家的叛逆者；既违犯国家的法律，便不再是国家的一分子，而且是在向国家开战。在这种情形里，保护国家与保护个人，二者不

能相容，必需牺牲其一。处以死刑，与其说是杀个公民，毋宁说是杀个敌人。审问及判决证明并宣告他破坏了社会契约，因而不再是国家的成员了。而且因为他向来自认为国家的成员，所以必需把他作为破坏社会契约者，而处以极刑，或把他作为公众的仇敌，而处以死刑；因为这种公众的仇敌不是个人，而只是自然的人，可援引战时杀战败者的权利以处置之。

但有人又说：把罪人定罪是个特别的行为。我承认这点，但这种定罪并不是主权体的作用，主权体自身虽不能直接执行它，却能授予该项权利。我的一切观念是一贯的，但我不能把它们同时一齐阐释。

再则，死刑频行总是政府软弱或无能的表示。没有一个坏人是不可变为能做些有用的事的。让他生活下去而没有什么危险的人，国家没有权杀他，甚至不能杀他以示警戒。

赦免权——即免去法律所加予和法官所宣告的刑罚的权利——是高于法官和法律的权利，即是主权体的权利；可是这一个权利不很明白，实施的机会也极少。在政治良好的国家里，刑罚很少，这并不是因为有许多赦免，而是因为犯罪的很少。只有在国家衰亡的时候，犯罪者多时，才常见刑罚的赦免。罗马共和国时，元老院和执政官都未试行赦免；甚至人民虽有时撤销其自己的判决，亦从未试行赦免。赦免频行即表示犯罪将不再受罚，其结果将不堪设想。但对此我心踌躇不能下笔，且让那些从未犯过错误也永远不需要赦免的正直人士去讨论这些问题吧。

15. 法　律

有了社会契约，便有了政治的社会及其生活，其次是要有立法，赋予它行动和意志；因为原有的社会契约——政治的社会所据以构成和结合的——未尝决定应该怎样去保卫该政治社会的自身。

凡是对的，合于秩序的事物，必然是其本身的性质便是如此，与人类的社会契约无关。一切正义都出于神，神是正义的唯一渊源。倘使我们能够直接承受神感接受正义的话，那我们自然无须有法律和政府了。无疑地，世间有种普遍的正义是来自理智的，但这种正义，欲得到大家承认，必需是相互的。从人的方面说来，正义没有自然的制裁，因此正义的法则在人世是虚幻的；当正直的人以正义待人，而他人不以正义待他时，便是恶人受惠，正直的人遭殃。所以社会契约和法律须使权利和义务相关联，并使正义应用于其对象。在自然的状态下，一切东西都是公共的，我没有允诺人什么，也没有欠人什么；只是于我没有用的，我才承认是属于他人的。但在社会的状态下，一切权利都由法律规定，情形便不相同了。

但是，"法律"究竟是什么呢？我们如果仅用玄学上的观念去解释，则继续论辩亦得不到了解。当我们知道了自然法是什么，也还是不知道国家的法律是什么。

我已经说过，公共的意志绝不涉及个别的事物。因为个别的事物或者是在国家之内，或者是在国家之外。如果是在国家之外，则与之不相隶属。也就不能为公共的意志；如果是在国家之内，则它是国家的一部分，便成了全体和部分的关系，可分为两方：一方是该部分，一方是全体减去该部分的剩余部分。但全体减去一部分，即不能再为全体；当这种关系存在时，便不能有全体，只是两个不相等的部分而已。所以，这一部分的意志，对于另一部分的意志而言，无论怎么样，也不是公共的。

如果全体人民为全体人民颁发命令，那便只是考虑其自身的事。如果构成关系的话，那便是一个整体在两方面的关系，不是整体中再有什么部分[①]。这种命令，亦如发命令的意志一样，是公共的。它便是我所称的法律。

当我说，法律的目的永远是公共的，其意即是说法律所考虑的人民是全体人民，所考虑的行为是抽象的，却绝不考虑个别的人民或行为。法律诚然可以颁给某种特权，但不能规定颁与某人。它可以把人民定出好几种阶级，甚至定出各种阶级的资格，但它不能指定某人属于某种阶级。它可以建立君主政体，王位世袭制度，但它不能选定君主，指定王族。总之，凡关于个别事物的，都不属于立法权的范畴。

从这点上看，我们立即发现：立法是谁的职务这一问题可不必再问了，因为那是公共意志的法令；也不必问君主是否高于法律，因为他是国家的一分子；也不必问法律是否可以成为不公正的，因为人绝不会对自己不公正；也

① 两种全体人民，一是指作为主权体（制定法律）的全体人民，另一指作为公民（服从法律）的全体人民。——译注

不必再问我们服从法律何以同时又能够自由，因为法律不过是我们的意志之记录而已。

我们更知道，法律是把意志的普遍性和事物的普遍性连接起来的，所以个人（不问他是谁）凭他自己的意志所下的命令都不成为法律。即使主权者对于某一事所下的命令，亦不是法律，只不过是长官（不是主权体）的命令或行为而已。

因此凡法制的国家，不管其行政制度怎么样，都是叫做“共和国”（Republic），因为只有凭法律管治才以公共的利益为主题，民治才能见诸事实。凡合法的政体，便是共和政体[①]；至于政体是什么，我将在后面解释之。

确切地说来，法律不过是人民结合的条件。人民既受法律的制裁，便应为法律的制定者：社会的条件，应由组成社会的人自行制定。但是怎样制定呢？是凭共同的合意呢，还是凭一时的灵感？政治的社会有发表自己意志的机构吗？谁能使它有预见力事先对某些行为做出规定及公布呢？在必要时，又怎样去宣布这些行为呢？盲目的群众，常常不知道其意志是什么，因为他不知道什么是有利于其自身，他们怎么能担任这么重大困难的立法事业呢？人民本身总是愿望善的，好的，但人民绝不常能辨出什么是善的，好的。公共的意志是始终对的；但其判断则不是始终对的。我们须使公共的意志明察事物的实情，有时应明察

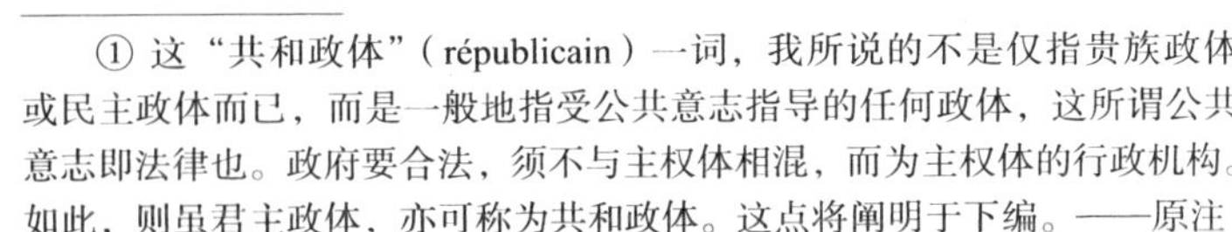

① 这“共和政体”（républicain）一词，我所说的不是仅指贵族政体或民主政体而已，而是一般地指受公共意志指导的任何政体，这所谓公共意志即法律也。政府要合法，须不与主权体相混，而为主权体的行政机构。如此，则虽君主政体，亦可称为共和政体。这点将阐明于下编。——原注

事物应有的现象；须使之采取正当的途径，而不为私人的利害所引诱；须使之明察时间和空间，使之把目前的明显利益的诱力，和隐微的恶果之危险，两相比量，个人见善而不为，公众求善而不见。二者都同样需要指导。对于个人，须使其意志与理性相符合；对于公众，须使其明了其意志（所欲）是什么。必需公开的，社会里的理解和意志才能会通结合，各部分通力合作，而后才有全体的最大力量。如此可见，立法者至为重要。

16. 立法者

欲定出最适合于国民的法律，须有明察人们的一切情欲而不为任何情感所支配的上智。这上智既要能明察人性，而又超乎人性，其幸福不依靠我们，却很关心于我们的幸福；并且要着眼于辽远的光荣，在这个时代工作，而在下个时代享受。[①] 所以，只有天神才能给人法律了。

卡里鸠拉（Caligula）依据事实而论证，柏拉图（Plato）在他的《政治篇》里，则根据权利推论平民和高尚的人。但如果说一个伟大的元首是罕有的，那么伟大的立法者又该怎样的罕有呢？前者不过遵照后者所定的规范罢了。立法家是发明机器的工程师，元首不过是运用机器的工人而已。孟德斯鸠（Montesquieu）说：“社会初成立时，共和

① 一个民族在其立法衰颓时才会出名。我们不知道莱卡格斯（Lycurgus）所定的法制，在受到希腊各国注意之前，曾使斯巴达幸福了几个世纪啊。——原注

国的元首创立制度，此后则是制度规范元首了。”

敢替人民定立法制的人，应该觉得他自己仿佛能改变人性，能改变个人，使他从一个完全而孤独的整体改变为一较大的整体的一部分，使他从较大的整体中获得他的生命和生活；能改变人们的素质并使之得到加强；能以道德的生活代替原来自然给予我们的生理上的独立的生活。总之，他必需剥夺人类固有的力量，而给予外来的，须他人帮助才能使用的力量。这种固有的力量愈消失，则他所得的力量愈大愈持久，而新的组织亦愈加稳固安定；每个国民如果离开他人，即不成为什么，亦不能做什么，而全体所得的力量等于或大于一切人固有的力量之集合，如此，则立法可以说达到了它可能完备的最高点了。

立法者，从各方面看来，都是国家的非凡人物。他的才识如此，他的职务亦如此。他的职位不是长官，也不是主权。他的职务缔造了共和国，却又不在共和国的组织之内；它是一种个别的超越的职务与人类国家的行政不相混合。治人者不应兼立法，立法者不应兼治人。否则他所立的法受到他的情感所支配足以济其私欲，促成其不公正了。他的私欲必会导致破坏其工作的神圣。

莱卡格斯（Lycurgus）为其国家立法时，即辞去了王位。希腊多数的城市国家照例是托外国人代定法律；近代意大利境内有好些共和国每每仿效这种办法，日内瓦共和国亦行此法而很得益。[1]罗马最隆盛时，因为把立法权和主权交与同样一些人的手里，乃有专制的种种罪恶在它内部复活，并且使它濒于危险。

但罗马十大行政官（decemvirs）从未只凭他们自己的权威而制定法律。他们对人民说："我们所提议的，未经你们的同意，不能成为法律。罗马人啊，你们自己去做那些使你们幸福的法律的制定者吧。"

因此起草法律的人没有亦不应当有立法权；而人民纵使自愿，亦不能自己剥夺其不可移让的立法权，因为依照原来的根本契约，只有公共的意志能约束个人，一个个别的意志是否合于公共的意志，应以人民的自由投票决定。这点我早已说过了，但也值得再提。

我们在立法工作上，发现两个似不相容的事：一是立法工作为人类的能力所难胜任；二是没有一个权威体去实行该工作。

还有一种困难也应当注意。智者们若用他们自己的语言，而不用俗人的说法，去对俗人说话，这是很难使人明了的。有许多观念都是不能用俗人的语言来传达的。过于概括的观念和过于辽远的事物都不是用俗人的语言所能表示：俗人对于政府的计划，除了有利于他自己的之外，不

① 那些只知道喀尔文（Calvin 1509—1564 为日内瓦新教的改革者）是个神道学者的，是过于低估他的天才所及了。我们的贤明的敕令之编纂，他参加了重要的工作，所给予他的盛誉，不下于他的《教理》（Institute）一书。我们的宗教，随时间变迁，不论有什么改革，只要爱国和自由的精神仍弥漫于我们中，那么对于这个伟大人物的纪念是永远不衰的。——原注

赞同别的计划，只看见良好的法律不断地剥夺其权利，而很难认识到他从那里可望得到的利益。为了使一个新生的民族能了解政理的健全原则，及遵循国策的根本法则，那就必需倒果为因；缘由社会制度产生的社会精神，转而指导社会的制度了；人们在有法律之前亦应该如有法律之后的那样了。所以立法者不能诉诸武力或理智，而必需借助于一种特殊威权，不用暴力而能约束人，不恃论证而能劝喻人。

因此，各时代的建国者不得不借天行事，以自己的见解托之于神，以使人民服从国家的法律，如同服从自然的法则一样。使人民承认造人和建国的力是同样的力，因而很愿意地服从国家的法律，很温顺地服从公共幸福的约束。

立法者常常把非平常人所能企及的崇高理智借神的口说出，以便引用神圣的权威，约束那些对崇高的道理无动于衷的人们。[①] 但并不是什么人都能托神，使人相信他是神意的传达者。唯有立法者的伟大心灵才能证明他负有这种使命。人人都可以伪刻石碑，贿买预言，假称曾与某神秘交，训练某种鸟向人耳边吐露神言，或用其他粗鄙方法骗人。但其智慧仅会搞这一套的人，偶尔可以迷惑一般愚人，却绝不能建立国家，而他所奢望的事业也将很快地随他本人一起破灭。虚妄的骗术只能一时见效，惟智慧才能经久。犹太的法律，到现在还存在，伊斯美的法律统治半

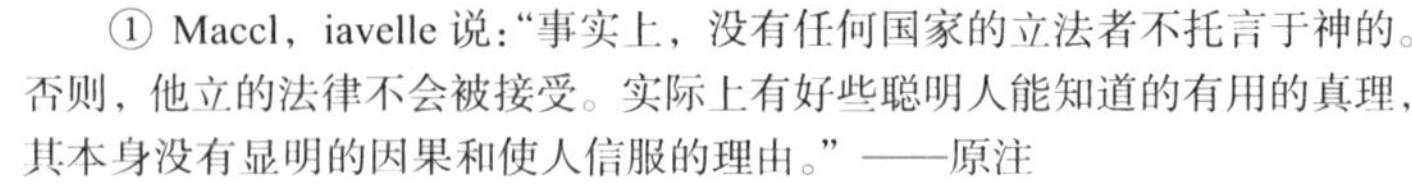

① Maccl，iavelle 说："事实上，没有任何国家的立法者不托言于神的。否则，他立的法律不会被接受。实际上有好些聪明人能知道的有用的真理，其本身没有显明的因果和使人信服的理由。"——原注

个世界几千年[1]，都可证明其立法者的伟大。骄矜的哲学和盲目的宗派精神常诬蔑那些立法者为幸运的欺骗者，而真正的政治理论家却从那些法制中看出伟大的智力，赞美他们指导着该法制，使之历久不坠。

我们不应该因此和华白顿（Warburton 英国的主教）一样，以为政治和宗教具有共同的目的；而应该说在建国初创时，宗教是用做其政治的工具。

17. 人　民

正如建筑家在建筑大厦之前，先量察地基，看看能否支持屋重一样。聪明的立法者并不是一着手便定下一个良好的法律，而是先审察人民能否承受那些法律。柏拉图拒绝为阿卡狄亚人（Arcadians 希腊时代的人民，于公元前三七〇年设立了一个城市国家的联邦）和西兰尼人（Cyrenaeans 古代非洲北方的一个民族）立法，因为他知道这两个民族都是富有的，不能忍受平等。又克雷特（crete 地中海内的一个岛名）的法律很好，而其人民却很坏，因为密挪司（Minos 神话中的一个英雄）所治理的人民是已经深陷于罪恶之中的邪恶的民族。

有千百个民族，曾昌盛兴隆，却不能忍受也不曾产生良好的法律。即使那些能忍受良好法律的民族，也只是在其很长的全部历史中很短的时期内才有可能。因为大多数

---

① 伊斯美（Ismël）为亚伯拉罕与阿加尔之子，传说为阿拉伯人的祖先。——译注

的民族，亦如大多数的人一样，只在幼年时易于指挥，老了，便不易改变。当风俗一旦确立，成见一旦生根再图改革，便徒劳无效了。那时人民如同看见医生便恐惧的愚怯病人一样，不能再忍受他人去矫正他们的过错了。

有某种疾病常使患者心神失常，忘记前事。国家的历史中也如此，某些革命的时期，对于一个民族的影响，亦如疾病的危机对于个人的影响一样：健忘前事转为恐怖前事，国家为内乱所激动，于是可以说是死灰复燃，从死神的爪牙中重生出青春的活力来。斯巴达在莱卡格斯的时代，罗马在达昆氏（Tarquins 罗马第七世王）之后，以及现代荷兰，瑞士驱逐了暴君之后都有这种现象。

但这种事是很罕有的，只是一些例外；这些国家所以会这样，是因其特别的组织和体制。但是这种事在同一民族不能有第二次的发生，因为一个民族在未离野蛮状态的时候还可以使自己自由，而在一个国家政治热情一经消失，即不复自由了。内乱足使国家灭亡，非革命所能补救；国家的链锁一经破毁，国家便分崩瓦解，不能复存。这时所需要的是个统治的主人，而不是解放者了。“自由可得，而绝不能失而复得，”自由的人民，记着这格言罢。

青年不是幼稚的意思。国家和人一样，有个青年期，也可说有个成熟期。在这时期以前，不应使之受制于法律。但一个民族的成熟是不容易看出的，如果时期未熟，则工作是没有效果的。有些民族自初即适于实施管治，有些则经过千年还是不适宜。俄罗斯人因开化得过早，将永远不能真正地开化。彼得（Peter）大帝有模仿的天才，但他没

有真正的天才，没有那种创造的，白手起家的天才。他做了些好的事，但他所做的，大多数是不合时宜。他只看见他的人民是野蛮的，但没有看见他的人民尚没有开化到接受文明的时期。当其人民尚需加以训练的时候，他便想加以文明化。当他应该先使他的人民变成俄罗斯人的时候，他却想把他们化为英吉利人，德意志人。他对他的人民说他们要怎样，怎样，以致妨碍了他们不能变成他们原本可能变成的样子。法国有一名教师也是这样想使他的学生变成神童，而结果则使其终生没有点用处，一事无成。俄帝国想制服欧洲，而它自身却将反被制服。他的附庸兼邻居鞑靼人（Tartars）或许会由于我认为不可避免的革命，做了俄国及我们欧洲的主人呢。真的，欧洲各国的君主正在共同促成这事的实现啊。

自然对于构造适当的人体，定有限度，过了限度，便是巨人或是侏儒。同样，一个国家最好的组织，亦可有一定的限度，不宜过大，以致不适于施政，亦不宜过小，以致不能自立。任何政治的社会，其力量都有个不能超过的极限量，国家一经增大，这力量便减少。社会愈大，它愈软弱。一般说来，国家愈小，也愈强。

有上千种论证可以证明这原则。第一，距离愈远，行政愈难，正如砝码居杠杆之一端愈远，则愈重。又由于各级的机关愈多，则行政亦愈困难，因为，首先，每一乡镇有乡镇的行政机关，须人民维持。每县有县的行政机关，又须人民维持。其次，每省有省政府，省长，总督等，愈高级则耗费愈大，而且总是由贫苦的民众负担。最后有中

央政府，高于其他的一切。所有这些各级机关的耗费都向人民榨取。人民受这些各级机关的治理，不仅不见得好些，而且比由单一级政府治理还要糟：于是民力竭尽，不足以应付非常的事变；一遇非常事变，国家便濒于危亡。

还不止此。如国家过大，不仅政府较难于厉行法治，防范扰乱，纠正弊端，防止远处发生的叛乱事件；而且人民从没有看见过统治者，国家在他们看来如同世界一样，而大多数同国人又为他们所不相识，因此他们对于他们的统治者他们的国家以及他们的同胞都较少爱戴。各省习俗不同，气候各异，不能共保有同一的政府，所以不能适用同样的法律。但如适用不同的法律，则将愈引起困难和混乱，因为人民在同一的统治者下生活，互相往来，互相通婚，互相混合和交流，一旦易地而居，将自己都弄不清其祖产是否确属自己所有。无数人民群聚于中央的行政之下，彼此不相识；在这样的群众中，才能被埋没，德行得不到彰显，罪恶得不到惩治。做领袖的政务过繁，不能亲自过问，国事由秘书等属员处理。又中央当局不能不设法维持其权威——这是远处地方官所欲规避的——必需采取种种措施，耗尽全部的公共精力，再也顾不到人民的幸福了，遇必要时几乎无法加以防卫，遂使这个体制过于庞大的国家，为其本身的重量压碎了。

再则，国家如欲求稳固，能抵抗它所不可避免的动荡，及保有维持其自身所必需的力量，必需有安定的基础才行；因为所有的民族都有种离心力，使他们交相冲突，并常以其邻人为牺牲，以扩张他们自己，正如笛卡儿（Deacarte）

所说的旋涡一样。所以弱者常有立刻被吞并的危险；除非和别的同置于一种均衡的状态下，才能使各方面的压力均等，否则没有一个能长久自保的。

由此可见国家的扩大和缩小都有理由。得乎其中，以求最有利于国家的维持，有赖于政治家的天才。我们可以说，扩大的理由是向外的，相对的，缩小的理由是向内的，绝对的，前者应次于后者。第一件要追求的事是求强固健全的组织；最好侧重于良好政府所产生的活力，而不只是重视广大土地所给予的富源。

在这里还可以说一说的是：曾有些国家的组成是必需征服他国的，要保持其自己，必需不断地扩张。它们对于这种碰运气的"必需，"也许不胜庆幸，然而该项"必需"，已对它们指明：扩张过了限度，便不免覆亡。

国家可依其领土的大小，或人口的多少而衡量之。土地和人口二者之间，有种适当的比例，从而使国家成为真正伟大的国家。人民造就国家，土地保持人民；所以正当的比例是土地应足以维持其居民的生活，而人民应多至土地所能维持的数目。人民和土地如适合这比例，便可达到最大的力量；因为如果土地过多，则难以防卫，难尽开垦，产量多于需要，便很容易引起防卫的战争；又如果土地不够，则国家所需要的须向邻国寻找补充，便很容易引起侵略的战争。一个民族，如果其处境除靠商业或战争外，没有别的出路，则其本身必然很弱：它要依靠邻国和局势，其生存最终不免是短暂的，不确定的。它或是征服别人而改变其处境，或被别人征服而灭亡。它如欲维持其自由和

独立，靠的不是扩大，而应是缩小。

土地大小，和人口多寡二者之间，很难有一定的适当比例。一则，因为土地的品质有不同，沃瘠有不同，物产的性质有不同，气候影响亦有不同；再则，因为居民的气质有不同，有些居于沃地的人民消费甚少，有些居于瘠地的人民消费反多。此外，妇人生育率的大小，各国状况是否适合人口的增加，以及立法所能产生的影响等，都要注意，因而立法者不应依其所观察得到的，而应依其所预见到的；不应止于其实际所有的人口状况而应察及人口自然将至的状况。最后还有一点不可不注意的是：有无数的情形，因当地特殊的需要的土地。例如，多山的国家，其自然的出产，即林木，牧场之类，较不费人工，我们凭经验知道那里的女人生育能力较大于平原的女人。又那里有很广大的斜坡上而只有极小的平地可供栽种，这种国家须求扩张。反之，海滨的国家，虽多是多石的地方及几乎不生植物的沙地，亦可以缩小，因为那边有许多水产可以补充陆产的缺乏，且人民须聚在一起以御海盗。又比较容易把过剩的人民移植他处，以减轻国土负担。

除这些条件之外，还有一个条件，虽不能取代其他任何条件，但缺乏该条件，则使其他条件都归于无效。这条件便是要人民享受和平和富裕；因为国家形成的时候，亦如军队排阵时一样，是最缺乏抵抗力，最易被破坏的时候。完全没有组织的时候，比之开始组织的时候，会更有抵抗力，因为开始组织的时候，各人各顾着自己的职务，而没有顾到危险。如果在这时有一场战争，或发生灾荒或叛乱，国家便不免覆亡。

在这种危急的时期，并不是不曾有政府成立起来；但正是这时的政府本身把国家摧毁了。篡国者常造出或利用混乱的时机，乘公共的惊扰之际来通过在人民神志清明时所不能通过的带有毁灭性的法律。创制时机的选择，最足以鉴别主事者是作为立法者抑或是篡权的暴君。

那么，什么样的民族适于立法呢？必需是这样的民族：他们已有某种同一的种源，利害或契约为之结合在一起，但尚没有受过法律的真正束缚；他们没有深固的风俗或深入的迷信，不怕突来的侵略；他们没有卷入邻国的纠纷，而能单独抵抗任何一邻国，或得一邻国之助便足以抵抗另一邻国的；他们每个成员都可为别的成员所熟悉，不给任何人以过重的负担的；他们不需依赖别的民族而能自立，别的民族也不需依赖该民族而能自立的；[①] 他们不富亦不穷，而是能自足的；最后，他们要兼具旧民族之稳定性和新民族之顺应性。立法事业的困难不在于建立新的，而在于破坏旧的。其成功所以这么稀少，是因为难找到一个自然的简单性与社会的需要相适应。所有这些条件实在很难具备，因此很少的国家具有良好的制度。

现在欧洲还有个适合于立法的国家，那就是可锡加

① 如果有两个相邻的民族，其一须靠另一生存，则前者将很难，后者将很危险。在这种情形里聪明的民族定要立即使另一民族不依靠它。Thalscala 共和国为墨西哥帝国所包围，宁愿不用舰，也不向墨西哥人购买，甚至不愿受墨西哥人的赠予。该共和国人的聪明，能看出那种慷慨下所隐伏的陷阱。他们保持他们的自由，而该小国虽在大帝国封锁之下，终于灭亡了该帝国。——原注

(Corsica)。这个勇敢的民族，有勇气和毅力，以恢复及防卫其自由，该有聪明的人教导他们怎样去保持其已得到的一切。我觉得这个小岛国将来会有惊动欧洲的那一天。

18. 各种法制

如果我们问什么应为一切法制目的的最好的事物——我们便会发现这可归纳为两个主要的事物：一是自由，一是平等。因为个人的隶属关系就是从国家那里抽取权力，故须自由；又因为自由没有平等，便不能存在，故须平等。

在前面我已经说明社会的自由是什么。所谓平等并不是说每个人的权力和财富都要绝对相等；而是要那权力不致大得足以妄为，并且那权力的使用常以地位和法律为依据；至于财富，则不许有人富得足以购买他人，亦没有人贫得卖身；[①] 其中的含义是：强者的财产和地位应有限制，普通人的贪欲亦应有限制。

有人说：这种平等是个不能实行的理想，实际上是不能存在的。但是如果因其流弊不可避免，我们便不应加以规定了吗？正因为实际情形的力量不断地破坏平等，所以立法的力度最应时时地保持它。

但这些良好法制的这种普遍目的，在各个国家中，应依地方情形和人民习性而加以修改。最优良的制度应依这

① 如果目的是在求一致，使两极端尽量接近，便应当不许有富人，亦不许有乞丐。这两个阶级状态是自然地相互关系着，分不开的，同样都是不利于公共幸福的；一个会产生暴君的拥护者，一个会产生暴君。公共的自由，便在他们之间交易，一则买自由，一则卖自由：——原注

些情形而决定；所谓最优良，不在制度自身，而在其对于国家有最优良的效果。例如，如果土地是不毛之地的，不生产的，或人口过于密集的，则人民须从事工业，工艺，以其出产品去换取其所缺乏的物品。反之，如果人民住居在一片肥沃的平原或斜坡上，或在一处良好的土地上，人口稀少；则应专心从事能够繁殖人口的农业，使人口增加，应排除一切工艺，免得工艺使很少的居民聚集在很少的几处地方，因而减少人口。[1] 如果民族住居于很广阔便利的海岸线上，便该让它以船舶满布海面，发展商业和航海业。它将有一种短促而光荣的生命。如果在海岸上，海水所荡至的地方几乎尽是些很难趋近的岩石，那就应让它保持野蛮的食鱼的状态，它可过得较安宁，也许较好，也一定是较愉快的生活。一言以蔽之，除了各民族共同的原则之外，每个民族本身各有些原因使他们有特殊的情状，使其立法只适于其自己。例如，古时的犹太人，及较近世的阿拉伯人，主要目的为宗教；雅典人为文艺；迦太基（Carthage）人和太尔（Tyre）人为商业；罗得斯（Rhodes）人为航业；斯巴达人为战争；罗马人为事业。《论法的精神》（Faprit des Lois）的著者（按即孟德斯鸠）曾引好些事例指明立法者凭什么方术去定立法制以达到这些目的。

欲使一个国家的体制巩固而持久，就在于人们能够有正确的观察，使自然的关系与法律完全一致，而法律可以

① M. d，Argenson 说："任何称做对外贸易的部门，对于全国而言，都只是产生表面的利益而已。它可以使有些人，甚至有些城市富裕；但整个人民实没有得到什么好处，整个国家也毫无所获。"——原注

说只是要去保证，伴随，及改正这些关系。但如果立法者误认了目的，采取的原则与事物的本性所允许的自然的原则相异，以至于他的原则倾向服从、财富、或和平，而自然的原则倾向自由、人口、或征服，则法律将无形地失掉力量，制度将变更，国家也将扰攘毋宁日，到后来不是灭亡，便是改变，而复归于不可逃避的自然支配。

为了使一切事物都合秩序，公众的政治合于最优良的方式，则有好些关系须加考虑。第一，是全体对于其自身的关系，即是全体对于全体的关系，主权体对于国家的关系；这种关系，我们当在后面说明，是由居间的那个关系构成的。

规定这种关系的法律，称为宪法，又称为根本法。如果那些法律是良善的，则这么称呼，亦不无理由。因为如果在每个国家里，只能有一种良好的法制，那么享有该法制的人民就当牢牢地保持着它。但如果已确立的法制是坏的，那么这种阻止人民为善的法律又怎能称为根本的呢？再则，无论法律是怎么的好，人民亦常欲改变其法律；因为如果他们自愿伤害他们自己，还有谁有权去阻止他们呢？

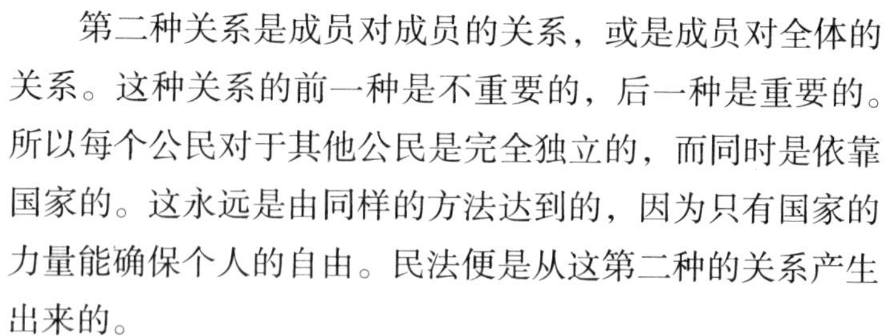

第二种关系是成员对成员的关系，或是成员对全体的关系。这种关系的前一种是不重要的，后一种是重要的。所以每个公民对于其他公民是完全独立的，而同时是依靠国家的。这永远是由同样的方法达到的，因为只有国家的力量能确保个人的自由。民法便是从这第二种的关系产生出来的。

我们还可以考察一个个人与法律之间的第三种的关系，即是个人不遵守法律与法律之惩罚的关系。这种关系产生刑法，这刑法在根本上与其说是一类特别的法律，不如说是对他类法律的裁定。

此外，还有一个第四种的法律是最重要的，非刻在石碑或铜版上，而是刻在人民心上的法律。这是国家之真正的宪法，它每日都在获得新的力量，当别的法律衰败失效的时候，它恢复它们，或代替它们，它可使人民保持那种最初的创制精神，在无形中以习惯的力量代替威权。这第四种法律就是指道德，风俗，尤其是舆论。这种力量是政治论者所不知的，然而任何事物的成功都靠着它。伟大的立法者，虽似只注意于某某法规，可是他心中暗暗地注意着它。因为那些法规只是拱门的拱，而较慢长形成的风俗道德才是固定不移的拱心石。

在这各种法律中，只有规定政体的宪法和我的论题有关。

19. 什么是政府

在讨论各种政体以前，让我们先确定“政府”（Sovernement，Sovernment）一词的意义，因为该词的意义迄今还未被明白地解释。

我请读者细心阅读本章，对于不细心的读者我无法使其明了。

一切自由的行为都是由两个原因结合而生的：一为精

神的原因，即是决定行为的意志；一为物质的原因，即是实行这意志的力量。例如我走向一目标，第一要有到那边的意思，其次，我的脚要能走。如果患瘫者不能走而想走，或是能走的人不想走，都将仍然停留在原处。政治的社会也有这同样的动力；力量和意志也是有区别的，意志即是立法权，力量即是行政权。没有它们二者的合作，即不能做什么；亦不该做什么。

我们已知道立法权属于人民，亦只能属于人民。在另一方面，很容易从刚才定下的原则看出，行政权是不能如立法权或主权那样属于大众的，因为行政权完全是许多个别的行为，不在法律的权限之内，因而也不在主权的权限之内，所以主权体的法令一定是法律。

因此公共的力量必需有个适当的代理机构机关，使它按照公共意志指导之下活动，成为国家与主权体间的沟通工具并为公家做事亦如个人的身心为个人做事一样。这便是国家中政府的作用，时常与主权体误混，其实政府只是主权体的行政执行人而已。

那么，什么是政府呢？政府便是介于人民和主权体间的中介体，使二者互相沟通，负责实施法律及维持自由——政治的自由和社会的自由——的责任。

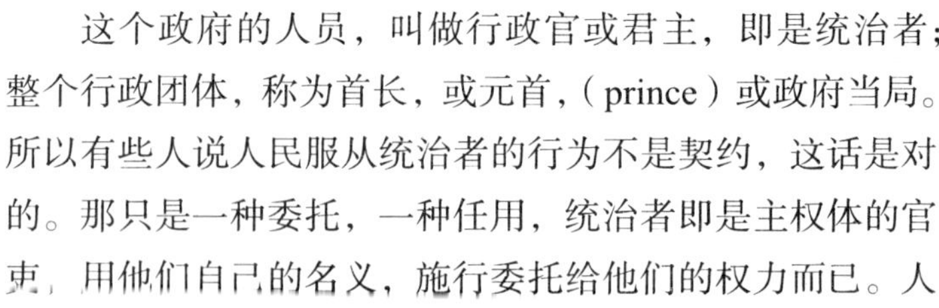

这个政府的人员，叫做行政官或君主，即是统治者；整个行政团体，称为首长，或元首，(prince) 或政府当局。所以有些人说人民服从统治者的行为不是契约，这话是对的。那只是一种委托，一种任用，统治者即是主权体的官吏，用他们自己的名义，施行委托给他们的权力而已。人

民对于这种权力有加以限制，修改，或收回的权利，因为放弃这种权利，是和社会的性质不相容的，违反结合的目的。

凡合法地行使行政权的，我称之为政府，凡受托而行使行政权的人或团体，我称之为首长，或行政官。

政府是有中间力量的，以沟通全体对于全体，或主权体对于国家的关系。主权体对于国家的关系可看作连比例的前后二项，而政府为中项。政府从主权体那里得到它给予人民的命令；为了使国家能够处于适当的平衡状态，把各事都计及之后，则政府的权力或效果须与人民——人民一方面是主权体，一方面是子民——的权力或效果相等。

再则，这三项中任何一项加以改变，即会把相等破坏。如果主权体想来治理，或行政官想来立法，或人民不愿服从，便立刻出现混乱使秩序破坏；力量与意志便不再合作，国家就会瓦解，而陷于专制或无政府状态中。再则，每个比例只能有一个中项，因此国家亦只能有一个良好的政府。但无数事件都可以改变一个民族的这些比例，所以不仅不同的人民适用不同的政府，即使同一的人民，在不同的时候，亦适用不同的政府。

欲申明前后两项间的各种关系，我想举人民的数目为例，这是最易于表明的。

假定国家是由一万个公民组成的。主权体只能当作集合体看；但每个个人，以国民的资格，是当作个体来看。因主权体比人民（即指个人，）为一万比一；即是，每个成员（国民）虽完全受主权体之支配，却亦分得万分之一的主权。如果人民的数目有十万人，每个人仍然要受主权体的支配，所有的人都同等地担负着全部的法律，但他的投票权已减至十万分之一，其影响小了十倍，人民仍然是数字“一”，他和主权体的比率随着公民数目的增加而增加。因此，国家愈大，则自由愈少。

我所说的比率增大，即是说二者愈变得不相等。依几何学的意义，比率愈大，则在通常的意义上，比率愈小。依前种意义，其比率从数量上看，是以商数来表示的；依后种意义，其比率从同一性（相等性）看，是以类似性来计算的。

个别意志和公共意志——即是道德风俗与法律——的几何比率愈小，则制裁的力量须愈增加。因而政府若要成为良好的政府，必需随人民数量的增多而相对地增加力量。

在另一方面，国家的成立给予受委托者（即政府当局）以更多滥用权力的诱惑和机会；政府既应增大其统治的权力，主权体亦应增大其支配政府的权力。但我这里所说的，不是政府的绝对权力，而是国家各部分的相对权力。

从这双重的关系可知：主权体（即人民之集体）、政府、人民（即指个别的人民）三者成连比例的说法，绝不是个矫揉造作的观念，而是政治社会性质的必然结果。又由此可知：其中一项，即人民，是以“一”来代表的，其他二项的比率变大或变小，则中项（政府）亦随之变大或变小。我们从这点可以看出：事实上不是只有一个绝对的政府而是有各种不同的政府，随着国家的大小而异。

如果有人嘲笑这说法，说依我的意思，则欲得中项

（政府），只要找到人民数目的平方根便行了。我可以回答他说：我这里举这数目只当作例子；我所说的比率不是只以人数计的，而照常是以行为——许多原因之结合——的数量计的；再有我虽然借几何学的术语来表示，我也很知道道德的性质是不可能有几何学那样精确计算的。

政府便是小规模的国家。它是一个被赋予了一定能力（机能）的道德人格，它具有主权体的主动性，又有国家的被动性，可以分解为别的类似的比率。由此便又产生一新的比例，又由新的比例再产生一新的比例，依着官职的安排，继续下去，直至达到一个不可分的中项——即是单一的统治者或首长——为止；该统治者或首长，在这种进程中，可用分数和序数间的单位数代表之。

我们可不必再引用几何学的术语以自扰，让我们暂且认定政府是国家里的一个新的组织有别于人民和主权体，而介于二者之间。

国家和政府有个主要的区别：国家是独自存在的，政府只是依主权体存在的。因此政府首领的意志应依公共的意志或法律；其力量只是集中于他手中的公共的力量；当他想依他自己的威权做任何绝对独立的行为时，整体的联系便开始松解涣散。如果首长要使他自己的个别意志较活跃于主权体的意志之上，如果他手里的公共的力量只听从他个别的意志，则将有两种主权体，一是法律上的，一是事实上的；这样，社会的团结便立即瓦解，政治的社会组织亦将崩溃。

但是欲使政府得到真正的生存，和真正的生命，而有

别于国家，欲使其全体人员都能通力合作，实现设立政府的目的，则它一定要有其独特的人格，其人员要有共同的意识，它自己要有用以自保的意志和力量。这独特的存在包含会议，议会，审判权，决定权，种种权利和称号之类专属于政府官员的各种特权，并且使官职愈烦琐愈艰巨便愈荣誉。困难是在于怎样安置这种附属的组织（指政府）于国家中，以确定其组织而不致变动国家的组织，并能将其所具有的用以维持它自己的个别的力量，和用以维持国家的公共的力量，区分清楚。总之，要时常准备牺牲政府以为人民，而不应牺牲人民以为政府。

再有，虽然政府这人为的组织是另一人为的组织（指国家）的产物，而且在某种方式上，只不过是一种假借的和附属的生命；但这并不妨碍政府能够以或多或少的生气与敏捷性而行动，并且可以说，能够享有或多或少的健康成长。最后，政府虽不直接脱离其创制的目的，却可能依照它自身建制的方式而或多或少的偏离这个目的。

由于这一切的不同，便使得政府对于国家所能具有的比率，也要按照国家本身会因之而改变的种种偶然的、特殊的比率而有种种不同。因为往往本身最好的政府，若随着它所属的政体的缺点而改变比率的话，它就会变成为最坏的政府。

20. 良好政府的标志

“什么是绝对良好的政府呢？”这问题是不确定的，

亦是不好回答的。我们也可以说，各国之绝对的和相对的情形有多少种可能的结合，便有多少种解答。

但如果问什么现象是表示人民被统治得好或坏，这又是另一回事。这问题是事实问题，可以有个解答的。

但这也还没有解决，因为各人都想照他自己的方法去解答。臣民颂扬公共的安宁，公民颂扬个人的自由；一种人选取财产的安全，一种人选取身体的安全；一种人以为最严厉的政府是最好的政府，一种人以为最温和的政府是最好的政府；一种人希望惩罚犯罪，一种人希望防止犯罪；一种人要使本国为邻国所畏；一种人要使本国与邻国不相往来；一种人见货币流通而满意，一种人则要求民食充足。其实纵然关于这些和其他相似之点，有一致的见解，我们岂能有更进一步的解答呢？因为非物质的性质是不能精确计量的，即使人们对于标志的见解能一致，但他们对于其价值又怎能一致呢？

至于我呢，我时常惊异的是：人们竟不认识一个很简单的标志，或者可以说他们很不诚实，竟不承认这一个简单的标志。政治组织的目的是什么呢？是在维持其分子的生存和繁荣。他们的生存和繁荣以什么为最真确的标志呢？答，以人数众多和人口增加，此外不必再找别的标志了。假定别的条件相同，政府不依赖外面的援助，不依赖归化和殖民，而其公民增加最多的，便毫无问题是最好的政府。人民减少衰落的，该政府便是最坏的政府。统计家

呀，这是你们的事，要你们去计量，去比较吧。[①]

21. 政府的妄为与堕落

个别的意志不断地违反公共的意志，政府的行为亦不断地违反主权体。政府的此种行为愈甚，则组织将愈改变；又因没有别的团体的意志对抗君主的意志，以维持均衡，所以君主迟早会压抑主权体，破坏社会的契约。这是不可避免的弊病所在，它自政治社会成立以来，即不断地破坏和摧毁着它，正如衰老和死亡破坏摧毁人身一样。

政府的坠落有两个普通的方向：一是政府收缩，一是

① 判断什么时代是人类最繁荣的时代，须根据这个原则。至于那些文学艺术很发达的时代总是被人尽量赞美，但并未深究该时代的文化所隐微的目的，和其不幸的结果。“愚人称奴隶状态为人道呢”（见 Tacitus 的 Agricola 一书页三一。）我们诚然不是永远不能发现有些著者说及平民的利益。但不管他们怎么说，又不管一个国家的名誉如何，如果该国的人口减少，则绝不是什么都很好的现象；一个诗人能得十万法郎的进款，也不足以表示其时代是最好的。我们对于统治者的表面的宁静，可不注意，而应注意于其全体人民的财富，尤其是人口最多的国家之全体人民的财富。一阵雹灾足使数州遭殃，罕灾即促成荒年。暴动和内战足使统治者震惊，但不成为人民之真正的灾祸，而且当争论谁人来统治的时候，人民还可得点喘息。他们真正的繁荣或灾祸是从他们一定的处境而来的，当全体人民都受着压抑的时候，便是衰亡的开始，统治者任意毁灭他们，“他们陷于凄凉，反称为平安呢”（Tacitus，Agrlcola 31.）。法国境内的骚乱，以及巴黎的凶手从袋里抽出短刀至议院中，这些事实并不足以阻止法国的繁荣及增加尊严、安乐、和自由。又如从前希腊亦在最残酷的战争中繁荣起来；流血成河，然而全国仍人烟稠密。马基雅弗利（Machfavelli）说：我们的共和国似只在惨杀、放逐、内战中昌兴起来：人民的道德和独立性足以增强之，其力量比一个不睦之国尤强。有一点震荡能给灵魂以弹性更富于活力，使民族真正繁荣的和平不及自由的力量。——原注

国家解体。

政府的收缩，在于由多数人成为少数人。即是从民主政体成为贵族政体，从贵族政体成为君主政体。这是它自然的倾向。如果它是倒过来的方向，从少数扩展至多数，这可以说是弛放，但这种相反的趋向是不可能的。

事实上，政府除非是能力竭尽，过于软弱，无以自保，否则永远不会改变方式的。如果政府在扩张的过程中还要弛放的话，则其力量将归消减灭，政府亦将不能存在了。因此当它衰微的时候，应该集中其力量否则其所支持的国家也将陷于灭亡。

国家在有下述两个情形之一时解体。

第一，当君主不依照法律服务国家，而篡夺主权体的权力。这时便有很重大的变化：是国家收缩，而不是政府收缩；我的意思是说原有国家解体，而于其中产生另一个纯由政府人员组成的，在其余的人民看来，纯为主人或暴君之团体。所以当政府篡夺主权的时候，社会契约便被破坏，人民各自恢复他们天然的自由，不再有服从的义务，只因被压迫而服从。

第二，当政府的人员把应由团体行使的权力，由少数人篡夺的时候，亦发生同上的情势；这也是重大的违犯法律的行为，其结果是以产生更大的混乱。这时可以说：有多少官吏，便有多少君主，国家亦如政府般被分割了，结果不是覆亡，便是改变其方式。

当国家解体了，政府的妄为，不管怎样，一概称为无政府（anarchy）。分别说来，民治政体堕落为暴民政

体（ochlocracy），贵族政体堕落为寡头政体（obligarchy）；我可以补充说，君主政体堕落如暴君政体（tyranny）。但这最后一个名词是暧昧不清，需要解释的。

依通俗的意义，暴君是暴乱的政治而不顾正义和法律的国王。依严谨的意义，暴君是指原无所得权力的权利而妄自僭越这权力的私人。这是希腊人所谓“暴君”一词的意义。他们对于权力不合法的君主，不管是良的还是恶的。[①] 概用这名词称之。所以“暴君”（tyrant）和“篡权者”（usurper）是完全同义的两个词。

为使不同的事物有不同的名称，我把篡夺公权的人称为暴君，篡夺主权的人称为“霸君（despot）。暴君是非法僭越权力而合法实行统治的人；霸君是自认高于法律的人。故暴君不能为霸君，而霸君必为暴君。

22. 政治社会的灭亡

体制最好的政府，其自然的不可免的趋向便是灭亡。如果斯巴达及罗马尚不免如此，那么还有什么国家可望永久存在呢？如果我们想建立经久的政体，我们不要梦想它

① “凡在一个知道了自由的国家中，握有永久权力的人们，都被称为暴君，被认为暴君”（见 Comelius 所著《米提阿底斯传》）。诚然，亚里士多德（《尼各马可伦理学》）区辨暴君和君主，在于前者的统治是为着他自己的利益，后者只为着其人民的福利，但不仅所有的希腊的著者普遍用这“暴君”一词是依别的意义，——最明白地见于 Xenophane 的 Iliero 一书中——且依照亚里士多德的区别，恐怕世界自开始以来，还没有遇到一个君主呢。——原注

是永恒的。如果我们想成功我们切不可尝试做不可能的事，也不可自诩我们已把我们人为的工作赋予了稳固性，因为这稳固性是人类的情况所不容许的。

政治的社会，亦如人类的身体一样。自产生之后，即开始走向死亡，其自身即具有毁灭自己的原因。但政治的社会和人类的身体都可以有较健全的和较不健全的组织，因而维持的时间亦有较长较短的差异。人身的组织是自然的工作；国家的组织则是人为的工作。人们没有能力去延长自身的生命；但他们有能力去尽量延长国家的生命，其道理在于给国家以最良好的组织。组织得最好的国家虽亦有终结的一日，但除有某种不可逆料的事变使之夭折外，它总比别的国家终结得迟些。

政治社会生活的原则在于主权。立法权是国家的心脏；行政权是国家的脑部，指导各部分活动的。脑筋麻木了，个人还可以生存。人变为白痴了，还可以生存；但心脏一经停止工作，这动物便死亡了。

国家的生存不是靠法律，而是靠立法权。昨日的法律不能约束于今日；我们把沉默当作默认，而主权体对于它所原能废止的法律如果不加以废止，便当作是继续认可它。主权体的意图一经宣布，在未经撤销以前，该意图永远继续存在。

人们为什么对于旧法律这么尊重呢？正因为这个缘故。我们愿意相信：旧法律所以能维持得这么久，只因为其本身的优越；如果主权体不承认它们是彻底健全的，它早已把它们撤废了。所以，法律在组织良好的国家中继续

不断地得到新的力量，而不致日趋衰弱；因它被援引为先例，它便一天天地尊严起来：如果法律因旧而变弱，这即证明立法权不复存在，而国家亦已没有生命了。

23. 公共意志不可摧毁

只要许多人集合在一起，成为一个整体时，只能有一个意志，这意志即是求共同的保全和幸福。这时，国家的行动是简单而有力的，其原则也是明白确切的，没有混乱和冲突的利益；公共的幸福是随处显现，只须一般地识别力便能把它觉察出来。和平，一致，平等都是政治阴谋者的敌人。正直单纯的人们所以难于受欺，正因为其单纯；诱惑和甜言蜜语无所施用，正因他们的不狡诈。世界上那些最幸福的民族，常有一群群的农民，坐于橡树下议定国事，而且总是处理得非常明智。但有些民族则崇尚伎俩和玄机，而使自身声名远扬，我们能不称许前者而鄙视后者的可怜吗？

像前者那样治理的国家所需的法律极少；当需要制定新法律时，早已是普遍地大家的共见。最先提议的人只不过将大家已感觉到的必要性说出来罢了；当他确知他人会赞同他时，则把每人已决定要行的事情变为法律，用不着结党阴谋或逞雄辩。

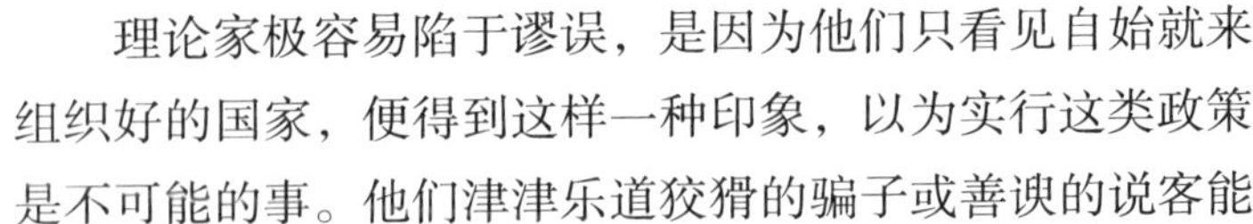

理论家极容易陷于谬误，是因为他们只看见自始就来组织好的国家，便得到这样一种印象，以为实行这类政策是不可能的事。他们津津乐道狡猾的骗子或善谀的说客能

使得伦敦和巴黎人士相信的种种可笑事。他们不知道如果克林威尔（Cromwell 一五九九 ~ 一六五八英国的军官兼政治家）对伯尔尼（Berne 瑞士的一省）人亦如对伦敦人那样宣说，会给他们关进钟楼[①]的，如果标福（Duc de Beaufort 法国的政治家）对日内瓦人亦如对巴黎人那样宣说，会被他们置于囚踏车上做苦役呢。

但当社会的联系渐松，国家渐弱，私利渐重，少数人的组织操纵大多数人时，公共的利益便发生变化，并会出现敌对者了；意见不复是一致了；公共意志不复是全体人的意志了；互相矛盾的见解和辩论便发生了；这时最好的意见亦不能无争论而通过。

最后，当国家濒于危亡，只维持着空虚的存在，社会的结合在人心中已经破裂，最卑鄙的利益亦俨然以“公共幸福”的神圣名义来掩饰，公共意志便哑口无言了；这时，人人都受私自的动机引导，再也不表示其作为公民资格的意见；纯求私利的不公正的命令，亦冒名法律而施行无阻，好像国家不存在一样。

是不是这时公共意志被毁灭或破坏了呢？不是的：它始终是固定不变的，纯粹的；不过屈从于别的胜过它的意志罢了。每个人从公共的利益中把他自己的利益分离出来时，都能很明白的看见该两种利益是不能完全分开的；但他因公共利益损失而分到的损失，比起他所追求的私自的幸福来，是琐琐而微不足道了。除了这种私利之外，他也和别人一样，强烈地要求公共的利益，才有利于他。即使

① 中世纪伯尔尼对公共秩序破坏者的惩罚方式。

他出卖投票权以得金钱，他心中也不愿把公共意志毁去，只是规避它罢了。他所犯的过失是在于改变了问题的状态，对人们向他提出的问题所答非所问。他的选票不是自己说“这是有利于国家，”而是说“这是有利于某人某党，故某某议案该通过。”于是大会中维持公共秩序的规则，反而不在于维持公共意志，而在使问题和回答都以公共意志为依归。

我本可在这里说出好些意见涉及主权体行为的简单的票决权，（没有人能夺去公民的这种权力），以及发言，动机，分析，讨论（这些是政府常常很小心留给其成员去干的）等权力；但这重要的论题须另作专文，在此不能一并论述。

24. 票决与选举

由上一章所述可知公共事务如何处理，才能确切表明政治社会的实际情形如何及其健全与否。在大会中人们的意见愈和谐，愈趋于全体一致，则公共意志愈占统治地位。反之，讨论冗长，意见分歧，吵闹不休，即为私利抬头，国家衰亡的象征。

当国内有两个或两个以上的阶级，如古罗马的贵族阶级（patrjcians）和平民阶级（plebeians）并存的时候，则公共意志似乎较不明显；因为该两个阶级时常于公民大会中争吵，即使在共和鼎盛时期，也是这样。但是这种对抗情形倒是表面的，而不是实在的；那时由于国家体制上的

缺点，两个阶级构成个国家，仿佛是两个国家构成一个国家一样；二者合起来虽不一致，但分开来，却各自一致。事实上，即使在最骚扰的期间，人民的票决，如果元老院不加以干涉，总是很安静地经大多数通过。公民只有一种利益，人民只有一个意志。

但另一方面也会有另一种全体一致发生，比如，当人民全部陷为奴役状态，失去了自由和意志的时候。由于恐惧和谄媚，他们的选票变为颂赞；不复有考虑，只有崇奉或诅咒。这便是元老院在皇帝势力下表示意见的卑鄙状态。有时且有很可笑的预防法。塔西佗（Tacitus Caiua Cornelius 罗马历史学家）说：元老们在奥琐（Otho）帝时，诅咒威透柳斯（Vitellius）[①]同时又造出大声喧哗来，使他（威氏）如果做了他们的君主，也不能辨出他们各人说的是什么话。

从这些不同的考虑里，便产生了一个准则：计算票数和比较意见的方法，应根据上面讨论所得的原则，依辨识公共意志的难易程度，国家衰落的情况等加以规定。

只有一种法律，依其性质，必需一致同意。这便是社会契约，因为社会的结合是一切行为中之最自愿的行为。每个人都是生而自由的，都是自身的主人，无论什么人，用什么为借口，如果不得到他的同意，都不能使他服从。说奴隶之子是生而为奴隶，即是说他生来就不是人。

如果在订立社会契约时，有人反对它，则他们的反对

① Aulus Vitellius 罗马皇帝，公元 69 年在位，因纵欲作恶，罗马人恨之。后为另支军队击败，被殴毙于街心。

并不能使社会契约无效，只能阻止他们自身加入其中。他们因此成为公民中的外人。但是国家组成之后，则居住即表示同意；居住于国家之内，即表示服从主权体。[①]

除了这基本的社会契约外，多数票即足以约束其余的人。这是从社会契约本身而来的。但有人说，一个人依从非他自己的意志，何以又能自由呢？反对者屈从其所不赞同的法律，何以又能自由呢？

我回答说，该问题问错了。公民对于一切法律都是表示同意了的，这所谓一切法律包括他虽反对而仍通过的法律，甚至包括惩罚他——如果他敢违犯——的法律。国家成员的固定的意志是公共意志；他们依赖公共意志而为公民，而得自由。[②]当一个议案在公民大会中提出时，所要求于人民的，不是问他们赞同或反对该提案，而是问那提案是否符合公共意志，亦即是他们的意志。每个人投票时已说出他对于该提案的意见；公共意志即由计算票数而得。因此当与我的意见相反的意见占优势时，这只是证明我自己错了，即我以为是公共意志的，实际并不是公共意志。如果我依着我个人的意志去做，那我便是违反了我原有的意志（按公共意志原即是我的意志）而行了；这样我便不是自由的了。

① 这当然只能应用于自由国家；否则，家庭、财产、缺乏保护、生活需要、暴力之类，将使人在国家中违反他自己的意志；则他居住于其中，也无所谓同意或不同意于社会契约了。——原注

② 在热那亚（Genoa）地方，这“自由”一字，即在监狱之前，船囚镣械之上，亦可宣读。这是良善公平的办法。妨碍人民享受自由的，只是各阶级的恶人。国家如果把这些恶人都置于狱中，人民便能享受充分的自由了。——原注

事实上，这是假定公共意志的性质仍是在于多数这一点，否则，我们无论取赞成或反对的意见都不能有自由。

我以前阐述在公共事务上的个别意志怎样替代公共意志时，曾充分指出避免这种流弊的实际方法；我以后还要再加以解说。我又曾说决定公共意志的比例票数。仅一票之差，便足以破坏二者的相当；一个反对者便足以破坏全体的一致性；但在相等和一致之间，可分为许多等级，各级的标准数目应依照各国具体状况和需要而定。

有两个通则可用以规定这种关系：第一，所讨论的问题愈严重和愈重要，则所通过的意见愈要近于全体一致。第二，愈需要急办的事，则法定的过半数的数目应愈小；如遇立即要办的事，则多一票的过半数便足以了。前一通则是似乎更与法律相合，后一通则更与实际事项相合。但无论如何，欲决定必要的大多数，求出其最适当的比例数，须把上述两通则结合应用才行。

我已经说过，选举元首和官吏是件复杂的行为！这种选举有两种办法：一为推选，一为抽签。二者都有好些共和国采用，其混合的用法，现仍见于威尼斯（Venice）共和国共和主裁（Dogs）的选举中。

孟德斯鸠说："抽签选举法，其性质是民治的。"我承认它是这样；但何以见得它是民治的呢？他继续说"抽签是对于无论何人都公平的选举方法；使每个公民都有为其国家服务的相当希望。"这些却不成为理由了。

如果我们还记得统治者的选举，是政府的职务，而不是主权体的职务，我们就不难知道何以抽签法，是较近于

民治政治，因为民治政治是行政机构的行为愈少，行政机构也就愈好。

在真正的民治政治里，行政职位并不是个利益，而是个担负，不能随便加于人。惟法律才能把该担负加于抽签抽出来的人身上。因为大家都处于平等的条件下，这种选举不是依什么人的意志的，不因人而异，所以不致损及法律的普遍性。

在贵族政治里，官长选举官长，政府由本身支持，正是在这里，用投票选举的方法才是最适当的规则。

威尼斯选举共和主裁的事例并不能否定这一特征，反而是有力的证实。混合的政体适用混合的选举方式。认为威尼斯的政体是真正的贵族政体，实属谬误。纵使人民不得参与政府的事，但贵族自身便是人民。该国有一种贫穷的贵族（称为 Barnabotes）从不得做官，其贵族身份只在拥有尊贵的空名，并具有出席大会的权利而已。那种大会和日内瓦共和国的公民大会一样，其显耀的出席人员，比我们日内瓦普通的公民没有更多的权利。的确，撇开两个极端的共和国的差异不提，日内瓦的中等社会的人即等于威尼斯的贵族；日内瓦的土民和居民即等于威尼斯的市民和人民；日内瓦的农民即等于威尼斯的臣民。再则，我们无论把威尼斯的共和国怎样看待，如果除去国土的大小不计，我们可以说，威尼斯的政体没有比我们日内瓦的更贵族些。二者不同之点是日内瓦共和国没有终身的统治者，不用抽签法。

抽签的选举法在真正的民治国家里，实在很少弊病，

因为在那里，人民的法律与财富是平等的，道德和才能，也是平等的，因此谁人当选是件不重要的事。但我已经说过。真正的民治政治只是个理想而如果推选法和抽签法并用，则需要特别才能的职位，如军事的职位之类，须用推选法；至于抽签法，则可用于司法类的职位上，因为此等职位，只要有常态的意识、公平、正直便行；而在组织良好的国家里，此等德性是一切公民都具有的。

至于君主政体，则推选和抽签二法都用不着。君主依法是唯一的元首和官长，选择其属官只是他个人的事。当圣佩耳（Abbé do Saint-Pierre 1737-1814 法国的著作家）提议法国的枢密会应扩充，其人员应由投票选举时，他不知道他的议案是要改变政体了。

我现在要说及人民大会中陈述意见及汇集意见的方法；但我们考察古罗马这方面的制度，更可以阐明我所要定下的原则。二十万人的民会对于公私事务怎样处理，这是聪明的读者很值得探究的。

25. 监察制

正如法律是公共意志的宣示，同样地监察制则为公共判断的宣示。舆论（公共的意见）是监察官所执行的一种法律，并只能应用于个别事件上，他的行为也如君主的行为一样。

监察机关不是民意的裁决者，只是民意的宣告者，如果不符民意，其决断即属无效。

要把一个民族的风尚和他们崇尚的对象区别开来是徒劳的；因为二者都根据同一原则而是必然不可分。世界上没有一个民族，其爱憎的选择不是由于民意，而是由于自然。纠正了人们的意见，他们的道德就会清净。人们总是喜欢好的，或爱他们认为好的；他们只在判断何者为好时陷于错误。因而须加以规定的是这种判断。凡判断何者为道德的人，即判断何者为荣誉，凡判断何者为荣誉的人，就须从众意中寻求其准则。

人民的意见都是从人民的制度哪里来的；虽然法律并不规定道德，立法却能使道德产生。立法衰弱，则道德退化；在这时法律的力量所不能奏效的，监察官的判断亦无能为力。

由此可知：监察制对于保持道德或许有用，但对于恢复道德，则决无何用。法律有力时，可设监察；法律一失效，则一切希望都失掉了，法律失去效力，就没有合法的权力能保持它了。

监察制维持道德，在于防止众意的腐败，保持众意的正确；其目的在于在把众意作适当的应用，并在众意尚未确定时，设法确定之。例如决斗用助手的习惯，在法国原极盛行，后法王下了一个敕令中有“用助手者是懦夫，”寥寥几字便把该习惯扫除了。这是因该判断先得众心，故能迅速判定。但如果敕令说决斗亦是怯懦行为，（决斗诚然是怯懦行为）则因众意并不以为，大众将会加以轻笑，因为对于这个问题，众人心中已有定见了。

我已经在许多地方[①]说过：因为众意是不受任何限制的，因此代表众意的监察机关也无须有限制。罗马人，尤其是斯巴达人利用这种制度，是值得十分赞美的。

有一个道德不好的人在斯巴达的议会里，提了一个很好的议案，五长官置之不理，却命一个有道德的公民来提该案。这虽对前后提案人不加毁誉，但一个何等荣耀，一个何等耻辱呢！有几个从萨摩斯（Samos 小亚细亚西岸的岛名）[②]来的醉汉，污辱五官长官署，次日该官署出个公告，指斥萨摩斯人为浊恶的人。这种指斥比实际的刑罚还要厉害。当斯巴达宣告哪个正当哪个不正当时，希腊人没有不听从的。

① 本章我只叫读者注意一个我已在我的《致 M. d'Alembert 的信》（La Lettre a'd'Alembert）较详细讨论过的题目。——原注

② 他们又是从别岛来的，至于该岛是什么，我们高尚的语言，不许我在此说出。——原注

二、人类不平等的起源和基础

1. 致祖国

庄严的、最可尊敬的和至高无上的执政者们：

我深信仅只有道德的公民才能向自己的祖国致以可以为其接受的敬礼，我曾经用功三十年以期待足以向你们呈献一点公开的敬意；这个幸运的机会既然可以部分地补充我的努力的不足，所以我认为在这里可以允许我考虑的是，使我兴奋的热诚而不是我是否应有的权利。

我荣幸地生在你们当中，但若不想到由于那种深刻的智慧而把这个国家之内的平等和不平等二者巧妙地结合起来，以最近似自然法和最有利于社会的方法来协助公共秩序和个人幸福的维持，则我如何能够推究自然在人们之间所规定的平等以及人们自己所创设的不平等呢？在探求良知对于一个政府的体制所能提供的最好的准则之时，我很惊奇地感到你们的政府中正在实施所有这些准则，竟使我认为即使我不是生在你们的城市之内，也不能使我不把这幅人类社会的图画呈献给各民族中具有最大优点的和最善于防止弊窦的人民。

如果我可以选择我的出生地，我将选择一个大小与人类能力范围相称的社会，换言之，即以可能治理得好为条

件的那样的社会，在那样的社会里，各人都能胜任自己的工作，任何人都无须把自己所担任的职务委诸他人：在这样的国家里，各人都互相熟识，因而秘密图谋的恶行和谦逊的美德都不可能逃避人民大众的注意和评判，而且在那里，这种时常往来和互相熟识的愉快习惯，将使对祖国的热爱与其说是热爱土地，不如说是热爱公民。

我愿意生在一个国君和人民只能有同一利害，以致政治机构的一切活动都永远只以公共幸福为目的的那种国度里；但这种情形，除非人民和国君是同一个人，否则是不可能的事情，因此，我愿意生在一个调节得合理的民主政府之下。

我愿意过着自由的生活并自由地死亡，也就是说，我要这样地服从法律，以致我或任何人都不能摆脱法律的光荣的约束：这是一种有益而温柔的枷锁，最骄傲的头颅也会驯顺地戴着这种枷锁，因为这些头颅并不是为了戴任何其他枷锁而生成的。

总之，我希望国内的任何人都不得自称是在法律之上，国外的任何人亦不得使国家被迫承认其威权。因为，不管一个政府的体制如何，如果那里只要有一个人不受法律的支配，则一切其余的人就必然要受这个人的随意处置；如果有一个本国人为首长，同时又另有一个外国人为首长，则不论他们能够做到怎样的分权，要他们很好地彼此服从以及要国家得到很好的治理，都是不可能的。

我绝不愿意居住在一个新成立的共和国里，不管它能有怎样好的法律，我怕这个政府或许不是基于当时的需要

而组成的，它可能不适合于新的公民或者公民不适合于新的政府，因此，这样的国家自其产生之时起几乎就是易于动摇和毁灭的。因为这是有关自由的问题，正如有关滋养丰富的固体食物或醇酒那样，固然能够滋养和强健那些习惯于此等食物的强壮体质，但是它们也能使那些对于此等食物不适宜的纤弱或娇柔体质发生疲劳、受伤和沉醉。

人民一经习惯于主宰之后，即不再能够不需要他们。如果人民企图摆脱约束，则他们就更加远离了自由，因为他们把与约束相对立的那种放任不羁误解为自由，结果他们的革命就几乎经常地把他们交付给煽动家而使其束缚加重。罗马人虽然是一切自由民族的模范，但他们在脱离了塔尔干王朝的压制时，还没有自治能力。被奴隶制和塔尔干王朝强加的、可耻的劳动所削弱了的罗马人，起初仅是愚昧的贱民。因此必需用最大的智慧加以慎重对待和治理，才能使这些在虐政之下憔悴了的或者不如说变呆了的人们，逐渐习惯于呼吸有益卫生的自由空气，渐渐获得严格的风俗和刚毅的精神。而这种严格的风俗和刚毅的精神终于使罗马人成为各民族中最受尊敬的人民。因此，我要寻求一个幸福而安宁的共和国作为我的祖国，这个国家的陈迹可以说，在遭受过一些足以显示和增强其居民的勇敢和热爱祖国的痛苦的极遥远的古代里，就已经消失了。这个共和国的居民很早就习惯于聪明的独立自主了，他们不仅是自由的，而且也是不愧于自由的。

我愿意选择这样的一个祖国，它由于幸运的没有强大的力量，因而放弃了残忍的征服欲，并且由于更幸运的地利而保障了自己不变为被别国征服的掠夺物；一个自由城市处于数个民族之间，其中任何一个民族都不想去侵略它，同时各个民族都关心着阻止其他民族去侵略它；一言以蔽之，就是这样一个共和国，它对它的邻国绝没有野心的企图，而于必要时它还可合理地依靠它们的援助。因此，处在这样幸运地位的共和国，除其自己之外是别无任何可怕的事情的。因而如果它的公民操练武器，那与其说是由于准备自卫的需要，倒不如说是为了保存他们的军事锐气和刚毅精神，这种军事锐气和刚毅精神，是非常适合于自由，也最能助长对自由的爱好，使自由必然得到适当的卫护。

我想寻求这样的一个国家，即立法权为全体公民所共有的国家；因为，谁能比他们更清楚地了解到，在怎样的条件下他们才适于共同地生活在同一的社会之中呢？但是，我不赞成类似罗马人的那种人民公决，因为在那里，国家的首长和最关心保存国家利益的人们，都不得参加讨论那些与国家安全时常有关的问题；而且那里的官员们被极不合理地剥夺了那些一般公民所都能享有的权利。

相反的，为了阻止那些自私自利的和考虑不周的计划，以及那些曾使雅典人终于毁灭的危险的革新，我希望任何人都没有任意提出新法律的权利；此种权利仅为官员们所有；他们应当很小心地行使这种权利，在人民这方面，则应当很慎重地认可这些法律，而且，法律的公布只得用很庄严的仪式来进行，在宪法被推翻之前，人们应有足够的时间来确信，这使得一切法律成为神圣可敬的法律是太陈旧的法律；我希望人民要轻视那些天天改变的法律；并轻

视这样的人们，他们因惯于忽视旧习而以改良为借口，常常为了纠正小恶而引来大恶。

我特别想避开一个必然会治理得不好的共和国，因为那里的人民相信，可以不需要政府官员或者认为仅对官员给以一种不确定的权力就行了，因而轻率地掌管民事行政与执行法律：直接从自然状态中产生出来的最初的政府的粗糙体制，一定就是这样；这点也就是使雅典共和国毁灭的那些缺点中的一个。

但是，我想选择这样的共和国，那里每个人都满意于有权批准法律和根据首长们的动议来大家决定最重要的公共事务，同时又设立一些受人尊重的法庭，慎重地把国家划分为若干县份，年年从其公民中选出最有能力的和最正直的人来掌管司法和治理国家；因此，在这样的共和国里，政府官员的美德就可以证明人民的智慧，人民也彼此互相尊敬。因此，即使某些不幸的误会偶然扰乱了公共的安宁，人们就是在蒙昧和误解中，还会保持节制、互相尊敬和共同尊重法律：这就是真实而永久和睦的预兆和保证。

庄严的、最可尊敬的和至高无上的执政们，我在我所想选择的祖国中将要追求的那些优点就是这样。如果上帝对它再添上一个适意的环境、温和的气候、肥沃的土地以及天下最美好的景色，那么，为了满足我的幸福，我只希望在这个幸运的祖国之内享受一切的福惠，在温柔的社交之中同我的国人过着和睦的生活，并按照他们的榜样对于他们施行仁慈、友爱和一切的美德，而且在我死后，留下一个善人和正直而有德的爱国者的光荣美名。

虽然我由于不幸或明白事理过迟，而不得不在其他国土上结束我的衰弱而颓唐的生涯，同时，又徒劳无益地惋惜着青年时代的轻率剥夺了我的安宁和太平，但是我在我的心灵中，至少保存了那些在我的国家之内未能表示出来的那些感情；我对我的遥远的同胞既然充满了温柔而无私的爱情，所以我从我的心坎中想寄予他们以下的言词：

“我的亲爱的同胞们，或者不如说我的兄弟们，既然血统和法律几乎把我们全体都联系起来了，所以我感到愉快，一想到你们就不能不同时想到你们所享受的一切幸福，而且你们之中任何人或许都不会比已经丧失了幸福的我，更加深刻地感到这些幸福的价值。我越是想到你们所处的政治文明和社会状况，我越不能料想人类事物的性质会容许一个比这更好的境遇。在所有其他政府中，当问题是关于保证国家的最大幸福的时候，一切都经常停留在想象的计划之内，至多也不超过某种程度的可能性。至于你们，你们的幸福已经十分完备了，你们只须享受它就够了；而且为了成为完全的幸福，你们只需知道满意于幸福就够了。你们以武力获得的或以武力收复的，并用勇气和智慧保存了两世纪的主权，终于完全地和普遍地被人承认了。公正的条约决定了你们的疆界，保证了你们的权利并巩固了你们的安宁。你们的宪法是杰出的，是以最卓绝的理智规定的，而且为友善而伟大的邻邦所保障的；你们的国家是安宁的；你们没有战争的恐惧也没有对征服者的恐惧；除去你们自己所制定的，且由你们所选出的正直官员所执行的那些明智的法律之外，你们没有别的主人。你们没有富裕到那样程度，以至于因耽于逸乐而耗损了精力，丧失对真正幸福和高尚美德的鉴别力；你们也没有贫穷到那样地步，以至于除去你们自己的实业供给你们以外，还需要外人的援助。同时，这种宝贵的自由，在大国中只能以过分苛杂的课税来维持而你们几乎没有花费任何代价就得以保存。

“愿这一个为其公民的幸福和作为其他民族的模范而组织得那么合理、那么好的共和国，永远地存续下去！这就是你们今后唯一的愿望和唯一的关怀。此后，只靠你们自己，但不是创造你们的幸福，因为你们的祖先已经替你们避免了创造幸福的麻烦，而是以善于享受幸福的智慧来使幸福成为永续的。你们的保存是有赖于你们的永久团结、遵守法律和尊敬法律的执行者。如果你们之间还有极小的猜忌或愤懑的根苗，就必需赶快把它消除，因为这正如有害的祸根一样，迟早导致你们的不幸和国家的毁灭。我恳求你们全体考察你们的内心，并谛听你们良心的秘密劝告。你们之中有哪一个人能够知道宇宙间有比你们的执政人员更为正直、更富有经验、更可尊敬的人呢？所有官员难道没有对于你们表现出中庸的美德、朴素的风俗、尊重法律和最诚实和蔼的榜样吗？因此，你们必需毫无保留地向你们的那么英明的首长们表示有益的信任，即理性对于德行才能具有的那种信任；你们必需想到，他们是你们选出来的，他们也认为这种选举是正当的，而且那些被你们拥护的人们所获得的名誉，也必然落到你们自己的身上。你们之中任何人都不是这样无知，以致不知道这样的道理，即法律的失效和护法者的权威消失的时候，对任何人来说都

不会再有安全也不会有自由。因此，你们情愿并确有信心地去做那些，由于真正的利害关系和义务并为了正义而使你们经常不得不做的事情，应该是不成问题的吧？绝不让那种对于维持宪法有害的冷淡态度，使你们忽视了你们之中最富有经验的和最热心的人们的卓见；但是要让公道、中庸和最值得尊敬的果敢继续决定着你们的一切举动，并继续把你们显示给全宇宙，作为一个勇敢而谦逊的、爱惜其名誉，同样也爱惜其自由的民族的表率。必需特别注意——这是我的最后的忠告——不要听信那些阴险的解释和恶毒的谣言，因其隐匿的动机往往比作为其目标的行动更为危险。全家的人，在敏捷而忠诚的、仅于窃贼接近时始行叫吠的守夜犬的紧急叫喊之时，都惊醒起来并作好戒备；但是，人们憎恨那些不断扰乱公共安宁的喧嚣狂吠的狗，它们的接连而不适当的警报，会使人们在必要的时候，反而不能信从它们。”

庄严的和最可尊敬的执政们，自由人民的杰出的和值得尊敬的官员们，请允许我向你们特别地致以敬意和敬礼。如果世界上有一个能使占有该地位的人们出名的地位，那么无疑地，这就是才能和德行所授予的地位，就是你们理所应得的地位，而且你们的国人已经把你们高升到这个地位了。他们自己的功绩更把新的光辉加到你们的功绩之中；同时，由于你们是由那些能够治理别人的人们所选出以便治理他们自己的，所以我认为你们是高于一切其他官员的，正如一个自由的民族，特别是那些由你们所光荣地指挥的这个自由的民族，在智慧和理性上都高于其他国家的人民

一样。

请允许我引证一个必然留有较好印象，并且经常呈现在我心中的事例。若无最甘美的感情，我就不能想起生我的那位有德的公民的往事，他在我的儿时常常教我必需尊敬你们。我现在还看到他过着勤劳的生活并以最卓绝的真理养育其心灵。我看到塔西佗、波卢塔和格劳秀斯的著作同他的职业上的用具杂陈在他的面前。我看到他的钟爱的儿子在他旁边领受着严父的慈爱教育，可惜获益很少。但是，即使愚蠢的青年时代的堕落，使我暂时忘记了很贤明的教训，可是我还幸运地终于感觉到，不管人们有怎样倾向邪恶的性癖，而深入人心的教育，是不会对他永远无用的。

庄严的和最可尊敬的执政们，生长在你们所治理的国家之中的公民，甚至普通居民，就是这样；他们都是有教养的和明理的人们，这样的人们在其他国家中，因被称为工人或庶民而使人发生非常卑贱和非常错误的观念。我很乐意地承认，我的父亲在其国人之中并不是杰出的人物，他只不过和一般人一样；正因为如此，所以无论在什么地方，他的为人都被人们所追求，甚至有益地结交。我不宜于（感谢上天也没有必要）也无须向你们提出，这样品质的人们有权受到你们的尊重，因为，从教育以及从自然和生来就有的权利来说，他们和你们都是平等之人；从他们的意志、从他们对于你们的功绩所应有的并且已经呈现出来这种敬爱来说，他们虽是你们的属下，但是由于这种爱，你们对于他们也应负有一种感谢的义务。我极其满

意地听到，你们对于他们以何等温和而宽恕地减轻了那种法律执行者应有的严峻，又以何等尊重而关怀回报了他们对于你们所应该的服从和尊敬：这种行为充满了公正和贤智，足以使人日益忘却那些必需遗忘并且永不再发生的不幸事件；正因为你们这种行为贤明合理，公平的、仁慈的人民，把履行自己的义务变成自己的快乐，很自然地喜欢尊敬你们。而且，最热心于维护自己权利的人，也就是最受重视你们的权利的人。

文明社会的首长们喜爱社会的名誉和幸福，这是毫不奇怪的；但是，当那些把自己视为官吏，或者更确切地说，视为一个更神圣、更高尚的国家的主人的人们，对于维持其生活的国土表示某种爱恋的时候，这对人类的安宁来说则嫌过分。我很愉快地能够指出一个有利于我们的很少见的例外，并且能够把那些为法律所认可的、神圣信条的热心受任人，亦即那些可敬的灵魂教士——他们的生动而委婉的口才所以能把福音书中的格言很好地传入人心，是因为他们经常地首先自己实行这些格言——列入我们最优等的公民之中。全世界都知道伟大的说教术，在日内瓦培植得何等成功。但是，由于人们看惯了神父们说的一套而做的是另一套，所以很少人有机会了解教士们普遍具有的基督教精神、圣洁的品德，以及对自己严格和对人宽厚等优良的风度。或许仅日内瓦这一城市才应当显示出宗教团体和文人之间的如此紧密团结的榜样；我把国家永久太平的希望大部分寄托在教士们所公认的智慧和克己的精神上、寄托在他们对于国家昌盛的热心上；同时，我以杂有惊奇

和尊敬的愉快心情指出，他们何等痛恨那些历史上屡见不鲜的、可厌而残酷可怕的教训，这些人为了维护所谓上帝的权利，换言之即他们自己的利益，他们希望自己的血也经常受到尊重，但对人类的血则毫不吝惜。

我岂能忘记共和国中，那些使男人成为幸福，并以温和与贤智来维持国家安宁和良好风俗的，占人口半数的可爱的有德的女公民们，你们女性的天命就在于经常统治着我们男性。在婚姻关系里、你们的贞洁威权令人感到是国家的光荣和公共幸福的时候，我们是何等幸运啊！例如在斯巴达，妇女曾居统治地位，因此你们也理应是日内瓦的统治者。什么样的粗鲁男子才能拒绝一位爱妻口中的尊敬和合理的劝告？在看到你们那简单朴素的和由于你们的光彩而似乎是最有利于美的那种装饰，谁能不轻视虚浮的奢华呢？你们的任务，就是要用你们的和蔼可亲的威力和善于诱导的性格，来永久维持人们对于国家法律的爱戴以及公民间的和睦；要用幸福的婚姻来把那些不和的家庭重归于好，特别是要用你们的动听而温和的教训，以及谦逊优雅的谈吐来矫正我们的青年们在别的国家中所沾染的那些缺点；他们从别的国家中没有带回自己可以利用有益的事物，除去在荡妇们中所获得的幼稚举止和可笑态度之外，仅仅带回对莫名其妙的所谓伟大事物的惊奇和奴隶身份的微不足道的报酬，这些对于庄严的自由是没有一点用处的。因此，请你们像现在一样，永远是善良风俗的坚贞守卫者，是人类和平的纽带；并请你们在一切情况下为了天职和德行而继续保卫着人性和自然的权利。

当我把对公民的共同幸福和共和国荣誉的希望建筑在这样的保证之上时，我希望它不要为变故所推翻。我确认我们的共和国尽管有这一切的优点，但也不能发生那种使大多数人的眼睛为之眩惑的光辉，而且幼稚地和有害地嗜好光辉乃是幸福和自由的最大死敌。让荒淫的青年人到别处去寻求易得的快乐和长远的懊悔吧；让自命有爱好的人们在别处叹赏宫殿的巍峨、车马的华美、家具的富丽、剧院的壮观，以及一切过分考究的精巧和奢侈吧。日内瓦只有平凡的人；然而，能见到这些平凡的人，是颇有价值的，而且，对日内瓦公民的欣赏，并不亚于对其余东西的赞叹。

庄严的、最可尊敬的和至高无上的执政们，请你们全体以同样的仁爱，来接受我为你们的共同兴盛而采取的恭敬的祝福。如果我在这一热烈吐露的真情当中，不幸犯有某种不慎的狂喜之罪，那么我就恳求你们，以对于一个真正爱国者的仁爱，和一个对其自己的幸福绝不比看到你们全体的幸福更加期待的人的热烈而正当的虔诚来原谅我。

谨向

庄严的、最可尊敬的和至高无上的执政们致以最崇高的敬意！

你们的最谦逊的、最恭顺的奴仆和同国的公民，

让·贾克·卢梭

1754年6月12日于盛培利

2. 关于人的知识

我觉得人类的一切知识中最有用的、但最不完善的知识就是关于人的知识；而且我敢说，特尔斐[①]寺院的唯一碑铭上记载着的那句箴言，比道德家们所有的巨著更为重要和更为深奥。因此我认为本论文的主题是哲学可能提出的最有意义的问题之一。

但是不幸得很，这对于我们来说，也是哲学家们可能解决的最困难的问题之一：因为，如果我们不从认识人类自己着手，怎能认识人类间不平等的根源呢？并且经过时间与事物的推移，在人的原本体质中应该起了变化，若不通过这一切的变化，人怎能看到最初由自然形成的人是什么样子呢？人怎能把人类本性中的基本的东西，同各种环境及人的进步中，在其原始状态上所添加的或变更的东西加以分清呢？人类的心灵像格劳卡斯的塑像[②]那样，已被气候、海水和暴风雨把它的形象改变了，以致它已经不像一个神而像一个兽了，它在社会中由于不断发生的无数事件、由于获得许许多多的知识和谬见、由于身体组织上所发生的各种变化以及由于情欲的不断冲动等等而变了质，照这样说来，它已经变了样子以致几乎难以认识了；并且，我们现在已经找不到一个始终按照确定不移的原则来行动

① 古希腊名城之一，城内有亚波罗寺。其碑铭上刻有一句箴言："你要认识你自己"。

② 格劳卡斯系海神名，柏拉图《理想国》中曾把他比做人类灵魂。

的人，找不到他的创造者曾使其具有的那种神明和庄严的朴实，而找到的只是自以为合理的感情和热狂的理智的畸形对立。

更不幸的是，人类的一切进步既是不断地与其原始状态相背离，所以我们愈加积蓄新的知识，我们就愈益失掉获得最重要知识的手段，即在某种意义上说，我们之所以不能认识人类，正是由于研究人类的缘故。

必需在人类体质的连续变化中，来寻求区分人们的各种差别的最初本源，这是易于理解的；大家公认，在各种不同的生理原因使某些动物产生我们现时还能辨出的那些变种之前，人们相互间自然是和各种动物一样，是平等的。无论由于怎样的方法引起的那些最初变化，我们不可想象这些变化使人类中各个人同时同样地变了质；实际上是某一些人变好了或者变坏了，并且所获得的各种不同的性质——好的或坏的，绝不是他们天性所固有的，同时另一些人则比较长久地处在他们原来的状态之中。人类间不平等的最初根源就是如此，不过这样笼统地指出其根源，比起确切地指出其真实的原因是较为容易的。

读者们切勿因此妄想，我敢于自夸已经了解了我认为很难了解的东西。我虽已开始了一些推论并冒昧地作出了一些猜度，但不是希望解决问题，而毋宁是想阐明问题和明确问题的真相。在同一条道路上，另一些人可能很容易地走得远一些，但是没有一个人会觉得易于达到终点；因为，区别人的现今性质中什么是本原的和什么是人为的，以及很好地认识不再存在的状态、或许已经一点也不存在

的状态、或许将来永不存在的状态，确实不是一件轻而易举的事情。然而，为了很好地判断我们的现状，就必需对于它们具有正确的观念。凡企图采取谨慎态度以便对此主题做成有根据的观察研究的人，还须具有一种人们所想不到的高深的哲学；而且我认为下列问题的完善解决，并不是亚里士多德和普利尼所不屑为之的：为了达到认识自然人的目的，我们在社会中要做怎样的实验呢？我不企图解决这个问题，但我相信对此主题已有充分的思考而敢于预言，纵然是最大的哲学家们来指导这些实验，也是不大适当的，就是最有权力的君主们来做这些实验也是不行的：我们期待这样的合作，尤其是要用耐心、或者说要从那为达到成功所必需的无穷智慧和热诚两方面来期待合作，几乎是不合理的。

这些如此难做的研究，虽是人们直到现今很少想到的，然而却是我们解决许多困难——使我们不能认识人类社会的真实基础的那些困难——的唯一方法。正是这种对人性的无知，所以在自然法学的真实定义上产生出那么多的不确实性和模糊不清：因为法学的观念——布拉马基说道——特别是自然法学的观念，显然是与人性有关的观念。因此——他继续说道——必需从人的本性、人的体质和人的状态来推论这个科学的原理。

当我们注意到曾经研究过这个问题的不同作家们，几乎没有一致意见的时候，我们只能感到惊惜和慨叹。在第一流的作家之间，却找不到两个人对此表示同样的意见：姑且不谈那些在最基本的原理上竭力相互反对的古代哲学家们，罗马的法学家们竟使人类和一切其他动物毫无差别地服从于同一的自然法，因为，关于法则，他们宁可认为是自然加于其自身的法则，而不是自然对于他人所规定的法则；或者更确切地说，这些法学家们是从特殊的意义来了解法则这一词的，所以他们在此场合，似乎把法则仅只理解为自然在整个动物界之间，为了它们共同的保存而建立的一般关系。现代人对于法则这一词，仅只理解为对于有德行的生物，亦即是说有智慧的、自由的、且在他同其他生物的关系中受到尊重的那种生物所制定的一种规则，因此他们把自然法的管辖范围限止于唯一的具有天赋理性的动物，亦即是说限止于人类；但是他们在给这个法则下定义的时候，则是各抒己见的，他们都把它建筑在一些形而上学的原理之上，所以在我们之间，不用说不可能自己发现这些原理，就是能够了解这些原理的人也是很少的。因此，这些学者的种种定义，在各方面都是永远对立的，只有在这一点上是一致的，即若不是一个非常伟大的推理家和一个深奥的形而上学家，就不可能了解自然法，因而也不可能服从自然法：这正是说，人类为了建设社会，一定是用了智慧的，而这种智慧在社会状态里也是经过很多的艰辛才得到发展的，而且只是极少数人所能获得的。

由于对自然的认识如此之少，且对法则一词意义的认识又如此不一致，所以很难得出对自然法的一个完好的定义。因此，我们在书籍中所找到的一切定义，除其不一致的缺点之外，还有其他缺点，即从人类天性中所没有的许多知识中引申出来的缺点，以及从人类仅在脱离自然状态

时才能形成的观念中引申出来的缺点。人们起初是研究那些将使人们彼此同意共同遵守的、有利于公共利益的规则；以后，人们把这些规则综合起来就给以自然法的名称，这只要是从法则的一般实施中得出的结果被人们认为合适就行了，此外不需要任何其他的证据。无疑地，这就是下定义和以几乎武断的态度来说明事物性质的一种非常便易的方法。

但是，在我们还没有认识自然人的时候，我们要想确定他所遵从的法则或最合于他的素质的法则，便是徒劳无益的。关于这个法则，我们能够很清楚了解的就是，它要成为法则，不仅需要被它制约的人的意志能够有意识地服从它；而且，它要成为自然的法则，还需要它是从自然的声音中直接发出的。

因此，把各种仅只教导我们去了解已经完成好了的人类的科学书籍搁置一边，而去反复推究最初的和最简单的人类心灵的活动，我相信可以发现两个先于理性的原理，其中之一是使我们对于自身的安适和自己的保存感到关心，另一个是使我们在看到一切有感觉的生物尤其是我们的同类遭受灭亡或遭受痛苦的时候，感到自然的憎恶。我认为自然法的一切规则都是从这两个原理（这里完全没有必要加上社交的原理）的协调和组合中产生的：以后，理性由于有了连续不断的发展，终于征服了自然，那时，理性就不得不把这些规则重新建筑在别的基础之上了。

由此可见，在使哲学家成为人之前，我们绝不需要使人成为哲学家。他对于别人的义务，对他来说并不是仅仅由于日后接受了智慧的教训；而且，只要他不加抗拒同情心的自然冲动，他就绝不加害于别人，甚至对于有感觉的生物也不例外，除非在正当的情况下，当他的保存遇到危害时，他才不得不偏重自己。用这个方法，我们也可结束关于动物是否参与自然法这个由来已久的争论；因为很显然，它们没有智慧和自由，所以就不能认识这个法则。但是，由于它们具有天赋的感性而在某种程度上参与了我们的自然，所以人们认为它们也应当参与自然法，因而人类对于它们也应该负担某种义务。实际上，我所以对于我的同类应当不加任何危害，这似乎不是因为他是一个有理性的生物，而是因为他是一个有感觉的生物：这种为禽兽和人所共同具有的性质，至少应该授予禽兽以不被人无故虐待的权利。

对原始人的真实需要以及他的义务的基本原理的研究，现在仍然是我们可以用来解决许多困难——这些困难表现在道德不平等的起源上，表现在国家的真实基础上，表现在国家成员的相互权利上，以及表现在同样重要而同样被解释得不明白的无数的其他类似的问题上——的唯一的好的方法。

在用一种冷静无私的眼光来观察人类社会的时候，社会首先显示出强者的暴力和弱者的被压迫：我们的精神是对某些人的残酷表示反抗或者对另一些人的愚昧表示叹惜。并且，因为没有一件事物比在人类间由于命运而不是智慧所产生的，被人称为弱或强、富或穷的那些外部关系更不稳定的，所以人类的各种制度，乍看起来就好像是建立在动摇不定的砂石堆上似的。只有在把各种制度加以仔细地审察之时，在扫除了围绕着这种建筑物四周的灰尘和沙土之后，人们才能看到建筑于其上的不可动摇的根基，才能知道尊重其基础。然而，若不认真地研究人类和他的天然能力，以及这些能力的继续不断的发展，我们就永不能做出这样的区别，就绝不能在现在的事态中把神意所创造的东西，同人类的技术所试图创造的东西分别开来。因此，由我将要研究的这个重大问题，所引起的对政治及道德的探讨，在各方面都是有用的；同时，这个关于各种政府的假设的历史对于人类来说，在各方面也是一个非常有益的借鉴。在我们考虑到，如果任我们自然发展，将会变为怎样的情形时，我们就应当为一个人祈求祝福，他的慈悲的手，在把我们的制度加以修正并对我们的制度给以一个不可动摇的根基之时，就已经预防了这些制度中所必然产生的混乱，并使我们的幸福从可能使我们陷于苦难的那些源泉之中创造出来。

上帝命令你成为怎样的人？
你现在在人类中占着什么地位？
你应该有所领悟吧！

3. 两种不平等

我所要论述的是人；而且，我现在研究的这个问题使我知道，我必需向人们陈述；因为当人们害怕尊敬真理时，人们是绝不提出这样的问题的。因此，我将大胆地在鼓励我这样做的贤人们面前来为人类辩护，如果我不辜负我的主题和我的评议员们，那么我就不会感到不满意了。

我想人类中有两种不平等：一种，我把它叫做自然的或物理的不平等，因为它是自然所设定的，并且是由年龄、健康、体力以及精神或心灵的性质的不同所构成的；另一种可以叫做政治的或道德的不平等，因为它从属于一种契约，并且是由人们的同意而设定的，或者至少是由人们的同意而授权的。这种不平等在于某一些人享有有损他人的各种特权；例如那些比别人较富有的、较尊贵的、较有权势的，或者甚至能使别人服从他们的人。

人们不必问什么是自然的不平等的根源，因为回答已经在该词的简明定义中表明出来了。人们更不必探讨这两种不平等之间有没有某种本质上的联系。因为，换句话来说，这或许就是问所有发号施令的人是否一定比服从命令的人较好，在同样的人们之中，其体力或智力、智慧或德行是否经常与其势力或财富相称：这个问题，在主人旁听之下的奴隶们间进行讨论或许是好的，可是对于那些寻求真理的、自由而公正的人们来说，则是不合适的。

然则，本论文中所要论及的是什么呢？就是在事物的发展中指出，什么时候权利代替了暴力，自然服从于法律；并解释由于什么样的一系列奇迹，使强者能够甘愿为弱者效劳，以及人民能够用真正幸福的代价来换取想象的安宁。

研究过社会基础的哲学家们，都感觉到需要一直上溯到自然状态，但是他们之中没有一个人到达那里。其中某

些人毫不犹豫地假定着，自然状态中的人具有公正和不公正的观念，可是，他们对于人类必需具有这个观念的原因，却想都没有想到要加以说明，甚至对于这个观念是否有益于人类的这个问题也是如此。另一些人则说到各人都有保存属于自己所有的东西的这种自然权利，可是他们也没有解释他们所理解的属于这一词的意义。又一些人一开始就给予强者统治弱者的权力，同时也就立即产生了政府，可是他们却没有想到，在权力和政府等词的意义能够存在于人间之前，所必需经过多么长的一段时间。总而言之，这三种人，在不断地说到需要、贪婪、压迫、欲望和骄傲的时候，已经把他们在社会中所获得的观念搬到自然状态中去了：他们在论述野蛮人的时候却描写文明人。在我们大部分现代人的心意中，对于自然状态的存在从未发生过疑问，可是从圣经中，显然可见第一个人在直接从上帝那里接受智慧和诫命之后，他自己已经不在这个自然状态中了；而且如果我们像每个信奉基督教的哲学家那样相信摩西的著作时，便必需承认，人们在太古洪水之前，也不曾处在纯粹的自然状态之中，但他们是因某种非常变故而重新堕入其中者又当别论：这种无稽之谈是很难辩护的，并且是完全不能证实的。

因此，我们必需从排除这一切事实着手；因为这些事实是与问题无关的。不应把我们在这个主题上所能进行的研究当作是历史的真相，而仅应当作为假设的和有条件的推论，这些推论与其说是适于指出事物的真正来源，毋宁说是适于阐明事物的性质，正如我们的物理学家们关于世

界的形成每天所做的那些推论一样。宗教命令我们相信上帝在创造人类之后，立即便使人类脱离了自然状态，此刻人类就是不平等的，因为上帝愿意他们那样的；但是，宗教并未禁止我们仅以人类的性质和人类周围的存在作为根据，来就人类假如能够为所欲为将变成怎样这个问题作出推测。这就是人们向我要求的东西，也就是我在本论文中拟加探讨的东西。我的主题既与一般人类有关，所以我将竭力采用一种适合于一切民族的语言；或者不如说，撇开时间和地点，以便仅仅想到我对其讲述的人们，同时我将假定是在雅典学园里背诵我的老师的功课，有柏拉图和克塞诺克拉底那样的人为评议员，听众就是整个人类。

人啊！不管你是哪一地方的人，也不管你的意见怎样，请听吧：下面就是你的历史，也就是我想阅读的历史，这种历史并不存在于你的同类的书籍之中，因为你的同类是说谎者，而是存在于自然中，因为自然是从不说谎的。凡是从自然中来的都是真的；除去我无意地把我自己的东西掺杂于其中的那种东西以外，是没有假货的。我行将论述的那些时代是甚为久远的：从你曾经存在过的情形来看，你已经变化了多少啊！我将按照你所禀赋的性质，这性质可能已为你所受的教育和你所沾染的习惯所败坏而尚未毁灭，来为你描述，这也可以说就是你这一种类的生活。我觉得会有这样一个时代，那时，个人会愿意停留在那里：你将会探究你愿意你的种类停留的时代。你对你的现状感到不满，由于预示你的后裔的不幸，你更加感到大大不满，你或许会愿意后退；这种感情应该使你的祖先受到颂扬、使你的同时代的人受到批评、使那些生于你后的不幸的人受到震惊。

4. 自然状态中的人

为了正确地判断人类的自然状态，而必需从其起源来考察，也可以说从其种类的最初胚胎中来研究人类，无论这是多么重要，我也并不想从其连续的发展中来追求他的构造：我不准备从动物的组织中对人类最初的样子，如何变为现在的样子进行探讨。我更不打算研究人的长指甲起初是不是弯曲的爪，像亚里士多德所想象的那样；他的全身是否像熊那样没有长毛；以及是否因匍匐行走，视线朝地而限制了他只能望几步以内，以至于决定了他们观念的性质和范围。关于这样的问题，我只能做些不确定的和几乎想象的猜度。比较解剖学迄今只有很少的进步，博物学家的观察还极不确定，因而不能在这样的基础上建立一个有根据的体系。因此，若不求助于我们在这个问题上所有的超自然的知识，若不注意人类当其将四肢用到新的用途上去，并以新的食物为生之时，所引起的内部构造和外部构造中曾应发生的那些变化，我将会推定人类从古以来就是如我今天所见到的这个样子：以二足行走，如我们用手做事那样使用其双手，其视线指向整个自然界，并用眼睛测度天空的广阔幅员。

如果把这个如此构成的生物曾能领受的一切超自然的天赋，以及把他仅因长期发展才能获得的一切人为的能力

都加以剥夺的话；一言以蔽之，如果把他正从自然的手中生长出来的那个样子加以考察的话，我就可看到他比某一些动物为弱，又不如另一些动物那样的敏捷，但是整个地观察起来，他则是一切动物中构造得最为完善的动物。我看到他在橡树下饱食，在原始的小河里饮水，并以供给其食物的那一棵树的树脚作为自己的床；他的需要的满足就是如此。

当土地具有天然肥沃性，而被那些从未受过斧斩的广大森林所覆盖着的时候，它到处都对各种动物提供食物和庇护所。分散在各种动物之中的人们，观察并模仿动物的才能，如此便养成禽兽的本能：并且有这样的优点，即：各种禽兽只有其专有的才能，人，则是把各种禽兽的才能都据为己有的；他同样地以其他动物所分享的各种不同的食物为生；因此，他寻获食物比其他任何一种动物都更为容易。

人们由于从儿时起就习惯于气候的不正常和季节的严寒与酷热，从而练成了耐劳的习惯，又由于为对抗其他猛兽而不得不裸体地、赤手空拳地去保卫自己的生命和食物，或奔跑而逃避，他们养成一种强壮的、几乎始终不变的体质。小儿们一出生便带来了他们父母的这种优良的体质，并用养成这种体质相同的练习来巩固其自己的体质，这样，他们就获得了人类可能获得的一切精力。自然对待他们，正如斯巴达的法律对待其公民的儿童一样；使那些生来体格健全的儿童变为强壮和有力的人，而使其余的夭亡：关于此点，和我们现今的社会有所不同，在现今的社

会里，国家在小孩将成为父母的负担时，便在其出生以前即无区别地置于死地。

野蛮人的身体是野蛮人所知道的唯一的工具，他把它用做各种不同的用途，我们的身体，由于缺乏训练，所以不能用做各种不同的用途；因为我们有发明的才能，使我们失去了那为野蛮人所不得不去获得的体力和敏捷。假如人有了一把斧头，他的手腕还能折断那么粗大的树枝吗？假如人有了一个投石器，他还能那么迅速而有力地用手掷出石头吗？假如人有了一个梯子，他还能那样轻捷地爬到树上去吗？假如人有了一匹马，他还能跑得那么快吗？如果给一个文明人充裕时间去收集其周围的一切器械，那么毫无疑问，他会很容易战胜野蛮人。但是，如果你愿意观看一个更不公平的战斗，使他们裸体地、赤手空拳地相搏，那么你立刻识别出，可以随时使用自己的一切力量的优势是怎样的，对各种意外之事的时刻准备的优势是怎样的。也可以说，本身就具备了一切的那个人的优势是怎样的。

霍布斯肯定地说，人类是天生大胆的，而且只想攻击和交战。另一著名哲学家相反的认为——昆布兰和浦芬多夫也同样地断言说——没有比自然状态中的人那样的胆小了，而且在极低的声音触动他的时候，在他看到很小的动作的时候，他就经常战栗发抖并准备逃跑。这种情形，对于那些他还没有认识的事物来说可能是如此；我也绝不怀疑，当他不能分别出一种新事物出现在他眼前，对他本身有益或有害时；当他不能把他的力量和他应冒的危险两相比较的时候，他会被吓倒：这种情景，在自然状态中是稀

有的，在自然状态中，一切事物都按那么单调的样式进行着，而且那里，土地的面貌也绝不因聚居人民的感情和任性而发生突然的和不断的变化。但是，由于野蛮人是分散在各种动物之中生活着的，并且由于很早就处在和动物角力的境况之中，所以野蛮人就很快地就同动物做出了比较；而且，当他感到他在机巧上优胜于动物，远远超过野兽在力量上优胜于他的时候，他就知道不用再畏惧动物了。如果使一只熊或一只狼同一个强壮的、敏捷的、勇敢的——一切野蛮人都是这样——以石头和棍棒武装着的野蛮人相斗；你将能看出，危险至少是双方都有的，并且，经过许多次这样的比试之后，不爱相互攻击的野兽，将会不大愿意攻击人了，因为它们已经感觉到人同它们是同样凶猛的。至于有些动物比机巧的人类实际上更为有力，人在它们之前是处于仍能继续生存下去的各种较弱动物的地位；人还有这样的优点，即，在奔跑方面，他和动物同样轻捷，并且可以在各种树上找到可靠的避难所，这样，他就可以在与野兽相遭遇时，到处取得这种避难所，或随时离开，从而他就可以选择逃避或者战斗。再者，除去在自卫或极端饥饿的情况下，任何动物似乎都天然地不向人类开战，也不对人类显出凶暴的反感——这种反感好像是在某一种类在本性上注定要以另一种类为食物时用的。

无疑地，这就是黑人和野蛮人为什么不畏惧在森林中遇到野兽的理由。其中委内瑞拉的加勒比人，就这一点而论，是生活得极其安全而无丝毫的不便。弗郎沙·高累亚耳说道，虽然他们是几近裸体的，仅以弓箭武装着，也敢大胆地置身于森林之中；然而，人们从未听说过他们之中有哪一个人曾被禽兽吞噬了。

另外有一些更可怕的敌人——人类对于这些敌人还没有相应的自卫方法——这就是一些天然的虚弱、幼年、老年和各种疾病：这些都是我们人类弱点的凄惨征兆。前两个弱点是一切动物所共有的，最后一个主要是属于生活在社会中的人类所有。关于幼年，我曾观察到母亲由于能够到处携带其小儿于身边，所以她饲养其小儿比许多动物的母性饲养幼子就便易得多，因为这些动物必需很辛劳地、不断地来来往往，以便一方面寻找食物，另一方面哺乳喂养其幼子。事实上，如果母亲偶然死去了，那么小儿也有随她死去的危险；但是这种危险是其他许多种动物所共同的，因为这些动物的幼子在长时间内是不能自行寻觅食物的；如果我们的幼年时期比较长，那么我们的寿命也同样比较长，所以在这一点上，人与动物差不多大致相等，关于幼年期的长短以及幼小的数目，虽有可探寻的规律，但这并不是本文所要研究的问题。在老年人方面，他们动作少，出汗也少，需要食物跟寻找食物的能力一同地减少着。由于他们所过的野蛮生活使他们避免了关节炎和风湿病，并且衰老又是一切痛苦中人类最无力挽救的一种痛苦，所以他们终于在不知不觉的情况下死去了。

关于疾病，我绝不重复大多数健康的人们为反对医术而说的那些轻薄荒谬的言词；但是我要问一问，是否有某种确切的观察，使人们可以得出结论，在医术最被忽视的地方，比最被用心研究的地方，人类的平均寿限会较短

些。如果我们身患更多的病痛而为医术所不能治疗时，这究竟该怎么解释呢？生活方式上的极端不平等，某一些人的过度闲荡，另一些人的过度劳动，我们的食欲和情欲易于受到刺激和得到满足，富人们的过分考究的食物可以增加其内热和养分，却使其疲于不消化，穷人们的粗劣的食物，甚至常常缺乏这种食物，以致一有机会就会使他们贪食而加重其胃的负担；夜间不眠，各种的放荡，一切情欲的过度激发，疲劳和精神耗竭，以及人们在各种情况下所感受的无数悲伤和痛苦，使人的心灵永远受到腐蚀：这些就是不幸的证据，证明了我们的大部分的不幸都是我们自己造成的，同时也证明，我们要是保持自然对于我们所规定的那种简朴的、单纯的和孤独的生活方式，我们就几乎可以把那些不幸全都避免。如果自然注定我们是健康的，我就几乎敢于断言，思索的状态就是反自然的状态，沉思的人就是变了质的动物。当我们想到野蛮人的——至少我们还没有用烈酒败坏他们的体质——好体质时，当我们知道他们除去创伤和老年之外而几乎不知其他疾病时，我们便不得不相信，我们在注意文明社会的历史时，也很容易编出人类的疾病史。这至少是柏拉图的意见，他根据特拉亚特被围时所使用的或被他们所赞许的某些药剂来推断，认为这些药剂所引起的各种疾病，当时还未被人类所认识；而且，塞尔萨斯讲过，禁食疗法——这在今天是非常必要的——是希波克拉底最先发明的。

自然状态中的人，差不多没有病痛的源泉，因此几乎不需要药剂，尤其不需要医生；人类在这方面比较其他各

种动物也绝没有更坏的条件；从猎者那里也易于了解到，他们在其狩猎过程中是否碰到很多孱弱的动物。他们曾遇到不少动物受过严重的创伤而已结好了疤，它们有的骨头或四肢曾经折断也痊愈了，其痊愈并不是由于外科医生的医治，而是由于时间的经过，也不是由于任何护理，而是由于它们平常生活所致，同时他们虽未曾受过刀割的痛苦和药品的毒害，也不曾因禁食而消瘦，但它们的痊愈还是同样的完好。总之，在我们社会中，无论医药的适当使用是怎样的有效，但是人们可以确信，如果野蛮人患病除听任其自然是别无可望的，另一方面，它们又是除其病痛之外别无所惧的：这种情形往往使野蛮人的状况胜于我们的状况。

因此，我们切不可把野蛮人和我们目前的人相混淆。自然以一种偏爱态度来对待一切处于其照护之下的动物，这种偏爱表示自然关心照管这些动物的权利。马、猫、雄牛、乃至驴，处在森林之中，都比在我们家里所饲养的动物，有较高的身躯，较壮的体质，也较有气力、体力和勇气：它们在变为家畜的时候，就失去了这些优点的一半，并且可以说，我们对于这些动物予以很好地对待和饲养，反而使其退化了。人甚至也是如此：他在变为生活于社会的人和奴隶的时候，就成为懦弱的、胆小的、自卑的人了；他的温柔软弱的生活方式使其体力和勇气同时衰颓了。此外，野蛮人与文明人之间的区别，比较野兽与家畜之间的区别应该还要更大些：因为，动物和人虽然受到自然的同等待遇，但人所耽好的各种安逸要多于他所驯养的动物，

所有这些安逸就是那些使人更加显著变坏的特殊原因。

因此，裸体状态，住所的缺乏，以及那些无用的而被我们认为很必需的各种物品的缺少，对于初期人类并不是很大的不幸，对于他们自我保存尤其没有很大的妨害。如果他们没有长毛的皮肤，那就是因为他们在温暖的地方而不需要它；如果在寒冷的地方，他们会立刻将其所征服的野兽的毛皮据为己有。如果他们只有二足奔跑，那么他们就有二臂以备自卫和供给自己的需要。他们的小孩或许是迟迟而困难地才会行走，但是母亲则很容易携带他们：这个优点是其他动物所没有的，其他动物的母亲在被追逐时，就不得不抛弃幼子或者按照其幼子的步法来调整其自己的步法。关于这点，可能有些例外：比如，尼加拉瓜地方有一种动物类似狐狸，它的足像人的手一样，按照高累亚耳的意见，这种动物在腹下有一个袋子，当母兽不得不逃跑时，就把它的幼子放在袋里。无疑地，这和墨西哥人所称特拉加庆的那种动物正是同样的动物，拉爱特认为这种动物的母性也有一个类似的袋了作为同样的用途。总之，除非假定我在下面将要说到的那些稀有的和意外的情况的同时发生——这些情况也很可能永不发生——无论如何我们也易于了解了：第一个为自己制作衣服或住所的人，实际上不过是给自己创造了一些不必要的东西，因为他直到那时没有这些东西也行，而且人们不能理解为什么他在壮年不能忍受其在幼时所曾忍受过的那种生活方式。

孤独的、无所事事的、并且经常濒于危险的野蛮人，应当爱好睡眠，且易惊醒，一如各种动物那样——不大用

思想，也可以说经常睡眠而绝不思想。他自身的保存几乎是他唯一的注意事项，所以他的最有训练的能力，就是那些以攻击和防卫为主要目的的能力，以便制服其虏获物或保障自己不成为另一动物的虏获物。相反的，那些仅由逸乐和肉欲而获得进步的器官则应停留在粗糙的状态，因为这种状态是与各种文雅不相容的：因此，他的感觉官能在这方面分开了，他的触觉和味觉极其粗糙，他的视觉、听觉和嗅觉则非常精细锐敏。一般的动物状态就是如此；根据旅行家们的记述，这也是大多数野蛮民族的状态。因此，对于以下各点，即，对于好望角的霍屯督族人用肉眼去发现海中的船舶，跟荷兰人用望远镜所望得同样的远；对于美洲野蛮人嗅察西班牙人的足迹，一如最好的狗所能嗅的那样；对于所有这些野蛮民族毫无困难地忍受其裸体状态，用辣椒刺激其味觉，以及喝欧洲的烈酒犹如喝水一般，都无须感到惊奇。

5. 形而上的人

直到现在，我仅考察了生理学上的人类；现在我们必需试图从形而上学和道德方面来对人加以观察。

在我看来，每个动物肌体都是一个精巧的机器，自然对于这个机器赋予了一些感觉官能，以便自行发动起来，以便在某种程度上保护自己，免受一切企图对它加以毁灭或侵扰的东西。我在人体这部机器内部也确切地看到同样的东西；但有这样一个区别，即，在禽兽的动作上，自然是唯一的原动力，而人类则是以自由主动者的资格协助自己的动作。一个是由本能去选择或拒绝的，另一个则是以自由的行为去选择或拒绝的：因此，禽兽不能违背自然对它所规定的规则，即使对它可能是有好处的时候，至于人类，则往往违反这种规则而使自己受害。因此，一只鸽子将会饿死在一个满盛着佳肴的大盘之旁，一只猫将会饿死在水果堆上或谷物堆上，虽然这二者都能从其所轻视的食物中得到很好的营养，但它们根本就没想到去尝试这些食物。因此，荒淫的人之所以耽于放荡以致引起热病和死亡，因为精神使感觉变坏了，因为自然的需要得到满足后，意志却仍在发号施令。

每一动物既然都有感官，所以也都有观念；甚至能把它的各种观念组合到某种程度：人类在这方面与禽兽的区别仅在于程度上的不同。某些哲学家甚至主张人与人之间的区别较人与禽兽之间的区别更要大些。因此，构成动物与人之间的特殊区别的，与其说是悟性，不如说是人的自由主动者的资格。自然制驭一切动物，禽兽便听从它。人类虽然受到同样的制伏，但他自认是可以自由地服从或抗拒的；尤其是在这种自由的意识之中更显出他的精神与灵性。因为，物理学在某种意义上可以说明感官的机械作用和观念的形成；但是在意志力方面或者不如说在选择力方面，以及在这种力的感觉方面，人们仅只发现了一些纯粹精神上的、而不能用力学的法则说明的行为。

虽然那些围绕着关于人类与动物的区别问题，仍留有争论的余地，但还有另一个不会有所争执的很特殊的性质

可以区分他们：这就是趋于完善的能力，这种能力可借助于各种环境逐渐发展其余的一切能力，而且它既存在于整个种类之中也存在于个人身上；至于动物，它一生也改变不了其出生几个月后就长成的那个的状态，而且它的种类虽经过千年仍然和这一千年开始的时候一样。为什么单单人类易于衰颓下去？是不是人类因此就返回到他的原始状态呢？至于禽兽能永远保持其本能的状态，是不是因为它们既毫无所得，也就毫无所失，而人类却因年老或因其他变故，而丧失了曾因他的完善能力使其获得的那一切，从而堕入禽兽不如的状态？我们要是迫不得已地同意这种说法——这个几乎无限制的特殊能力乃是人类的一切不幸的根源；这个能力借助于时间而使人类摆脱了曾在其中度过安宁无害的岁月的那种原始状态；这个能力在逐渐使人显出其智慧与谬误、恶行与美德的时候，它就使人终于成为人类自己的和自然界的霸主；——那将对我们是一件可悲的事情。奥利诺壳河沿岸的居民，使用木板贴在他们小孩的太阳穴上，认为这至少可以保持小孩一部分的淳朴无知和本来的幸福。如果我们把那个人当作慈善家来颂扬，这将是可怕的事。

野蛮人被自然置于本能支配之下，或者更确切地说，自然为了补偿野蛮人在本能方面可能有的缺陷，赋予他一些能力，这些能力首先可以弥补他的缺陷，然后还可以把他提高到远远超过本能状态之上，因此，自然由开头只付与野蛮人以纯动物的机能。视觉和感觉大概是野蛮人的最初的状态，这种状态是他和一切动物所共有的；愿意和不

愿意、希望和恐惧，直到新的情况使其心灵有了新的发展之时为止，大概是野蛮人最初的和几乎仅有的精神活动。

不管道德家们怎样主张人类的悟性大大依赖于感情，但是大家公认，感情也大大依赖于悟性。正是由于感情的活动，我们的理性才会得到完善；我们所以要求知，只不过因为我们希望享受而已；那种无希望又无恐惧的人若肯费力于推理，那才是不可理解的。感情本身是从我们的需要中产生出来的，感情的发展则是来自我们的认识。因为我们只能在观念上有了这些事物，或者是由于自然的单纯冲动，我们才能希望或恐惧这些事物；缺乏各种智慧的野蛮人，仅仅具有这种最后的感情。他的希望绝不超过其生理上的需要；在世界上他所认识的唯一幸福就是食物、女性和休息；他所恐惧的唯一祸害就是疼痛和饥饿。我说的是疼痛而不是死亡；因为动物从不知什么是死亡；认识死亡及其可畏，乃是人类在摆脱动物状态时最早的收获之一。

如果有必要的话，不难用事实来支持我这个意见，也不难证明，在世界各民族中，智能的发展是确切地与各族人民从自然中所获得的那些需要成正比例的，或者是由于环境的要求，迫使他们感受到的那些需要成正比例的，因此也就与那些致使他们关注这些需要的感情成正比例的。我可以艺术产生于埃及并随尼罗河的泛滥而扩展为证；我可以在希腊人那里追寻艺术的进步——人们在那里看到了艺术在阿提喀的沙土和岩石之间发芽、成长和高升到天际，但它却不能在尤罗达河的肥沃河岸上生根；我可以指出北方人民比较南方人民一般更为勤勉，因为他们不如此就不

能活下去；好像自然给予他们的智能以丰富性而拒绝给予其土地以肥沃性，似乎想要这样来使事物得到平等。

但是，即使不求助于历史上不可尽信的证据，谁能看不到一切都似乎使野蛮人难以有不再做野蛮人的企图和方法呢？野蛮人的想象力并不向他描述任何东西；他的心也不向他要求任何东西。他的寡少的必需品很容易随手得到满足，而且，他又远没有达到一定程度的知识水平，因而也没有获得更高知识的欲望，所以他不可能有预见，也不可能有好奇心。自然的景象，对他说来是无关紧要的，因为这种景象是他所熟识的：万物的秩序、时节的运转总是始终如一的；他也没有足够的智慧来欣赏那些最伟大的奇迹；所以，即使他有一次知道观察他每天所见到的东西，但也不需要在那里寻求人类所需要的哲学。他那什么都不能扰乱的心灵完全沉溺在自己的目前生存这一感觉之中，而没有任何未来的——不管这种未来是如何切近——观念；而且他的计划，正像他的眼界那样同是受到限制的，勉强可以达到一日之末。加勒比人的预见程度，今天还是这样：他早晨出卖其棉花床，晚间便哭着要将其买回，因为他没有预见到在下一夜还需要它。

关于这个问题，人们愈加沉思，则纯粹的感觉和最简单的知识之间的距离，就愈益扩大；而且不可能理解的是，一个人以其独自的力量，没有交往的帮助又没有必要的刺激，怎能越过这样大的间隔呢。在人类能够见到雷电以外的另一种火之前，也许经过了好多世纪吧！他们需要多少不同的机会来学会这一元素的最寻常的用法啊！他们在获

得取火的技术之前，曾经有过多少次让火熄灭了啊！而且这个秘诀或许有好多次曾随着发现者的死去而丧失了啊！关于农业，我们将怎么说呢？这是一个需要那么多的劳动和预见的技术，这种技术和许多其他技术有关联，很显然，它只有在一个至少已经开始了的社会里才能实行，而且它对于我们，除迫使土地按照最合于我们口味的喜爱来生产之外，是不能从中得出大量食物的（即使没有这种技术，土地也会很好地提供这些食物）。但是，假使人们繁殖得如此之多，那么天然的产物就不够养活他们了：附带地说，这个假定可能给处于这种生活方式中的人类显示出一个很大的好处。假使没有锻铁场也没有制作坊，那么耕种工具就是从天上落到野蛮人的手里的；假使这些人全都克服了他们所有的对于连续劳动的深切厌恶；假使他们学会了很远地预见其需要；假使他们察知了应当怎样耕种土地、播种谷物和栽植树木；假使他们发现了靡麦的技术和使葡萄发酵的技术；那么所有这些事情，他们都须由神来指教，因为无法设想他们自己怎会知道这些事情：在此之后，耕地若被一个喜爱这种收获的先来者——无论人或禽兽——所掠夺，那么哪一个人会这样的愚蠢而辛劳地从事于耕种田地呢？而且每一个人当劳动报酬对他愈为必要，而愈益确信不能获得劳动报酬的时候，他怎会决心去过艰苦劳动的生活呢？总而言之，当土地在人们之间未被分配的时候，也就是说当自然状态未被毁灭的时候，这种境况如何能够引起人们从事于耕种土地的兴趣呢？

倘若我们假定野蛮人像我们的哲学家们那样熟悉思想

技巧；倘若我们照哲学家们的榜样把野蛮人假定为哲学家，能够独自发现最卓绝的真理，能够用很抽象的一系列推理，从对宇宙秩序的热爱中，或从其创造主所显示出的意旨中，推出来有关正义和理性的格言；总而言之，当我们假定野蛮人的精神中具有某种应有的智慧，而实则我们却发现他是鲁钝、愚昧的时候，那么，人类从这种不能彼此相传的、与其发明者一同消失的整个形而上学中能够得到什么好处呢？散布在森林里的动物中间的人类可能有些什么进步呢？没有固定住所的、也没有任何互相需求的、一生或许勉强相遇两次的、既不相识又不交谈的人们，究竟能使自己得到完善和相互启发到了什么程度呢？

请想想看，我们有多少观念要归功于语言的使用；文法是怎样训练智能的活动和便于智能的活动的；又请想想看，语言的最初发明所经历的难以想象的艰苦和无限的时间：试把这些回想与上述的回想接合起来，这样就可推断出，要在人类的大脑中依次发展他所从事的这些精神活动，曾经需要经历多少个世纪呢？

6. 语　言

请允许我用少许时间来考察语言起源的困难。这里我只需引证或重复修道院院长得·孔狄亚克对此问题所作的研究就够了，因为这个研究完全证实了我的意见，且对于我的意见也许提供过最初的观念。但是关于制定符号的起源问题，这位哲学家用来解决其自己所引起的那些困难的

方式，显示出他所假定的东西正是我怀疑的东西，即：在语言的发明者们之间有了一种已经成立了的社会，我认为在参考他的省察时应当加上我的省察，以便在适合于我的主题时来说明同样的困难。首先出现的困难，就是设想语言如何能够成为必要的；因为，人们之间既然没有任何交往，又没有交往的需要，我们就不能理解这个发明的必要性，也不能理解其可能性，如果语言的发明不是不可缺少的话。我同许多其他人一样，很主张语言是在父母与子女的家庭交际之中产生的。但是这种主张不仅没有消除异议，而且还会冒犯那些人所犯的错误，因为那些人在推论自然状态时，把在社会中所获得的观念硬搬到自然状态中去，他们经常以为家庭是集合在同一住所之内的，成员之间保持着亲密的和永久的结合，并且有好多的共同利益把他们结合起来；其实，在原始状态中，既无住宅，又无小屋，也没有任何种类的财产，各人随寓而居且常常只住一夜：男女的结合是偶然的，是依据巧遇、机缘和欲望的，语言并不是他们互相表示其意图所必不可少的传达工具：他们的分别也同样的方便。母亲哺乳其小孩，起初是为了她自己的需要；后来便成了习惯使她亲爱他们，她这才是为了小孩的需要而饲养他们的。一旦他们有了寻觅食物的能力时，他们就毫不迟缓地离开其母亲；而且，除了永不分散相互能够望及之外，几乎就没有其他互相认识的方法，所以他们就会立刻处在一种彼此不再相识的境地。请再考察一下小孩，他由于有各种需要，所以他比母亲对他更有较多的事情要对母亲说，因此他对语言的发明必定出力最

大，而且他所使用的语言大部分应是他自己的创作：这样，就随着以语言表示意思的人数增加，而同量地增加了语言的种类；漂泊不定的生活对于这种事情更会有帮助，因为这种生活对于任何方言都不会给以固定花的时间。因为如果说母亲指示小孩应该使用一定的词来表示要这或那个东西，那么，这种说法就很可以表明人们如何教授已经形成了的语言，但它绝不能说明语言是怎样形成的。

假定这第一个困难已经克服了；那么就让我们暂时地越过纯粹自然状态与需要语言之间的广大的空间吧；并让我们在假定语言为必要的条件下，来研究语言是如何开始制定的。新的困难比较前一困难还要更难解决。因为人类如果需要语言来学习思想，那么他们就更加需要知道如何思维，以便发明语言的技术；而且，纵然我们能够懂得声音的音响是怎样作为我们观念的约定传达者，但是我们仍须了解这个约定传达者本身。观念究竟是什么东西，如果观念没有一个感性的对象，那么也就不能以手势或声音来表示。所以，关于这个传达我们思想的技术的产生，我们几乎不能作出一些推测：这个卓绝的技术，离其起源已经如此之远，可是哲学家还在一个离其完善非常遥远的地方去注视它，因而没有一个大胆的人敢于断言这个技术可以达到完善的境地，即使时代所必然发生的那些变革可能对它没有影响，即使偏见可能从学术界消失或保持缄默，即使学术界可能经过若干世纪不间断地从事这个困难问题的研究，恐怕也没有人敢做这种断言。

人类的最初语言，也就是说最普遍的、最有力的、最

必需的唯一语言，就是自然的呼声。这种呼声是在急迫的情况下仅由一种本能所引起的，用以在重大的危险中恳求援救或在激烈的痛苦中恳求减轻痛苦，所以它在通常的生活过程中没有多大的用处，因为在通常的生活中流行着一些比较温和的感情。当人们的观念已经开始扩大并增多的时候，以及在人们之间建立起较密切的交往的时候，他们就力求获得更多的符号或说更广泛的语言；他们把声音的抑扬增多了并加上了手势，手势按其性质来说，有较强的表现力，其意义也不需要先行设定。因此，他们用手势表示那些可以看见的和可以移动的东西，并用模仿性的音响来表示那些有声的东西。但是，由于手势仅能指示目前的或易于描述的东西以及可以看见的动作；由于手势没有普遍的用处，因为黑暗或一个物体的阻隔就会使它不能发生效用，而且又由于它是要求注意而不是引起注意的；所以人们终于想出用声音的音节来代替它，这些音节虽然同某些观念并没有同一的关系，可它们是作为制定的符号而适于表明所有这些观念的：这种代替只有通过全体一致的同意，（这对于那些具有尚未经过任何训练的粗糙器官的人们来说）相当不易实行的，也是不易于理解的方法，因为对于这种全体一致的同意必需说明理由，而语言对于制定语言的用法已经是非常必要的了。

我们应当设想人类所使用的最初一些词，比较后来已经形成的语言中所使用的那些词，在他们的心目中会有更为广泛得多的意义；而且他们在不知道把词类分为若干构成部分的时候，首先就会对每一个词给以一整个词句的意

义。当他们开始把主词同属词、动词、同名词加以区别的时候，这已经是不平凡的天才的努力了。名词起初仅是一些专用的名字；不定式的现在时乃是动词的唯一的时态；关于形容词这个观念，必定经过很大的困难才能得到发展，因为各个形容词都是抽象的词，而抽象乃是困难的和不自然的事情。

每一事物，不管其属性和种类如何，最初的制定人是没有能力加以区别的，但都赋予一个专有的名字；而且每一个体，在他们的心目中都是孤立地出现的，一如他们在自然图画中的情形那样。假定这一棵橡树叫做甲，那一棵橡树就叫做乙；因为人们从两个东西中所得出的最初的观念就是，它们并不是同一的；而且为了观察它们所具有的共同之点，还常常需要许多的时间：因此，人们认识事物愈有局限性，则他们的词典就愈益变得庞大。这种分类命名法的障碍是不易解除的：因为，要把一些事物排列在共同的和一般的名称之下，就必需知道它们的特性和区别；就需要观察和定义，也就是说需要比那个时代的人们所能有的多得多的博物学和形而上学的知识。

此外，概括的观念只有借助于词才能导入心中，悟性只有通过词句才能了解概括的观念。这就是动物为什么不能形成这样的观念，也不能获得那种依存于这种观念的完善能力的理由之一。当一个猴子从一棵核桃树毫不犹豫地走到另一棵核桃树的时候，我们想想它对这种果子会有概括的观念吗？它会把核桃树的模型同这两棵核桃树相比较吗？无疑地，不会；但是，看见这两棵核桃树之一，就使

它回想起它曾从另一棵核桃树所获得的那些感觉，它的眼睛因为接受到一定的映象，于是预示它的味觉将尝到一定的滋味。任何一个概括的观念都是纯粹的理智的；稍有想象混入其中，观念也会立刻变为个人的。假如你试图在心里描摹一棵一般的树，你就绝不会达到目的；虽然你能够描摹，但也须看看它是小的或大的，无叶的或有叶的，浅色的或深色的；如果你决定只看一切树木上都有的东西，那么这个描摹就绝不会像一棵树了。认识纯粹抽象的存在，也是一样，或者，只有借助于言词才能把它理解。仅仅一个三角形的定义，就能使你具有一个真正的三角形的观念：一当你在心里描想一个三角形的时候，这立刻就是那样一个三角形，而不是其他的三角形，而且你对于它也不得不给以一些可以感觉的线纹或有色的图形。因此，要形成概括的观念就必需用词句来说明，就必需用语言来表达：因为，一当想象停止的时候，理解就只有立刻借助于言词来进行了。所以，如果最初的发明人只能对于自己已经具有的观念给以名称的话，那么可知，最初的名词只能是一些专门的名字。

然而，当我们的新文法家们用我所不理解的方法开始扩大其观念和概括其单词的时候，发明者们的无知必定会把这个方法固定于很狭窄的范围之内；而且，由于他们起初因不知属性和种类，而过分增加了各种个体的名称，所以，他们后来就因没有从其整体差异上来考虑各种存在，便只能得出非常少的种类和属性。要把区分弄到相当详细的地步，这就需要比他们所能有的还要更多的经验和知识，

这就需要比他们所想使用的还要多的研究和劳作。然而，甚至于今天，我们还能不断发现过去一切观察家们尚未完全注意到的新的种类，试想应有多少种类尚未被仅就外表判断事物的人们所注意。至于原始的各种类别以及最一般的概念，不用说也一定未被他们所注意。那么，他们是怎样设想或了解物质的、精神的、有体的、语气的、形容的、动作的词的呢？因为很久以来就使用这些词的那些哲学家们自己，对于这些词的了解也感到非常困难，而且，人们赋予这些词的观念又是纯粹形而上学的，他们在自然中是找不到任何模型的。

我暂且停留在这里，并请求我的评议员们也在此中止其诵读，以便仅依照物质名词的发明，也就是说依照语言中最易发现的那一部分来考虑，这个发明要能表白人们的一切思想，要能获得一个能在大众面前讲述和对社会发生影响的固定的形式，还要留有可以开拓的广阔的道路。我恳求他们深刻地想想，为了发现数、抽象的词、过去时和动词的各种时态、语气词、造句法、连接词句的方法、推理的形式以及形成言词的全部逻辑，需要多少时间和知识。至于我，由于害怕越来越多的困难，由于确信语言不可能以纯粹人类的方法来产生和建立，这几乎是可以证明的，所以我把这个困难问题的争论留给愿意从事这种争论的人：当初，已经结成了社会对于语言的建立，这抑或已经发明了语言对于社会的建立，哪一个是最为必要的呢？

不论语言和社会的起源如何，但我们从自然对于人类因相互需要而使他们接近，并使他们易于使用语言却很少

加以注意这一点上，至少可以推知，自然对于人类的社交予以何等少的准备，而且在人们因建立社交上的联系而做的各种努力方面，自然又予以何等少的帮助。实际上，在这样的原始状态中，一个猴子或一只狼对其同类并没有需要，为什么一个人对另一个人会有需要，这是不可想象的；姑且承认有此需要，那么什么动机能够使另一个人愿意满足他的需要，在后一情况下，他们之间怎么能够对于条件达成协议呢。我知道有人不断地再三地对我们说，任何生物都没有原始状态中的人那样的悲惨；如果这是真的，诚然像我认为已经证明了的那样，只有在许多世纪之后，人类才能有摆脱这种状态的愿望和机会，这将是一个控诉自然的案件，而不是控诉被它造成得如此不幸的人类的案件。但是，如果我正确理解**悲惨**这一用语的意义，这就是一个没有任何意义的词，或者它只不过表示着一种贫穷的意思以及身体上或心灵上的苦痛的意思：可是，我很愿意有人能够向我解释一个心胸安逸、身体健康的自由人的悲惨，那可能是哪一种悲惨。我请问哪一种生活——社会生活还是自然生活——对于享受这种生活的人们来说，是最容易变为难以忍受的。在我们的四周，我们几乎只看到一些抱怨人生的人们，好些人甚至情愿抛弃自己的生命；而且神法与人法的联合也几乎不能阻止这种混乱。我请问是否有人曾经听说过，一个在自由状态中的野蛮人会抱怨其生活或者自杀。因此我们必需谦逊地判断真正的悲惨是在哪一方面。相反的，如果野蛮人被知识所眩惑的、被情欲所困扰、对不同于自己的状态加以推理，那才是最悲惨的。这

是由于很聪明的神意使野蛮人所有的潜在能力，只应随同运用这些能力的机会一同得到发展，以便这些能力对他们来说，既不是先期出现地多余的和累赘的，也不是迟于需要和对需要无用的。野蛮人只在本能中具有其为生存于自然状态中所必需的一切；他们只在逐渐发展的理性中，才具有为生存于社会中所必需的东西。

7. 道德的人

自然状态中的人类，在他们之间起初似乎没有任何种类的道德关系，也没有一定的义务，所以他们不可能是善也不可能是恶，并且没有恶行也没有美德；除非在把这些词当作生理意义来理解时，所谓个人的恶行就是那些能够损害自我保存的性质，所谓美德就是那些能够帮助自我保存的性质：在此场合，就须把那对自然的单纯冲动最不抵抗的人叫做最有道德的人。但是，我们若不离开这些词的通常意义，那就必需适当地把我们就这一状态可能作出的判断暂行停止，并且，直至以公平衡量事物的态度就下列各点进行考察，还必需提防我们的偏见。我们来看看文明人之中是否美德多于恶行；或者他们的美德给他们的好处比他们的恶行给他们的损害还多；或者当他们知道相互间应为善的时候，他们知识的进步是否足以补偿其相互间的恶；或者，总而言之，他们要是对于任何人都无恶可怕也无善可望，较之他们普遍隶属于依附地位，并不得不从那些对于他们不负任何给予义务的人们那里接受一切义务，

是不是更为幸福呢？

我们尤其不可同霍布士一样作出结论说，人由于没有任何善的观念，所以他是天然邪恶的；人性所以邪恶，是因为他不知美德；他经常拒绝为其同类服务，因为他认为对于他们并不负有服务的义务；或者，依据他对其所需的各种事物具有正当要求的权利，因此他就愚狂地把自己想象为整个宇宙的唯一所有主。霍布士非常清楚地看出自然法的一切现代定义的缺点；但是，他从自己的定义中所推出的那些结论，证明他理解该定义的意义也是同样错误的。这位作家在推论其所建立的原理时，本应断言自然状态乃是一种关心我们自我保存而一点也不损害他人的自我保存的状态，因为这种状态是最适于保持和平也最宜于人类的。可是他所主张的恰恰相反，因为他把满足许多热望的需要不恰当地列入野蛮人对自己保存的关心中去，而这些热望乃是社会的产物并使法律成为必要。他说，恶人就是一个强壮的小孩。野蛮人究竟是不是一个强壮的小孩，尚需进行了解。即使我们承认他是一个强壮的小孩，将能从此得出什么结论呢？如果这个人，当他是强壮的时候，一如当他是软弱的时候那样，同样是依赖着别人的，那么就没有一种蛮横的行为是他做不出来的：当他的母亲把奶子给他太迟的时候，他可能打他的母亲；当他被他的小兄弟弄得不舒服的时候，他可能把他扼死；当他被别人的腿所撞伤或侵害的时候，他可能咬别人的腿。可是，他是强壮的又是依赖的，这乃是自然状态中的两个矛盾的假设：当人是依赖的时候，他就是软弱的；而他在成为强壮者之前，就

已是独立自主的人了。霍布士没有认识到，同一个原因既防止野蛮人像我们的法学家们所主张的那样使用其理性，同时又防止他们像霍布士自己所主张的那样滥用其能力。因此人们可以说，野蛮人并不是邪恶的，正因为他们不知道什么是善；因为这并不是知识的发展，也不是法律的限制，而是感情的平静和对恶行的无知这二者在防止他们为恶：他们因不知恶行所得到好处远比知道美德所得到的好处大得多。此外，还有另一个原理是霍布士所没有看到的，这个原理被授予于人类，是为了在某些情况下缓和其自尊心的猛烈性的，或者是为了在自尊心产生之前缓和其自保生存的欲望的，这样，这个原理就通过人类天生厌见自己同类的受苦而抑制自己对追求幸福的热情。在承认人类具有唯一的自然的美德的时候，我不相信会有任何非难的可怕。我说的是怜悯，即适合于那些同我们一样软弱、一样易于遭受很多不幸的生物的一种禀性：美德所以是普遍的，所以是有益于人类的，更因为它是先于人类使用各种反省之前就存在着的；而且它是这样的自然，以至于禽兽有时也流露出显著的美德的象征。除去母亲对其子女的爱情以及她们冒险保护其子之外，我们每天都可观察到，马也不愿践踏一个活的物体。一个动物也绝不会从其同类的尸体旁毫无忧虑地走过：有些动物甚至还会把其已死的同类做某种方式的埋葬；牲畜在进入屠宰场时的悲鸣，反映了牲畜从其所感到的可怕的光景中所获得的印象。我们欣然的发现“蜜蜂寓言”的著者不得不承认人是一种慈悲而多情的生物，他在其所举的例子中，改变了他的冷静、细致的

文笔，给我们呈出一个被囚禁的人的悲伤的意象；这个人望见外面一个野兽，从一位母亲的怀抱里夺去了一个小孩，它用其残忍的牙齿把这个小孩的柔弱的四肢咬烂，并用它的爪把小孩的跳动的脏腑撕碎。这是多么可怕的震动，怎么能不感动这一事件的目击人，虽然他对这一事件并没有任何个人的利害关系！但在目睹之下，他对吓昏了的母亲和濒死的小孩不能予以任何救助，他是何等苦痛啊！

先于各种反省而存在的纯粹自然的感动就是如此；自然的怜悯心的力量就是如此，虽然最腐败的习俗还很难将其毁灭，因为我们在剧院里每天都能发现，一些对于剧中人的不幸而受到感动和流泪的人，如果这些人居于暴君的地位，那他还会加重其敌人的苦痛；像嗜杀的苏拉那样，对于不是由他自己所造成的痛苦，也非常伤感，或者像斐尔王亚历山大那样，不敢去看任何悲剧的表演，恐被人看到他同安德罗马克和普赖阿姆一道叹息，然而当他听到被他自己的命令每天所残害的那么多人的呼声时，竟无动于衷。

> 自然宣称
> 它曾把最柔软的心授予人类，
> 它曾把眼泪交给他们。

孟第维尔知道，如果自然不对人类给以怜悯心来扶助其理性的话，人们虽然有其一切的道德，也不过是坏极了的人；但是他却没有看到，正是从这唯一的怜悯心中流出

了他曾想否认人们拥有的一切社会美德。其实，怜悯心若不适用于弱者、罪人或一般的人类，那么，什么是宽大、仁慈和人道呢？如果全面地考虑，甚至恩德和友情也是固定于特定对象的怜悯心的产物；因为，希望某人不受痛苦，与希望某人幸福，这会是不相同的事吗？即使怜悯心真正不过是我们设身处地的与受苦人的一种感情共鸣，——这种感情，在野蛮人方面是隐微而活泼的，在文明人方面则是发达的却很薄弱，——但这种说法，对于我所说的真理，除了给以有力的论证，又会有什么其他意义呢？实际上，旁观的动物越深切地体恤着遭受痛苦的动物，它的怜悯心也就越强烈。然而，很显然，这种体恤在自然状态中远比在推理状态中更为完全。正是理性使自尊心产生的，正是反省使自尊心增强起来的；正是理性使人反省的；正是理性使人同各种妨碍人和困扰人的东西相分开的。正是哲学使人孤立的；正是由于哲学，人才在一个受苦的人面前暗暗地说道："你要死就死去吧；反正我是安全的"。只有整个社会的危险才能扰乱哲学家的安眠，并使他离开其卧榻。他可以杀害其同类于自己的窗下而无罪；他不过把自己的双手掩住耳朵替自己稍微辩解一下，就可以防止由于天性而在他内心激发起来的对被害者的同情来。野蛮人绝没有这种奇异的才能；而且因为缺乏智慧和理性，所以他经常轻率地服从着人类的原始的感情。在骚乱中，在街巷争吵中，贱民们蜂拥而至，而谨慎的人则匆匆避开；把争斗者分开和阻止上流人互相残害的，正是庶民和市井妇女。

因此，可以肯定地说，怜悯心是一种自然的感情，它由于调节着各个人的自爱心的活动，所以协助着全体人类的相互保存。正是它使我们不假思索地去援救遭受痛苦的人；正是它在自然状态中代替了法律、习俗和美德，而且它还有这样的优点，没有一个人试图违抗它的温和的声音；正是它劝阻了强壮的野蛮人，只要有希望能在别处找到自己的食物，便不去抢劫软弱的小孩或衰颓的老人。正是它不以合理的正义的崇高格言："你要人怎样待你，你就怎样待人"，而以另一个自然善良的格言："你为自己谋利益，要尽可能少损害别人"来感悟所有的人，这个格言虽然很不完善，但也许比前者较为有用。总之，我们需要寻求的一个人憎恶的原因，与其说在微妙的论证之中，不如说在自然的感情之中，每个人对于为恶，即使与教育上的格言无关，也会感到憎恶。虽然苏格拉底以及与他相似的人们能以理性获得美德，但如果人类的保存仅仅依赖于人们的推理，那么老早人类就不存在了。

原始人有不大活泼的情欲同时又受到怜悯心的抑制，与其说他们是邪恶的，不如说他们是粗野的，他们宁愿注意防范其可能遭受到的祸害，而不有意加害于别人，这样的人是不易发生很危险的争执的。因为他们之间没有任何种类的交往；因为他们从来也不知虚荣、谦逊、尊敬和轻蔑；因为他们没有你的东西和我的东西这个极小的概念，也没有真正的正义观念；因为他们把自己可能遭受到的暴行看作是一种易于恢复的损害，而不看作是一种应加惩罚的凌辱；并且除非是当场的、也许是无意识的、像被狗咬而向它抛掷石头那样的情形之外，他们甚至连报复的念头

都没有；所以，如果他们争执的目的不比食物更为动人的话，那就很少有流血的结局。但是，其中有一个危险较大的情况还须说明。

在那些激动人心的感情之中，有一种是最炽热、最激烈的，这便是男女需要异性的那种情欲：这种可怕的情欲冒着各种危险，克服一切障碍，并且在其狂热的时候好像足以毁灭人类似的，而它所负的天然使命本是为了保存人类。被放荡的和兽性的热情所蒙蔽的、无廉耻、无羞辱、每天以流血的代价互争其爱情的人们，将要变成什么样呢？

首先必需承认，情欲愈是激烈，则抑制情欲的法律就愈为必要。但是，我们之间每天由情欲所引起的那些混乱和罪行已经很可证明法律在这方面的不胜任，除去这点以外，还须适当地研究这些混乱是否伴随法律本身一道产生的；因为在这种情形下，即使法律能够镇压这些混乱，但是，如果我们要求法律来制止没有法律就不会存在的那种祸害，那未免是向法律提出的最无意义的一种要求。

让我们从区别恋爱感情中的生理方面和精神方面开始。生理方面就是引起两性相结合的那种一般的欲望。精神方面就是决定这种欲望并使这种欲望专门固定在唯一对象上的那种东西，或者是为了这一钟爱的对象而对这种欲望给以较强烈的精力的那种东西。因此很容易看出，爱情的精神方面乃是一种从社会习惯中产生的人为情感、是被妇女们用许多智巧和小心所赞扬，以便确立她们的权力并统治男性必需服从的非天然的情感。这种感情是建立在野蛮人所不能具有的某种价值和美的观念之上的，是建立在野蛮人所不能做出的那些比较之上的，所以，野蛮人几乎完全没有这种感情。因为，当他的精神不能形成均匀和相称的抽象观念的时候，他的心也就不能感到赞赏和恋爱，这些感情即使未被人们所觉察，但也是从这些观念的运用中产生的。野蛮人仅仅听从其自然气质的支配，并不听从其尚未能获得的爱好的支配；因此，每个妇女对他都是合适的。

仅仅局限于恋爱的生理方面的野蛮人，是十分幸福的，他们对于能够激动其感情和增加其困难的爱一无所知，这样的人们不会常常感到性欲的冲动，因而他们之间的争执也应当较少的和较不残酷。那使我们之间产生很多放荡的想象，绝不会感动野蛮人的心；他们各人都安静地等待着自然的冲动，并且无选择、也不狂暴或者说愉快地顺从着这种冲动；而且，需要一经满足了，整个欲望也就消失了。

8. 恋　爱

因此，恋爱本身，同一切其他感情一样，只是在社会中才达到了某种狂热的程度，以致给人类造成一些不幸，这是一个无可争辩的事实；而且，把野蛮人想象为不断地自相戕害以便满足他们的兽性，也是更为可笑的，因为这种意见是直接违反经验的，因为加勒比人——这是现存民族中直至现在还很少摆脱自然状态的一个民族——在恋爱方面确是最和平和最不爱妒忌的，虽然他们生活在似乎可以经常给予情欲以较大活力的炎热气候之下。

许多种动物的雄性因争夺雌性常常流血，或者在春天因争夺雌性而呼叫吵闹，使我们的森林发出回响，关于从这种现象中所得出的那些推论，我们必需排除所有这些种类的动物，因为自然在它们两性的比较力上显然规定了和人类有所不同的关系：因此，也就绝不能以雄鸡的争斗来为人类形成一种推论。在关系比较容易观察的那些种类之中，就雄性的数目而言，争斗只能以雌性的稀少为原因，或以雌性处于坚决拒绝雄性接近的那些不相容的时期为原因——这一情形的结果便回到前一原因上去；因为，如果每一雌性仅仅在每年的两个月时间之内允许雄性接近，就等于雌性的数目减少了六分之五。然而，这两种情况中的任何一种都不适用于人类，在人类方面，女性的数目一般是超过男性数目的，而且甚至在野蛮人中，也从未见过女性像其他动物的雌性那样，有情热的时期和不相容的时期。此外，在这些动物的好几种中，整个种类全体同时进入发情期，这样，普遍狂热的、喧骚的、混乱的和争斗的可怕时刻就到来了：这种时刻在人类间是绝不会发生的，人类的恋爱从不是有定期的。因此，我们不能从某些动物为占有雌性而争斗的情形中得出结论说，自然状态中的人类也发生同样的事情；即使人们可以得出这样的结论，但因为这些纷争并没有毁灭其他种类的动物，所以人们至少也应该想到，这些纷争对于我们的种类并不是什么不幸的；而且很明显，这些纷争在自然状态中所造成的祸害，较其在社会中、特别是在那些道德还受到尊重，却因情人的妒忌

和配偶的报仇每天都引起决斗、谋杀以及更坏的事的那些地方，所造成的祸害还要小些；在这样的情况下，永久贞节的义务仅仅是供通奸之用的，关于贞操和名誉的法律，其本身就会扩大淫荡和增加堕胎的数目。

我们必需作出这样的结论，当野蛮人漂泊在森林之中，无实业，无语言，无住所，无战争也无联系，对其同类没有任何需求，也没有任何有损他们的欲望，甚至也许从未个别地认识其中任何一个人，如此，野蛮人很少受到感情的支配且是自给自足的，所以他只有适合于这种状态的感觉和知识；他仅仅感觉到自己的现实需要，仅仅注意到自己认为亟须注意的东西，而且他的智力并不比他的空幻更有进步。纵然他偶然有所发现，他也不能把这种发现传给别人，因为他甚至连自己的子女也不认识。技术与发明人一同消灭。那里没有教育，也没有进步；世代的增加是徒然无益的；并由于每一世代经常是从同一点上出发，所以许多世纪都在原始的完全粗野状态中消逝了；种类已经古老了，可是人仍然是幼稚的。

如果我在这原始状态的假设上花费了很多的时间，那就是因为旧有的错误和根深蒂固的偏见需要加以消除，因而我认为必需挖到根，同时也须指出，在真实的自然状态的图画中，甚至自然的不平等在这种状态中也绝没有我们作家们所主张的那样真实和有影响。

在区分人类间的那些差别之中，许多差别都被视为自然的差别，其实这些差别纯系人们在社会中的习惯和不同的生活方式的结果，这是易于了解的。因此，强壮的体质

或虚弱的体质以及依附于体质的体力大小，往往取决于教育的方法，是坚实的还是柔弱的，而不是取决于身体的先天禀赋。智力也是同样的；教育不仅在受过教育的智能与未受过教育的智能之间造成差别，而且还按照训练的程度增加前者中所存在的差别；因为，假定一个巨人和一个矮子在同一条道路上行走，他们二人所走的每一步都会给巨人一个新的胜利。可是，如果我们把流行于社会状态中各种不同等级之内的教育上和生活方式上的极端多样性，同动物和野蛮人的生活的简单和一律——在动物和野蛮人的生活中，各个都吃着同样的食物，过着同样的生活，其举止也完全一样——相比较，我们就会懂得，人与人的差别在自然状态中较之在社会状态中应是何等之少，以及自然的不平等在人类中由于制度的不平等增加了多少。

但是，即使自然在分配天赋上像人们所断言的那样，往往厚此而薄彼，可是在人与人之间几乎不可能发生任何关系的状态中，那些最受宠爱者们得到的好处，怎会有损于他人呢？在没有爱恋的地方，美有何用呢？对于不会讲话的人们来说，机智有何用处呢？对于不打交道的人们来说，诡计又有何用呢？我经常听到人们再三地说强者压迫弱者。但是我希望人们向我说明压迫这一词的涵义是什么。某一些人用暴力统治着，另一些人则呻吟着服从他们的一切任性妄为。这正是我在我们之间所观察到的情形；但是我不了解这怎能从野蛮人方面得到说明，因为我们甚至很难使野蛮人懂得什么叫做奴役和统治。一个人很可能掠夺另一个人所摘取的果实、所打死的禽兽或用来蔽身所做的

洞穴；但是他怎么能够使人服从自己呢？在没有占有任何东西的人们之间能有怎样的从属关系呢？如果有人把我从某一棵树上赶走，我就可摆脱这棵树而到另一棵树上去：如果有人在某一地方使我不安，谁将阻止我到别处去呢？有没有一个大于我的力量的人，而且还那么堕落、那么懒惰和那么残忍，以至于迫使我来供给他食物而他自己则游手好闲呢？他必需下定决心时时刻刻注意着我，当他睡眠的时候要十分小心地把我捆绑住，以防我逃脱或者打死他：这就是说，他必需甘愿遭受比他想要避免的苦痛，以及比他给我的苦痛更要大得多的苦痛。除此之外还有：他的审慎会不会有一时的疏忽呢？一个意外的声音会不会使他掉头呢？我在森林中跑出二十步，我的束缚就解除了，而他也就永不会再看见我了。

这些细节，无须再加以赘述。每个人都会了解，奴役关系仅仅是由于人们的相互依赖，以及由于那些把他们结合起来的相互需要所形成的，因此，若不把一个人首先置于不能不需要另一个人的地步，就不可能奴役这个人：这种情况在自然状态中是不存在的，在那里每个人都不受束缚，而使最强者的法律成为无用。

我已经证明了，不平等在自然状态中几乎是感觉不到的，它的影响又是几乎全无的，在此之后，我还须在人类智能的继续发展中，指出它的起源和它的进展。我已经指出了完善能力、社会美德以及自然人可能获得的其他能力，绝不能自行发展起来，而必需借助许多外来原因的偶然会合，——这些原因或许从未发生，但若无这些原因，自然

人就永远处在原始状态之中；——在此之后，我还须把各种不同的偶然事件加以考察和综合，这些事件能够改善人类的理解力的、同时却使整个人类败坏下去；在使人成为社会的人之时却把人造成恶人；以及能够从那么遥远的时代把人类和世界最后引导到我们今天这个地步。

我承认我所要叙述的事件可能在种种情形下发生，因此我只能以一些猜度来决定我的选择。但是，当这些猜度是人们从事物的性质中所能推出的极其近似真实的、并成为人们为发现真理所能有的唯一方法的时候，这些猜度就转化为理性，除此以外，我所要从我的猜度中所推论出来的那些结论，不因此而成为猜度的，因为人们要是根据我刚才所建立的那些原理，就不可能形成任何其他的理论体系——其他理论体系不能给我提供同样的结果，而我也不能从它推出同样的结论。

这样，对于下述一些问题，我就可以不必加以详细考虑，例如：时间的经过如何弥补了事实中的少许偶然性；很轻微的原因如果不断地发生作用时就会成为惊人的力量；我们对于某些假定，一方面虽然不能给以与事实同等程度的确实性，但另一方面我们又不能破坏这些假定；当两件都被当作真实的事实，被一系列的未知的或视为未知的中间事实所结合的时候，如有历史可寻，应归历史去提供那些把它们结合起来的事实，如无历史可寻，应归哲学去决定那些能把它们结合起来的类似的事实；最后，关于事变，类比已把许多事实缩减为比人们所想象的不同类别的数目更为狭小得多的数目。我只需把这些项目呈献给我

的评议员们去考虑，并做到能使一般读者不需要考虑这些项目就够了。

9. 围起自己的土地

第一个用围墙围起一块土地的人想到说：这是我的，并且找到一些头脑简单的人居然相信他的话，这个人就是文明社会的真正创始人。那个拔除木桩或填平圩沟的人向其同类大声疾呼道："慎勿听信这个骗子；如果你们忘记了果实是属于我们全体的，土地是不属于任何人的，那你们就会遭殃了！"但这个人并没有使人类免掉多少罪行、战祸、谋杀以及多少祸害和恐怖。但是当时的情况多半已经达到不能再像以前那样继续下去的地步了。因为，这个私有观念是依那些只能逐渐产生的、许许多多的先行观念来决定的，而并不是一下子就在人类的心目中形成的。人类在达到自然状态的终点以前，曾经需要有很大的进步，需要获得很多的技巧和知识，并将其一代一代地传授下去并增加起来。因此，我们必需回溯到更遥远的古代去观察事物，必需力求在同一的观点之下，按照最自然的秩序把那些缓慢相续的事件和知识综合起来。

人的最初的感情就是生存的感情；人的最初的挂虑就是自保生存的挂虑。土地的出产物给人提供了一切必要的支援；本能使他知道利用这些出产物。饥饿和其他嗜欲使他更迭地经历了各种不同的生存方式，其中有一种是诱起他延续其种类的；可是这种延续各类的盲目倾向，由于没有心中的感情，所以仅只产生一种纯粹动物的行为。需要满足之后，两性就不再相识了，而且小孩一到能够不需要母亲的时候，甚至也就立刻不再与母亲有何关系了。

原始人的情形就是这样；最初局限于纯粹感觉的、几乎不会利用自然所赋予他的天资的、尤其不会想到向自然索取的动物生活就是如此。但是困难不久便出现了；因而必需学会克服这些困难。树木的高度阻碍他采摘果实，其他动物又争相寻求该项果实，还有一些凶猛的野兽甚至要伤害他的生命，所有这一切都使他不得不从事身体的锻炼；必需使自己变得敏捷，迅于奔跑并壮于战斗。树枝和石头乃是自然的武器，立刻可在手边找到。他学会了克服自然障碍，学会了于必要时同其他动物相斗，甚至也学会了和其他人们争夺生活资料，或者也学会了为了保护自己而不得不对强者让步。

当人类增多的时候，忧虑也随着人数的增加而增加。土壤、气候和季节的差别，已经能够迫使人们把这些差别带到他们的生活方式中去。荒年、长期酷冷的冬季、炎热的夏季都能消灭一切，因而要求他们具有新的技巧。在沿海和沿河的地方，他们发明了钓线和钓钩，并成为渔夫和食鱼的人。在森林中，他们制造了弓和箭，并成为猎者和战士。在寒带的地方，他们用其打死的野兽毛皮以护体。雷鸣、火山、或者某种侥幸机会，使他们认识了火，即抵御冬季严寒的新方法：他们学会了保存火的不灭，以后又学会了重新生火，最后又学会了用火调制其从前生吞的肉类。

这样，人们对其自身及人与人之间、人与动物之间的一再接触的结果，在人类的智能中自然会产生对某些关系的知觉。我们用大、小、强、弱、快、慢、胆怯、胆大等词，以及其他一些在必要时几乎无意识地对比产生的类似的观念来表示。这些关系，终于在人类中产生了某种反省，或者不如说产生了一种机械的深虑，这种深虑可以指示人类为其自身的安全而采取最必要的手段。

从这种发展中所产生的那些新的知识，使人增加了他比其他动物的优越性，同时也使他认识了这种优越性。这时，人练习了对动物施设陷阱，并以无数的方法去骗取它们；虽然某些动物在战斗力量上或在奔跑速度上都超越了人，但慢慢地，人终于成为它们的主人或它们的酿灾人。因此，人对自己所进行的最初的考察，就使他产生了最初的自尊感觉；因此，在他还不知道区分等级的时候，在他默想以其种类为第一等的时候，他老早就准备着把他个人列为同类中的第一等。

虽然他的同类对他的关系和今天我们的同类对我们的关系有所不同，虽然他同其同类的交往几乎不比他同其他动物的交往为多，但是他的同类并未被他的观察所忽略。时间所能使他发现他们之间的、他的雌性和他自身之间的那些相同点，使得他推断出另一些尚未被他所发现的相同点；而且，由于看到他们的举止全像他在同样的情况下所做的那样，他就推知了他们的思想方法与感觉方法是完全和他自己的方法相同的；这个重要的真理，既已深深地固定在他的心意之中，使他通过一种跟辩证法同样可靠的并

较辩证法更为敏捷的预感，来遵守各种最好的行为规则，亦即为了他的利益和安全也宜于他和他们共同遵守的那些行为规则。

在经验使他知道，爱好幸福乃是人类活动的唯一动力之后，他就感到能够把下列两种情况区别开来，一、由于共同利益能使他依靠其同类的帮助，这是一些稀有的情况，二、由于竞争能使他不信任其同类，这是一些更稀有的情况。在前一种情况下，他跟同类结合成群；或者至多也不过结合为某种自由的团体，这种团体并不拘束任何人，其存续期间也不会超过形成该团体的那种暂时需要的存续时间的。在后一种情况下，各人就力求获得其自己的利益，或者用公开强制的办法，如果他认为那是可能的；或者用狡猾机智的办法，如果他觉得自己是较弱的。

人们就是这样于不知不觉中获得某种互负责任的以及履行这些责任而有好处的粗浅观念；但是，这只有在眼前的和显明的利害对他们有这种要求时才是如此：因为他们是毫无预见的；他们不但不会关心遥远的未来，甚至连明天也想不到。如果是捕捉一只鹿，各人都知道应当为此而忠实地看守自己的岗位；但是，如果一只兔子偶然经过他们之中某一人所能捕捉的地方，那么，这个人会毫无顾忌地去追逐它，导致他因追捕自己的猎获物而贻误了他们共同的猎获物，而且他并不会在意，这是无须怀疑的。

这样的交往不需要比那些几乎同样结合成群的乌鸦或猿猴的语言，更为精练得多的语言，这是易于了解的。发音不清的叫喊、大量的手势以及若干模拟的声音，应当

在长时期内成为一般的语言；由于各个地方对于这种语言加上了若干有音节的和约定的音响，——关于这一点，我在上面已经说过了，要想说明它的建立并不是很容易的，——于是就产生了一些特殊的、但是粗糙的、不完全的、大体像现今各种野蛮民族仍然具有的那样的语言。

10. 原始事物的进步

迫于光阴的易逝，迫于要说的东西太多，迫于原始事物的进步又几乎觉察不到，我只得把许多世纪迅速地浏览一下；因为，事物的演变愈缓慢，则事物的描述就愈简练。

这些初期的进步终于使人能有较快的进步。智能愈有启发，则技巧就愈有改进。不久，他们就不再睡在原始的树下和蔽居于洞穴之中了，此时，他们找到了几种锋利而坚硬的石斧，用以砍伐树木，挖掘土地和建筑树枝小屋，以后他们又想起把小屋涂上黏土和烂泥。这就是第一次的变革时代，这一变革形成了家庭的设立和家庭的区别，并带来了一种私有制，从此时起，许多吵闹和冲突也就从而产生了。然而，因为最强的人们似乎都是最初建造住所的人，也只有他们才觉得能把自己的住所保护得住，所以可以断定，弱者感到模仿他们比试图逐出他们更为简易和可靠；至于已经有了小屋的人们，他们谁也不会贪图占据邻人的小屋；这与其说是因为该小屋不属他所有，毋宁说是因为该小屋对他是无用的，而且若不冒险与居住该小屋的家属做一场激烈的战斗，就不能把它夺取到手。

人类情感的最初发达，乃是一种能使丈夫和妻子、父母和子女结合在一个共同住所里的新情况的效果。共同生活的习惯，使那些为人们所知晓的最温柔的感情、夫妇的爱情和父子的爱情产生了。各个家庭之所以变成为一个结合得更好的小社会，因为相互依恋和自由乃是它的唯一的纽带；于是，形成了两性生活方式上的最初的差别，在此以前两性只有一种生活方式。从此妇女变成为更经常居于家内的人，并习惯于看护小屋和子女，而男子则外出寻求共同的生活资料。由于生活的舒适和温柔，两性都开始失去一些他们的气力和强悍。但是，如果说每个人单独地和野兽相斗变得不如从前，那就更易于集合起来以便共同去对抗它们。

在这种新的状态下，人们过着简单而孤独的生活，需要又非常有限，而且他们已经发明了一些工具，满足自己新的需要，人们开始享有较多的余暇，所以就利用这些余暇来供给自己一些为其祖先所不知的安乐；正是此时，他们不知不觉地开始自己加上了最初的枷锁，并为其子孙准备了最初的不幸的根源。因为，除去他们继续这样削弱自己的肉体和精神之外，这些安乐一旦成为习惯，便使其快乐几乎全部丧失，同时又蜕变为一个人真正的需要，因此，丧失了这些安乐的痛苦远比享有这些安乐的愉快为多；而且人们要是失去这些安乐就很不幸了，虽然享有这些安乐时并不幸福。

我们在此可以比较清楚地看出，语言的用法是怎样确立的，或者它在各个家庭之内是怎样不知不觉地趋于完善

的；而且我们还可猜出各种不同的特殊原因使语言成为更加必要，又怎样能使语言扩展起来和促进其进步的。洪水或地震使一些有人居住的地区被水或深渊所围绕；地球的变迁使大陆的若干部分割裂而成为岛屿。很显然，这样接近起来的且不得不一同生活的人们之间，比起随意漂泊在大陆森林中的人们之间，应当更易于形成一种共同的方言。因此，很可能是这样的，在岛民最初试航之后，他们就把语言的用法带到了我们的大陆上来，这是很可能的；社会和语言在岛屿上产生，而且它们在为大陆人所知之前已在那里获得完善，这至少也是很可能的。

现在，一切都开始改换了面貌。那些向来漂泊在森林中的、已经有了比较固定住所的人们慢慢地接近起来，结合为各种不同的集合体，并在各个地方终于形成了有共同习俗和性格的个别民族、他们不是被规则和法律所结合着的、而是被同样的生活和同样的食物以及共同的气候影响所结合着。长期的邻居毕竟不能不在若干家庭之间发生某种联系。不同性别的青年人住在相邻的小屋里；被自然所要求的一时的关系，经过屡屡地相互往来，不久便引来了另一种同样愉快的且较为永久的关系。此时，人们已经惯于考察不同的事物和进行比较；他们就不知不觉地获得了一些能够产生好恶感情的价值观念和美的观念。由于时常相见，一不相见便怅然若有所失。一种温柔愉快的感情巧妙地渗入了心灵之中，这种感情因很小的冲突就会变为激烈的狂怒。嫉妒心是和爱情一同产生的；一旦反目，人血便为最温柔的情感而牺牲。

当观念和感情互相承续的时候，当智能和心情互相运用的时候，人类就日益文明，爱好社交；联系扩大了，情谊也就愈益亲密了。他们习惯于集合在小屋的前面或在大树的周围；歌唱和跳舞——这是爱情和闲暇的真实结果——变成为结合成群的、无所事事的男女们的消遣事情，或者不如说是他们的事业。每个人开始注意其余的人们并且希望自己也为他人所注意，这样，公共的尊重有了价值。凡歌舞得最好、最美、最有力、最机巧或最有口才的人就成为最受重视的人；这里也正是走向不平等的第一步，同时也是走向恶行的第一步。从这些最初的偏爱中，一方面产生了虚荣和轻蔑，另一方面又产生了耻辱和羡慕；由于这些新的酵母所引起的发酵，终于产生了破坏幸福和天真的不幸的化合物。

一当人们开始了相互评价，尊重的观念已在他们心中形成的时候，每个人便立刻要求有被尊重的权力，并且，任何人都不可能认为缺少它而无害。从此便产生了最初的表示敬意的义务，甚至在野蛮人中也是如此；从此，各种故意的侵害就变成为侮辱，因为除去由损害所产生的损失之外，受害人还认为那是轻蔑他的人格，而这种轻蔑比损失本身往往更难忍受。这样，由于各人都按自己的方式来处罚别人对其所加的侮蔑，所以报复成为一件可怕的事，而人也就变得好杀和残酷的了。我们所知道的大多数野蛮民族曾经进化的过程正是如此；而且，正是因为没有把这些观念加以足够地辨别，以及没有注意到这些民族离开最初的自然状态已经何等之远，以致许多作家草率地作出结

论说，人是天然残酷的，且需要规章来使他变为温和；其实，再没有比原始状态中的人那样温和的，在那时，他被自然置于兽类的愚昧和文明人的不幸知识之间，并且只能凭本能和理性来预防那种威胁自己的祸害，这时，他受自然怜悯心所抑制，而不对任何人加害，甚至在受到了别人的侵害之后也绝不会想到这样做。因为，按照贤明的洛克的格言，在没有私有的地方，是不可能有不公正的。

但是对于下述各点，即，已经开始了的社会和人们之间建立起来的各种关系，都要求他们具有一些不同于原始体质中所有的性质；由于道德开始潜入人类的行为之中，并且，由于在有法律以前，每个人都是自己所受侵害的唯一裁判者和复仇者，所以那种适合于纯粹自然状态的善良，已经不再是一种适合于新生社会的善良了；随着侵害的机会愈益频繁，则惩罚也随之变为愈益严酷；正是复仇的恐怖代替了法律的制裁。因此，虽然人们已经变得忍耐性较小了，虽然自然怜悯心已经遭受到一点变性了，但是，人类能力的这一发展阶段恰恰处于原始状态的悠闲和我们自尊心的急剧活动之间，这是一种保持着中庸之道的最幸福的和最持久的时代。我们就此愈加深思，就愈会发现这种状态是最不适于变革的，对于人类是最好的，人类只有因某种不幸的偶然之事——这种偶然之事一定绝不是因公共利益而发生的——才应脱离这种状态。人们所发现的野蛮人，几乎都是处于这种状态。他们的事例，似乎可以证实：人类注定要永久留在这种状态之中的；这种状态乃是世界的真正少年时代；一切的后来进步，表面上虽是走向个人

完善的步子，而实际上也是走向种类衰老的步子。

当人们满足于自己的粗陋小屋的时候，当人们局限于用荆棘或鱼骨来缝制其皮衣、用羽毛和贝壳来装饰自己、用各种颜色来涂抹自己的身体、把弓箭加以改善或加以修饰、用锋利的石头来制造一些渔船或粗糙乐器的时候；总之，当他们仅只从事于一个人所能做的工作，以及仅只从事于那些不需要许多人协作的技术的时候，他们就在其本性所允许的范围内尽量生活得自由、健康、善良和幸福，并在他们之间继续享受着自主交往的快乐。但是，自从一个人需要另一个人的援助之时起，自从人们知道一个人具有两个人的食物有益之时起，平等就消失了，私有就开始了，劳动就成为必要的了；而且，广阔的森林就变成了须用人的血汗加以灌溉的悦目的田野，在这些田野里不久便可看到奴隶制和贫困跟庄稼一同发芽和成长。

冶金和农业是这样的两种技术，它们的发明引起了巨大的革命。使人文明起来、使人类没落下去，在诗人看来是金和银，在哲学家看来是铁和谷物。这两种技术都是美洲野蛮人所不知晓的，因而他们仍然是野蛮人；其他民族，当还不能同时应用这两种技术的时候，似乎也还是处在野蛮状态之中。欧洲之所以比世界上其他各洲开化较早，因而文明化程度较高，其最好的理由之一，或许就是因为它具有最富饶的铁矿，同时又具有最丰富的谷物。

人们是怎样认识铁并使用铁的，这是很难猜测的；因为不可能设想人们在知道结果之前，就自己想出从矿山中开采原料，并施以必要的准备来使原料溶解。另一方面，

我们也不能把这种发现归功于某种偶然的火灾，因为矿山只形成于荒芜的、缺乏树木和草的地方；可见自然似乎已经采取了预防措施，来掩盖这个不幸的秘密。所以，只有喷出熔解的金属物质的某种火山，才能给予观察者们以模仿这种自然作用的观念。此外，还须设想这些观察者们要有很大的勇气和预见，以便从事那么困难的劳动，并那么遥远地期待自己可能从中得到的好处：这种情形只有智慧比较发达的人才能想到，而那时的人是不会有这种智慧的。

至于农业，在其实践开始之前，其原理已经被人所认识，而且，不断从事由树上或草中采摘其生活资料的人们，却没有获得自然用以繁殖植物的方法，几乎是不可能的。但是他们的智巧，大概很迟才转向这方面来；这或者是因为树木同打猎和钓鱼一样，可以供给他们食物却不需要他们的照管，或者是因为不知谷物的用法，或者是因为没有耕种谷物的工具，或者是因为缺乏对于未来需要的预见，最后，或者是因为没有防止他人占据其劳动成果的方法。当他们变得更为智巧的时候，就开始在其小屋四周，用锐利的石头和有尖的棍棒来种植某些蔬菜或根类作物；经过很长时期以后，他们才知道种植谷物，才能够获得从事大规模耕种所必需的工具。为了从事这个事业，不必说，他们必需下定决心首先耗费掉一点东西，以便后来获得许多的东西：这是一种野蛮人的大脑不可能有的远见，因为像我已经说过的那样，野蛮人是很难在早晨想到他的晚间的需要的。

为使人类从事农业技术，则其他技术的发明就成为必

要。自从需要有熔解铁和锻冶铁的人们，也就需要有其他人们来养活这些人。工人的数目愈益增加，则用来供给公共生活资料的人也就愈少，但是消费生活资料的人口却并没有减少；而且，某一些人因为需要用日用品同他们的铁相交换，所以另一些人就终于发明了利用铁来增多日用品的秘诀。从此，一方面产生了耕作法和农业技术，另一方面又产生了金属加工和增加金属用途的技术。

土地的耕种必然引起土地的分配，而且，私有一旦被承认，也就必然产生了最初的裁判规则。因此，要把各人的东西返还给各人，就必需各人能有某种东西；此外，由于人们开始注意到未来，以及每个人都感到自己有些可以失掉的财物，所以每个人都怕自己受到因损害他人而遭到报复。这种起源之所以是自然的，特别因为不可能从劳动以外的原因来设想新生的私有观念；我们没有见到一个人要占有那些本非他自己所创造出来的东西，除非加入了他的劳动，此外还能加上什么别的东西呢。唯有劳动才能给予耕作者对于他所耕种的土地上出产物的权利，从而也就给予他至少直到收获时为止对于土地的权利，并且年复一年地如此下去：而造成这种继续占有的事情就很容易转化为私有。格劳秀斯说道，当古代人对于西利兹授予立法者的称号，以及对于一个纪念她的节日命名为戴斯摩福利的时候，他们那里所指的意思就是，土地的分配产生了一种新的权利：亦即所有权，这种权利同那种从自然法中所产生出来的权利是不相同的。

这种状态中的事物可能仍旧是平等的，如果各人的才能是相等的话，例如，如果铁的使用同日用品的消费经常保持正确的平衡的话。但均衡是保持不住的，不久便被破坏了；最有力的人做了较多的工作；最灵活的人从其工作中获得了较多的利益；最有创造力的人发明了缩短劳动的方法；农人需要更多的铁，或者铁匠需要更多的谷物；以及在同样的劳动之下，一个人获得很多，而另一个人则难以维持生活。这样，自然的不平等就不知不觉地同人为的不平等一同展开了；因此，由于情况的不同而发展起来的人们之间的那些差别，在其效果上就变为更显著、更永久，并在同样的比例上开始影响着每个人的命运。

11. 人类的新情况

事物既已到了这样的程度，其余的就不难设想了。我不必再费时间，来叙述其他技术的相继发明、语言的进步、才能的试验和使用、财产的不平等、财富的利用或滥用以及各种伴随这些事物而来的详细情节上面，因为所有这一切，每个读者都能很方便地将其补足。我将仅就处在这种新的情况中的人类略加观察。

这样，现在我们人类的一切能力都得到了发展，记忆力和想象力活跃起来了，自尊心旺盛了，理性显得活泼了，智能也几乎达到了可能完善的顶点。现在，一切天赋的性质都已发挥了作用，每个人的等级和命运不仅建立在财产的多寡以及有利于人或有害于人的能力之上，而且还建立在智能、美貌、体力或灵巧、功绩或才能之上了；只有这

些性质才能够引起重视，所以必需具备或常常使用这些性质；为了他自己的利益，他就必需显示出那与他实际上不相同的样子。于是，“实际是”和“看来是”变为两个完全不相同的东西；而且，从这个区别中又发生了庄严的威仪、骗人的诡计以及随之而来的各种恶行。另一方面，以前是自由和自主的人，现在由于许多新的需要，可以说已经受了整个自然所支配，特别是受其同类所支配，在某种意义上他已变为他的同类的奴隶，虽然同时他又是他的同类的主人：如果富有，他就需要他们的劳务；如果贫穷，他就需要他们的援助；而且小康的状况也并不使他能够不需要他们。因此，他必需不断地极力设法使他们关心他的命运，并使他们在实际上或在外表上感到为他的利益而劳作是有利可图的：这种情形致使他对待某一些人变为狡猾和诡诈，对待另一些人则变得专横和残酷，而且，当他不能使他们畏服自己的时候，当他为他们效劳而找不到自己的利益的时候，这种情形还使他不得不诈欺其所需要的一切人。最后，贪得无厌的奢望，即不是为真正需要而是为了居于他人之上而增加，其个人财产的热望，鼓舞着一切人们以奸恶来互相为害，并鼓舞着他们的暗中妒忌，这种妒忌是更为危险的，因为它为了更可靠地达到其目的，往往要戴上仁慈的假面具：总之，一方面是竞争和敌对，另一方面就是利害冲突，而且还经常暗暗地希望有损他人而使自己得利。所有这些邪恶都是私有财产的最初的结果，同时又是新生的不平等的必然产物。

在人们发明代表财富的符号之前，财富几乎只能由土地和家畜所构成，这二者乃是人们所能占有的唯一的现实财产。然而，当不动产在数量上和在面积上增加了，以致布满全部土地并全都相互毗连起来的时候，那么，这一些人就只有损害另一些人才能得到扩大；同时，那些被柔弱或懒惰所妨碍错过了获得财产的机会的人们，虽毫无所失却变成了穷人，因为他们的周围，一切都变化了，唯独他们自己没有变化，此时，他们就不得不从富人手中领受或夺取其生活资料；从此，便开始按照他们彼此各种不同的性格而产生统治和奴役或者暴力和掠夺。在富人方面，他们刚一知道统治的快乐，就立即蔑视一切其他的快乐，而且，他们在利用其旧奴隶去制服新奴隶的时候，仅只想到征服并奴役他们的邻人：他们好像饿狼一样，一经尝过人肉以后，便厌弃一切其他食物，而只想吃人。

因此，由于最强者们或最贫者们把他们的力量或他们的贫穷当作了一种对于他人财产上的权利，——按照他们的意见，这种权利是与所有权有同等的价值的，——所以平等一被破坏，伴随着最可怕的混乱；因此，富人的攫取、穷人的抢劫以及他们全体的放纵感情，在抑制自然怜悯心和还很微弱的正义之声的同时，便使人们变为悭吝、贪得和邪恶。在最强者的权利和先占者的权利之间发生了一种永续的、只有通过争斗和屠杀才能结束的冲突。新生的社会让位给最可怕的战争状态了：堕落而苦恼的人类，再也不能循着原路而返回，再也不能抛弃其已经获得的那些不幸的获得物了，而且，借助于滥用那些使其获得光荣的能力，也只不过竭力实现其自己的烦恼而已，最终，将把自

已置于毁灭的前夜。

> 不论是富人或是穷人
> 在新发现的邪恶面前都感到震惊，
> 他们都想逃避财富
> 并痛恨他们刚刚誓愿追求的东西。

人们终于不能不对如此不幸的局面和压在他们身上的那些灾难加以周密地考虑。尤其富人们，一定会立刻感到那种仅由他们负担全部战费的永久战争，对于他们是何等地不利，而且在战争中，生命的危险虽是大家共同的，但财产的危险则是个人的。此外，不管他们能够怎样掩饰其攫取，他们也十分知道攫取只是建立在一种靠不住的和不正当的权利之上；并且知道攫取物既是由于力量而取得的，所以力量也能剥夺其攫取物，同时他们还没有理由去诉苦。甚至单因勤劳而致富的人们，也几乎不能以更好的资格作为私有的根据。他们陡然无益地说道："这座墙是我建筑的；我是以我的劳动获得这块土地的。"人们会回答他们说："谁给你们的位置？而且，你们根据什么，要求以我们的费用来酬报你们那本非我们强迫你们进行的劳动？你们难道不知道你们的许多兄弟因缺少那些被你们占有太多的东西而死亡或受苦吗？你们难道不知道要从公共生活资料中占据任何超出你们自己所需以外的东西，你们必需取得人类的明示的和全体一致的同意吗？"富人没有有效的理由来辩护，又缺乏足够的力量来自卫；他虽易于制服一个人，

但自己也易被一群匪帮所制服；他是独自对抗全体的，而且由于互相嫉妒又不能和其同辈结合起来，去反对那些因抢劫的共同愿望而结合起来的敌人；这样，他迫于必要而终想出了一个当时已经进入人类心中的、考虑得最周到的计划来：这就是，为了自己的利益而利用那些攻击自己的人们的力量，使自己的敌人成为自己的防御者，以不同的格言鼓舞他们，并对他们制定另一些制度——这些制度之有利于富人自己与自然法之不利于富人正是相同的。

在这个目的上，他向他的邻人们说明一种能使他们每个人都武装起来互相冲突，并能使他们的占有和他们的需要变为同样难以负担的状态，以及在这样的状态下，任何人都不能在贫穷之中也不能在富裕之中得到安全；在说明这一状态的可怕以后，他就很容易造出一些似乎合理的理由来引导他们达到他的目的。他对他们说："让我们联合起来去保护弱者免受压迫，去抑制野心家们和保障每个人占有其所有的东西：让我们制定一些人人都须遵守的、没有私见的正义和和平的规则，这些规则在使强者和弱者同等地遵守相互义务之时，可以说就能恢复命运上的突然变化。总而言之，不但不使我们的力量敌对我们自己，反而要让我们把我们的力量集合起来成为一个最高的权力，以便按照贤明的法律来治理我们，以便保护这一团体的全体成员、击退共同的敌人，而使我们保持在永远的和睦之中。"

为了驱诱这些粗野而易于诱惑的人们，只须比上述这段言词少得多的言词就够了，何况他们之间已有太多的争

执以致不能不需要公断人，他们已经太吝啬和有过多的野心以致不能长期不需要主人。每个人在相信能够确保自己的自由的时候，便全体奔往迎接自己的枷锁；因为，他们虽有足够的理智来觉察政治制度的好处，但是没有足够的经验来预见政治制度的危险。最能预知弊窦的人，正是意欲利用弊窦的人；而且，就是那些聪明的人也知道，必需决心牺牲一部分的自由来保存另一部分的自由，正像一个负伤的人把自己的膀臂割掉，来保全身体的其余部分一样。

社会和法律的起源就是如此或应是如此，它们对于弱者给以新的拘束，对于强者则给以新的力量，它们把天赋的自由永久破坏了，它们把私有和不平等的法律当作永世长存的东西规定下来了，它们把狡猾的攫取变成了不可取消的权利，而且为了若干野心家的利益，它们还使整个人类从今以后忍受着劳苦、奴役和贫困。人们很容易了解一个社会的设立怎样使其余一切社会的设立成为必不可少，以及为了对抗联合的力量，其余人们又如何也须联合起来。社会由于迅速地增加和扩大，不久便散布到地球的全部地面了；并且在宇宙之内，再也不可能找到能够摆脱枷锁、能够从利刃之下撤出头来的这样一个角落了，同时，这把利刃往往被操纵得不妙，以致每个人都会看到它永远悬在自己的颈上。市民法既已这样地变为市民的共同规则，所以自然法仅只适用于不同的社会之间，在那里，自然法被称为万民法，并被某些默认的条约所调节，以使交往成为可能，并代替自然的怜悯心，——自然怜悯心由于在社会与社会间已经丧失了，它在个人与个人间的关系中所拥有

的那种全部力量，现在仅仅存在于某些伟大的人道主义者的心灵之中，这些人道主义者超越了那把各民族分开的想象和障碍，并按照创造他们的上帝的榜样，来把整个人类都包含在他们的仁爱之中。

彼此这样地处在自然状态之中的各种政治团体，不久都感到了一些不方便，而这些不方便已使每个人非摆脱这种状态不可了；而且，这种状态在一些大的政治团体之间，比较以前存在于组成这些政治团体的各个个人之间的状态，已经变得更加不幸了。从此产生了一些震动自然和违背理性的民族战争、战斗、谋杀、复仇，以及一切竟把流血的名誉归入美德之列的可怕的偏见。最上流的人们学会了把扼杀其同类的责任列入于他们的义务之中；最后还可看到人们大量地互相残杀而不知是为着什么；在一天的战斗中所杀的人和在占领一个城池时所犯的暴行，比在自然状态下若干世纪里整个地球上所杀的人和所犯的暴行还要多。我们从人类分为种种社会中所约略看到的最初的效果就是如此。现在，让我们来论述一下这些社会的制度。

12. 社会制度

我知道有些作家对于政治社会的起源，曾经表示过另一些的意见，例如认为起源于强者的征服，或弱者的联合；但是这些论据的抉择同我所要设立的东西是无关的。而且，我觉得我刚才所说明的那一论据是最自然的，其理由如下：

（1）因为，在第一种场合，即强者征服的场合，征服权并不是一种权利，所以不能创设任何其他的权利，征服者与战败民族之间，除非战败民族已经恢复了完全的自由而甘愿选择其征服者为自己的首领，则他们仍然继续处在战争状态之中。在此之前，不管已经订了怎样的投降条约，因这些条约只是以暴力为根据的，在实际上乃是无效的，所以在这种假定上就不可能有真正的社会，也不可能有政治团体，除强者的法律以外也不可能有别的法律。

（2）因为，在第二种场合，即弱者联合的场合，强和弱这两词是暧昧不明的；因为在所有或先占的权利的设定与政治统治的建立之间存在着的过渡时期，这两个字的意义可以更恰当地用**富**和**穷**两字来表示，因为事实上在有法律以前，一个人除去袭击其同类的财产或将自己的财产分些给其同类之外，是没有别的方法能使他们服从的。

（3）因为，穷人由于没有任何东西而只有自由可以丧失，所以若在交换中毫无所得却甘愿抛弃他们这个唯一尚存的财产，这对他们来说乃是一个极大的痴愚；相反的，富人由于对自己财产的各个部分都很敏感，所以使他们受到损害容易得很；因此，他们必需采取更多的预防措施来保障自己免受损害；总之，我们认为一种制度，与其说是对其有害的人所发明，不如说是对其有益的人所发明，这才是合理的设想。

新生的政府绝没有固定的和正规的形式。哲学和经验的缺乏，使人只能察觉目前的不方便；而且，只有当目前的不方便出现的时候，人们才会想到预防其他的不方便。

虽然有最贤明的立法家们的一切努力，可是政治状态仍然是不完善的，因为它几乎是一种偶然的产物，并且因为它开始就不健全，纵然时间可能发现缺点并建议纠正，但也不能改正组织本身的瑕疵：人们不断地加以修补，然而应当首先扫清地面并抛开一切陈旧的建筑材料，——像来喀古士在斯巴达所做的那样——以便随后建筑一个好的大厦。起初，社会仅仅是由若干一般的契约所形成的，所有成员对于这些契约都约定遵守，而共同体对于其中每个人则表示为契约的保证人。只有经验证明了这样的组织已是何等薄弱，以致违犯者对于罪过的认证和惩罚（只有公众才能作为罪过的见证人和裁判人）已经何等易于避免；只有法律已被无数的方法所巧避；只有不方便和混乱继续不断地增加的时候，人们才终于想到把公共权力冒险的委托给私人，才把那些执行人民决议的事项委诸官吏。因为如果说，首领是在联盟形成以前就已被选出了，法律的执行者在法律存在以前就已经存在了，这乃是一种毋庸加以认真辩驳的假设。

认为人民一开始就无条件地和永久地投到一个专制的主人的怀抱里，以及认为傲慢不可制服的人们所想出的关心公共安全的最初的方法就是投入奴隶制，也都是同样不合理的。实际上，如果不是为了反对压迫而保卫他们自己和保护他们的财产、自由和生命——这些可以说是他们存在的构成要素——他们为什么会拥戴上司呢？可是，在人与人的关系上，一个人所能遇到的最坏的事就是受人任意处置，如果一个人正因为为保存这些东西才需要首长的援助，却首先抛弃这些仅有的东西而交到一个首长的手中，这不是与良知相抵触吗？首长如此受让这样大的权利，又能对他们提供什么相等的代价呢？如果他敢于借口保护他们而强求这个权利，他立刻就会得到寓言中的答辩："敌人对于我们也不过如此吧？"因此，人民设立首长是为着保护自己的自由，而不是为着奴役自己，这是无可争辩的事实，这也是全部国法的基本准则。普利尼对图拉真说道：**我们所以拥戴一个国君，就是为了他能保证我们不做任何主人的奴隶。**

我们的政治家们在爱好自由方面所做出的那些诡辩，和我们的哲学家们在自然状态方面所做出的那些诡辩都是一样的。他们是用他们所眼见的事物来判断他们所未曾见过的截然不同的事物；而且，他们由于耐心地观察那些耐心忍受奴役的人们，所以竟把生来的服从倾向诿诸人类；他们没有想到自由、天真和德行都是一样的，人们只有自己享有这些东西的时候才能知道这些东西的价值，一旦人们丧失了它们，也就立刻丧失了它们的滋味。伯拉西达对一位正在把斯巴达的生活同波斯波里的生活相比较的波斯省长说道："我知道你的家乡的快乐，但是你不会知道我的家乡的快乐。"

一匹尚未养驯的骏马，竦起鬣毛、用足击地、在缰辔接近时便急切地努力抗拒，可是一匹养驯了的马则耐心地忍受着鞭策和踢马刺；野蛮人同样也绝不向枷锁低头，而文明人则戴着枷锁毫无怨声，而且，野蛮人宁爱最骚动状态中的自由，而不爱安宁状态中的屈从。因此，绝不可从被奴役的人民的堕落状态中，而必需从一切自由人民为了保护自己免受压迫而曾经完成的那些奇迹中，来判断人类赞成或反对奴役的天然禀性。我知道前者不断地颂扬他们在桎梏中所享受的那种和平和安宁，我知道他们把最可怜的奴隶状态叫做和平。但是，当我看到后者为了保存这个唯一的财产——那些丧失了这种财产的人们对于这种财产竟那么蔑视——而牺牲快乐、休息、财富、权力乃至生命的时候；当我看到生而自由的动物因憎恨丧失自由而用头冲撞牢笼栅栏的时候；当我看到许多赤身裸体的野蛮人轻蔑欧洲人的逸乐，以及他们只因保存其独立自主而冒饥饿、炮火、刀剑和死亡的危险的时候，我深深感到争论自由并不是奴隶们的事情。

13. 关于父权

某些作家认为绝对统治和整个社会都是从父权中派生出来的，我们用不着洛克和锡德尼的相反的论证，而只要指出下述几点也就够了：世界上没有比父权的温和与专制的残忍更大相径庭的了，因为这种父权对于服从者的利益比对于命令者的利益更为重视；按照自然法，只有当父亲的扶助对于子女是必要的时候，父亲才是子女的主人；过了这个时期，他们就成为同等的人了，此时，完全不依赖父亲的儿子，只负有尊敬父亲的义务而没有服从父亲的义务：因为感恩虽然确是应尽的义务，但不是可以强求的权利。与其说文明社会是从父权中派生出来的，倒不如说，父权是从文明社会中获得其主要力量。一个人只有当其子女仍然聚居在周围的时候，才能被认为是这些人的父亲。父亲的财产，由于他真正是财产的主人，所以他的财产乃是保存其子女对他从属关系的纽带；而且，他能够按照每个子女是否遵从他的意志恪尽孝道的程度，来决定他们的遗产继承。然而，臣民对于暴君，不但没有这种类似的恩惠可以期待，而且他们自身和他们所有的一切都是暴君的私有财产，至少，暴君是这样主张的；因此，他们不得不作为恩惠来领受那被他遗弃的、本系臣民自己的财产。当他掠夺他们的时候，他认为就是理所当然的；当他让他们活着的时候，他认为就是对他们的开恩。

如果我们继续从权利来研究这些事实，我们就会发现专制政治的建立出于人民自愿之说，既无可靠的根据，又缺乏真实性；同时也不易表明一个契约的效力仅只约束当事人中的一方，在此场合，一方负担全部义务而他方则毫无负担，并且它还使负担义务的人受到损害。这种可恶的制度，甚至在今天，已经远不是贤明善良君主的制度，尤其不是法兰西诸王朝的制度；人们在这些王朝的敕令中的许多地方，特别是在一六六七年用路易十四的名义并根据他的命令而出版的一部名著中的下述一段，我们可看到这样的文字：

“因此，绝不应当说君主不受其国家法律的支配，因为反对命题乃是万民法上的真理，这种真理即使有时为阿谀者所攻击，但是贤良国君则经常保护这种真

理犹如这个国家的保护神一样。一个王国的完全幸福就在于臣民服从国君，国君服从法律，法律则是公平的并经常以公共福利为目的，这样的说法，同贤者柏拉图的说法一样，是多么更合理啊！”

我不打算停留在研究下述的问题上，即，自由即是人类的各种能力中最高尚的能力，那么，为了逢迎残虐的或无人道的主人，要毫无保留地抛弃其一切天赋中最宝贵的天赋，并且还要屈从主人的意旨去犯造物主所禁止的一切罪恶，这是不是使人类的天性堕落、把自己置于受本能所制御的那些禽兽的水平上、甚至是不是对存在的创造主的叛逆；这个崇高的创造者在看到毁灭他的杰作比看到侮辱他的杰作，是否更加愤怒。如果有人愿意，那我就不详细论述巴培拉克的权威说法，巴培拉克曾经依照洛克的意见率直地表明，任何人就是在那能对于自己任意处置的独裁权力面前，也不能出卖自己的自由：因为，出卖自由就等于是出卖自己的生命，而任何人都不是自己生命的主人。我只要问一问，凡不怕把自己贬低到这种程度的人们，根据什么权利能使其后裔忍受同样的耻辱，并代替其后裔抛弃那些并非由于他们的赐予而获得的幸福，若无这些幸福，则生命本身对于一切理应享受幸福的人们来说即成为一种负担。

浦芬多夫说道，正如人们用协议或契约把自己的财产让予他人那样，人们同样也可为有利于某人而抛弃自己的自由。我认为这是一种非常庸俗的推理。因为，首先，我

所让予的财产，已经成为与我完全无干的东西，而且滥用此项财产与我也无关系；但是，人们要滥用我的自由，这对于我是很有关系的，而且即使有人强迫我作恶而使我不构成犯罪，我也不能自陷于成为犯罪的工具。此外，所有权只是一种协议和人类的制度，因此人人都能随意处置他所有的东西。但是，像每个人的生命和自由那样的重要的自然赐予物，是和所有权的情形不相同的，人们要否有权将其抛弃，这至少是值得怀疑的：如果抛弃自由，人们就贬低了自己的存在，如果抛弃生命，人们就根本消灭了自己的存在；并且，因为任何物质财富都不能补偿这两种东西，所以，不管以何等代价抛弃它们，都是违反自然的，同时也是违反理性的。但是，即使人们可以像让予其财产那样让予其自由，这对于子女来说是有很大的区别，因为子女只在其父亲移转他的权利时始享有父亲的财产；然而自由，乃是他们以人的资格从自然中所获得的赐予物，所以父母是没有剥夺他们自由的权利的。因此，要设立奴隶制，就必需违犯自然，同样的，要使这种权利永续下去，就必需变更自然；法学家们庄重地宣布了奴隶的子女自出生之时起就是奴隶，换句话说，他们判定了人自出生之时起就不是人。

因此，我认为可以肯定，政府不但不是从独裁权力开始的，——因为独裁权力仅是政治的腐败和极限，它终归把政府引导到最强者的唯一法律上来，政府起初乃是最强者的补救办法；——而且即使政府是这样开始的，可是这种权力按其性质来说是不合法的，所以不能把它作为会上

各种权力的基础，进而也不能作为人为的不平等的基础。

14. 真正的契约

关于任何政府的基本契约的性质，今天暂不深入研究，因为这个问题今后还要探讨。这里，我仅按照一般的意见来把政治体的设立看作是人民与其所选出的首领之间的真正的契约：双方当事人约定遵守那些已议定好了的法律，这些法律构成了他们结合的纽带。关于社会关系，人民既已将其所有的意志结合为一个意志，所以这一意志所表明的各种条文都变为各种的基本法，以便毫无例外地约束着国家的全体成员，而且，这些基本法之一又规定着负责监督执行其他各项法律的官员的选任和权力。这种权力适用于一切能够保持宪法的事项，但不至于变更宪法。人们对于这种权力添上了若干名誉，以使法律及其执行人受到尊重，同时对于法律执行人个人也添上了一些特权，以补偿其为把国家管理好所耗费的辛劳。在官吏方面，他们则负有按照委托人的意向行使其所受任的权力，和维护每个人能安全地享受其所有的一切，同时也负有在各种场合下把公共利益放在个人利益之上的义务。

在经验还没有证明，或者在人类的知识还没有使人预见到某一宪法的不可避免的弊端之前，这一宪法应当是较好的宪法，因为负责保存这一宪法的人们自己，是和该宪法最有利害关系的。因为，官职及其权利既是建立在基本法之上的，所以一当基本法被废除之时，官吏就不再是合

法的了，人民也就不需再服从他们了；而且因为构成国家本质的，不是官吏而是法律，所以每个人就当然回复其天然的自由。

即使我们对于这个问题稍微考虑一下，这件事情就会被新的论据所证实；按照契约的性质，我们也会了解，它不会是不可以取消的。因为，如果没有较高的权力能够作为契约当事人的诚信和保证，或者能够强制他们履行其相互的允诺，那么当事人仍旧是他们自己诉讼的唯一裁判人，而且一经当事人各方发觉他方违背契约条款的时候，或者契约条款对他们不再适合的时候，他们就随时具有抛弃契约的权利。弃权似乎就是以这个原理为根据的。然而，我们现在要研究的，仅仅在于考察人类的制度，如果掌握一切权力的并将契约的一切利益均拥为己有的官吏，尚有抛弃职权的权利，那么，忍受其首长各种错误的人民，也应有抛弃从属关系的权利。但是这种危险的权力所必然引起的那些可怕的不和和无数的混乱，更能显示出：人类政府何等需要比单纯理性更加坚固的根基；公共安宁何等需要神意的干预，以便给予最高权力赋予神圣不可侵犯的性质，这样就可剥夺臣民对于最高权力的这种不幸的自由处分权。虽然宗教对于人类仅只造成这种利益，但这也足以致使人类全体应当爱慕并赞成宗教，甚至也同时爱慕并赞成它的弊窦，因为宗教比狂信使人流出的血毕竟要少得多。但是我们必需按照我们的假定的线索前进。

政府的各种不同的形式，是从每个个人之间于政府建立时所存在着的或大或小的差别产生出来的。某一个人如

在权力上、美德上、财富上或声望上是卓越的，如果他独自被选为长官，那么这个国家就成为君主制的国家。如果有一些彼此不相上下的人，他们都高出别人一等，而一齐被选为长官，那么这里就是一个贵族制的国家。如果人们的财产或才能并不那样不平均，而且他们距离自然状态又并不很远，如果这些人共同保持着最高的行政，那么他们就形成了民主制。时间已经证明这些形式中的哪一形式对于人类最为有利。某一些人单受法律的支配，而另一些人不久就服从于主人。公民们希望保持其自由；而臣民们由于不能容忍别人享受他们已经不再能够享受的那种幸福，所以仅仅想到剥夺邻人的自由。总之，一方面是财富和征服，另一方面则是幸福和美德。

在这些各种不同的政府之中，一切官员起初都是选任的；而且当财富不占优势的时候，人们所以选举他，是按照那能产生自然威望的功绩、和那能在处理事务中显出经验和在会议中显出镇定的年龄来抉择的。希伯来人的长老、斯巴达的长者、罗马的元老院、乃至我们所谓领主一词的字源意义，都指出老年在古代曾经受到了何等尊敬。选举愈是陷于年纪大的人，选举就愈频繁，同时选举愈觉其麻烦；阴谋便发生了，朋党也形成了，党派之争更加尖锐了，同时内战也爆发了；最后，公民的生命终于为所谓国家的幸福而牺牲，人们又复归于前期的无政府状态的前夕。有野心的首领们便利用这些情况，把职位永远把持在家族手中；人民既已习惯于从属、安宁和生活的安乐、再也不能打碎身上的桎梏，为了确保自己的安宁，于是就对加重的

奴役表示同意。因此，已经成为世袭的首领们就逐渐习惯于将其职务看作是一种家产，将自己看作是国家的所有主，原先他们仅是国家的公务员。这样，他们就更习惯于将其同胞称为自己的奴隶；习惯于把他们当作牲畜而列入自己的所有物中；习惯于将自己称为与神齐等的王中之王。

如果我们在这些各种不同的变革中注意到不平等的进展，我们就可发现法律和所有权的设定乃是不平等的第一期；官职的制定是第二期；最后的第三期就是合法的权力变为独裁的权力。因此，富人和穷人的状态是被第一期所认可的，强者和弱者的状态是被第二期所认可的，主人和奴隶的状态是被第三期所认可的，这后一状态就是不平等的最后阶段，同时也是其他各期最后终结的一个阶段；到了此时，一些新的变革就使政府完全解体，或者使它再接近于合法的制度为止。

要理解这种进展的必然性，与其说应该考察政治体设立的动机，毋宁说应该考察政治体在其实施中所采取的形式以及那些随它而来的种种不便。因为，使社会制度成为必要的那些缺点，同样也就是使社会制度的滥用成为不可避免的那些缺点。如果除去斯巴达这一例外，——在那里法律主要是关心子女的教育，来喀古士制定了几乎不需要附加法律的风俗——法律一般是较弱于情欲，虽能约束人们但不能改变人们，因此不难证明：任何政府若不腐化、不败坏，而经常按照其设立的目的正确地前进，则政府的设立就没有必要；在一个国度里，如果任何人都不规避法律亦不滥用职权，则这个国度也就不需要有长官亦不需要

有法律。

政治上的差别必然引起民事上的差别。那在人民与其首长之间增长起来的不平等，不久也显现于个人与个人之间，并且还依照热情、才能和境遇而有无数状态的表现。长官若不制造爪牙，并把一部分的非法权力分让给他们，就不可能窃取非法的权力。此外，公民们只有被一种盲目的贪心所诱导时，才会任人压迫，而且他们宁注意自己的下面而不注意自己的上面，所以在他们看来，权势比自主更为可贵，而且，他们同意戴上枷锁，以便反过来能把枷锁加诸别人。迫使绝不企图指挥人的人服从，是非常困难的；最机敏的政治家也不能使那些只愿自由的人们屈服。但是不平等是不难伸张到有野心的和卑怯的人们之间的，此等人经常准备冒着命运上的危险，并依照命运的顺逆与否，或者去统治他人或者去侍奉他人。因此应当有这样的一个时代，那时，人民的眼睛被迷惑到这样的程度，以至于他们的领导人只需对一个最小的人这样说道：“你和你的一家，应当是伟大的”；此时，所有的人以及他自己的眼睛都立刻觉得他伟大了，他的后裔则按照和他隔离世代的远近比例而高升起来。原因愈远和愈不确定，结果也就愈益增大；一个家庭中怠惰的人数愈多，则这个家庭就愈益显赫。

15. 名望与权威

如果这里就是详细说明的地方，那么我就不难说明下述这一问题：即使没有政府的干预，但因人们一结成同一社会，就不得不互相比较，并在继续不断的互相利用之中注意到所发现的彼此间的差别，这样，名望上和权威上的不平等，在个人与个人之间也就成为不可避免的。差别有好几种。但是，财富、尊贵或等级、势力和个人的功绩，通常既是人们在社会中用来互相评价的主要差别，所以我可以证明这种种力量的调和或冲突，就是一个国家组成好坏的最可靠的指标。我可以指出，在这四种不平等中，个人的身份是一切其他不平等的根源，财富则是最后的一个，各种不平等最后必归为财富，因为财富是最直接有益于幸福的和最易于移转的，所以人们容易用它来购买一切其余的东西。

这个观察能够使人十分正确地判断出，各个民族离开其原始制度的远近和走向腐败的极限的进程。我可以指出这个对于声望、名誉和特权的一般欲望可以毁灭我们全体，人们如何把才能和力量加以训练和比较的；如何鼓舞和增大热情的；以及在使一切人们都成为竞争者、对抗者，甚至仇敌的时候，在使那么多的怀抱希望的人们追逐于同一竞技场上的时候，又如何天天造成失败、成功和各种的灾害的。我可以说，正是全靠这种想使自己成名的热望，这种想使自己出人头地几乎到了发狂的地步，我们才具有人间最好的和最坏的事物：我们的美德和我们的恶行，我们的科学和我们的谬误，我们的征服者和我们的哲学家，也就是说在很多的坏事物中有很少的好事物。总之，我可以证明，如果我们看到一撮享有极大权势和财产的强者和富

人，而同时大多数人民则生活在黑暗和贫困之中，这就是因为，前者对于他所享有的财富，越是他人被剥夺了的东西，他们越觉可贵，并且在情形不变的条件下，如果人民不再贫穷了，那么他们也就不会再幸福了。

但是，仅就这些详细情形加以论述，就能成为一部巨著的材料，在这样的巨著里，我们可与自然状态中的权利对照，来把各种政府的利弊加以权衡，同时我们也可按照这些政府的性质和时间所必然引起的那些变革，来把今天已经出现的和将要出现的那种不平等的不同面貌揭露出来。我们可以看到人民大众在国内被一系列、他们为了抵御外敌而采取的那些预防办法相同的办法所压迫；我们可以看到这种压迫在继续不断地增加着，而被压迫者永远不知道压迫有无止境，也不能知道何种方法才是他们阻止压迫的正当的方法；我们可以看到公民的权利和国民的自由渐渐地被消灭，弱者的抗议和要求被当作是煽乱的怨言；我们可以看到政府把保护公共利益的荣誉只限于受雇佣的贪利的那一小部分人；我们可以看到从此产生了征税的必要，以及失望的农夫甚至在和平时期也离开其田地弃犁而佩剑；我们可以看到那些不幸的、奇怪的关于荣誉法规的产生；我们可以看到祖国的保卫者迟早变为祖国的敌人，并不断地拿着举起的尖刀对着他们的同胞；而且会有这样一个时候，那时人们可以听到他们向国内的压迫者说道：

假如你命令我用利刃去刺我兄弟的胸膛

或者命令我用利刃去刺我怀孕妻子的腹脏

我会完成你的命令，尽管我的臂膀在反抗

从地位和财产的极端不平等中，从热情和才能的差异中，从无益的技术、有害的技术和无关紧要的科学的多样性中，产生了无数的同样违反理性、幸福和美德的偏见。我们可以看到，首长们煽动起各种能够把聚集的人们加以削弱并使之分离的事情；各种对于社会给以表面上和睦的实际上却播下分裂的种子的事情；各种能以权利和利害对立的办法来鼓舞不同等级的人们互不信任和互相憎恨从而加强他们包含一切事物的权力的事情。

这个逐渐抬起丑恶脑袋的，并吞灭国家各部门中的一切善良、健康事物的专制，正是从这种混乱和变革之中终于达到蹂躏法律和人民并在共和国的废墟上建立统治的目的。在这最后变化之前的那些时代就是骚乱和灾难的时代；但是最后，一切都被恶魔所吞并了；人民便不再有首长了，也没有法律了，而只有一些暴君。从此时起，也不再有习俗和美德的问题了。因为在专制支配的地方，无论哪里，谁也不能从正直中得到一点希望，专制绝不容许任何其他的主人；一当专制发言的时候，立即就没有诚实和义务可以作为指南；极盲目的服从就是奴隶们所有的唯一美德。

16. 不平等的顶点

这里就是不平等的顶点，也就是结束了循环并到达我们所由之出发的起点的终极点；这里，一切个人之所以又

是平等的，正是因为他们都等于零，而且，臣民除了主人的意志以外再没有别的法律，主人除了自己的热情以外也再没有别的规则，因此，善的观念和正义的原理又重新消失了；这里，一切都回复到最强者的唯一法律上来，从而也是回复到一个新的自然状态上来，但这种自然状态和我们曾由之开始的那种自然状态有所不同，因为一个是纯粹的自然状态，另一个则是过度腐败的结果。可是，在这两种状态之间几乎是没有差别的，而且，政府契约已被专制取消到这样的程度，以致专制暴君只有当他是最强者的时候才是主人；并且，一旦人们能够把他驱逐，他就不能抱怨暴力。以绞杀或废除暴君为结局的那种暴动，较之暴君昨天用以处置其臣民的生命、财产的那些行为，同样是合法的行为。暴力支持他，暴力也推翻他。一切事物都是这样地按照自然秩序前进的；并且，不管这些短暂而频繁的革命的结果是什么，任何人都不能怨恨他人的不公正，而只有怨恨自己的不谨慎或不幸。

如果各位细心的读者这样地去发现和追溯那条道路，那条把人类从自然状态引导到社会状态的、已被人们遗忘、迷失了的道路；如果用我刚才所指出的那些中间状态，来把我因时间匆促而省略、或因想象力所不及而没想到的那些状态加以恢复；那么，他们对那分开这两种状态的广大空间，恐怕只能感到惊奇。正是在这事物的缓慢递嬗中，他们将会发现哲学家们所不能解决的无数的道德问题和政治的解答。他们将会悟知，此一时代的人类并不是另一时

代的人类，第欧根尼[①]之所以没有发现一个人，其原因就是因为他在其同时代的人中寻求以往时代的人。他们将会说道，伽图之所以和罗马与自由同归于尽，正是因为他不适合他所在的时代；这位最伟大的人如果生在五百年前，或许会让他所治理的世界感到震惊。总而言之，他们将会说明，人的心灵和热情是怎样不知不觉地变坏的，同时也可以说是怎样变更其本性的；我们的需要和我们的娱乐为什么渐渐地变换了对象；为什么在原始人逐渐消失的时候，社会在贤者的眼中却呈现出一种非天然的人和人为情欲的集合物，——这些非天然的人和人为情欲乃是所有这些新关系的产物，而且在自然状态中并没有任何真实的基础。关于这个问题，我们因沉思而知道的东西都被观察所证实：野蛮人和文明人在心情和意向的深处有那么样的不同，以致构成一方的最幸福的东西却使得他方陷于绝望。野蛮人仅仅渴望安宁和自由；他只愿过着闲散的生活和处在闲散的状态之中；即使斯多葛学派的恬静亦不及他们对身外一切事物的深深的冷淡。相反的，现时的文明人则是终日勤勉的，并为寻求更加勤劳的事业而不断地流汗、忙碌和受苦；他一直劳苦到死，他甚至为了使自己能够生存而冒死，或者为了求取永生而舍弃生命。他逢迎其所憎恶的权贵及其所轻视的富人；他尽心竭力地去获得为他们效劳的光荣；他骄傲地自夸自己的卑贱和受他们的保护；而且，他以其奴隶身份为荣，并轻蔑地谈论那些无福分享这种光荣的人

① 公元前413—323年，希腊哲学家，他厌恶社会，崇拜自然。他最有名的故事是白昼打着灯笼走路。人家问他为什么，他说：“我在找人”。

们。一位欧洲大臣的繁重的却令人羡慕的工作，对于一个加勒比人来说，会有怎样的看法呢？这种悠闲的野蛮人宁愿选择多少种残酷的死亡，也不愿常常受到纵然有成功的快乐也不能得到缓和的那种生活的恐怖啊！而且，他们要了解文明人如此劳神的目的何在，就必需在其心中具有权势和声望这些词汇的概念；他就必需知道有一种人能够把世界上其余人们的看法加以重视，并且不是根据自己的证明而是根据别人的证明来认识自己是否幸福。实际上，所有这一切区别的真正原因就是：野蛮人是自己独自生活着的；社会中的人则经常是在自己之外生活在他人的意见之中；并且可以说，这种人只是从他人的判断中得出自己的存在意识的。我的主题不在于指出：从这样的倾向中为何对于善恶那么漠不关心，虽然我们有许多卓越的道德论；为什么在一切归结为表面的时候，一切都变为人为的和假装的：名誉、友谊、美德、乃至恶行本身也不例外，我们从这一切之中终于发现了炫耀自己的秘诀；总而言之，尽管我们处在那么多的哲学、人道、礼仪和崇高的格言中间，但对于我们究竟是什么这一问题，我们为何经常向他人发问而从不敢向自己发问，因此，我们只有一种虚伪而浮薄的外形：无美德的名誉，无智慧的理性，以及无幸福的快乐。我已经证明了这绝不是人类的原始状态；同时也证明了只是社会精神和社会所造成的不平等使我们的一切天然倾向受到这样地改变和败坏，我认为这已足够了。

我已经力求在这些事物能被唯一的理性知识从人类的本性中演绎出来为限，但不依赖于那些对至高无上权力予以神权认可的神圣教义，说明了不平等的起源和进展、政治社会的成立及其弊害。从这一说明中得出的结论就是，不平等在自然状态中是几乎没有的，因此，不平等是从我们能力的发展和人类智能的进步中获得力量和成长的，并且是因私有制和法律的制定而终于变为持久的和正当的。还可得出结论就是，仅为制定法所认可的道德上的不平等，当与生理上的不平等不相称时，就和自然法相冲突：这个区别充分决定了我们对于流行在一切文明人之间的种种不平等应当考虑些什么问题；因为，儿童指挥老年人，愚人指导聪明人，一小撮人拥有过多的东西而大量饥饿的人则缺乏必需品，这显然是违反自然法的，无论人们能给自然法下个怎样的定义。

三、爱弥儿（论教育）

1. 智的教育

自十二岁至十五岁为智的教育时代。

①童年的体力与欲望

人，在少年以前，生命的全部都处在柔弱的时期，但在这期间，也正是他体力的增长超过他的欲念的时候，所以，这个成长中的人，从绝对的意义说来虽然是很柔弱，但从相对的意义说来，已经是变强了。虽然他的欲念还没有全部发展，但他现时的体力除满足他的欲念以外，还绰绰有余。相对于成人，他还很柔弱，但作为孩子，他已经非常的强壮了。

人为什么在此时会显得柔弱呢？那是由于体力和欲望不平衡。是欲念使我们变得这样柔弱的，因为要满足我们的欲念，所花费的体力，比大自然赋予我们的体力还多得多。所以说，减少我们的欲念，就等于增加我们的体力：体力多于欲念的人，体力有剩余，因此他当然是长得很强健的。现在是到了童年的第三个阶段了，而我目前要阐述的，也就是这个阶段。由于没有适当表达的词，所以我依然把它叫“童年”，到了这时候的年纪，就接近少年了，

不过还没有到春情发动的时期。

在十二三岁的时候，孩子的体力的增长，比他的欲念的增长快得多。他还没有感觉到有什么非常强烈的欲念；他的器官还处在不成熟的状态，好像是在等他的意志去加以强化，它才脱离那个自然状态似的。他对空气和季候的伤害满不在乎，根本就不把它们看在眼里；他的体温就代替了他的衣服；他的食欲就是他调味的佐料，凡是能够营养人的东西，在他这个年纪的时候都是好吃的；如果他困倦了，他躺在地上就可睡了；他到处都能发现他需要的东西；他没有任何臆想的需要使他感到烦恼；别人说些什么，对他是不发生影响的；他的欲望不超出他的两手所能达到的范围；他不仅自己能满足自己的欲望，而且他的体力除了满足欲望的需求以外还有剩余；在他的一生中，只有这个时期他才是这样的状况。

我预料到有人要表示反对的。他们不说孩子们的欲念比我所说的要多，而是否认孩子们有我所说的那种体力；他们不想一下，我说的是我的学生，而不是在一个屋子里拿着玩具从这个房间游荡到另一个房间的活动玩偶。也许有人说，只有到了年富力强的时候才有雄健的精力；只有生命的元气在本体中炼成之后散布于全身，才能使肌肉长得又结实又有弹性，从而产生真正的力量。这是凭空想象的说法；至于我，我是要凭经验来看的。我在乡间看见一些长得高高的孩子，也和他们的父亲一样，能锄地耕田，能搬酒桶和赶大车，如果不从他们的声音听出他们是小孩子的话，你也许还把他们当作大人咧。就说城里吧，有一

些年轻的工人、铁匠、马匠和马掌匠，差不多同他们的师傅是一样地健壮，如果及时给他们以训练的话，其熟练的程度也不比他们的师傅差。如果说有差别的话（我也同意是有差别的），我再说一遍，这个差别，比一个大人的种种强烈的欲念和一个孩子的有限欲念之间的差别还是小得多的。何况这里的问题还不单单是指体力，而尤其是指弥补或运用体力的精神能力。

在这个阶段中，个人的体力超过了他的欲望的需要，所以，说这个阶段不是他的绝对的体力达到最高峰，而是相对的体力达到最高峰。这是生命中最珍贵的时期，一生中只有一次；而且特别短促，尤其是想到怎样善于利用这段时间对他是至关重要的时候，就更觉得它是非常短促了。

那么，他将怎样利用他所有这些在目前看来是过多而将来成长到更大的年岁时就不会是过多的天资和体力呢？他将在必要的时候尽量把它们用到有益于他本身的事情上。他可以说是把他现在的生命的多余部分投放于将来：强壮的孩子为柔弱的成人准备食粮；不过，他是不会把他的东西放在可能被别人偷走的箱子里，或者放在不属于他自己的仓房里的。为了要真正占有他所取得的东西，就要把它们放在他的手里和头脑里，放在他自己的身体里。所以说现在是到了工作、教育和学习的时期了。请你们注意的是，这并不是我们任意选择的，而是大自然指导他这样做的。

②必要的知识

人的智慧是有限的；一个人不仅不能知道所有一切的事物，甚至连别人已知的那一点点事物他也不可能完全知道。既然每一个错误的命题的反面都是一个真理，所以真理的数目也同谬误的数目一样，是没有穷尽的。因此，我们对施教的内容和适当的学习时间不能不进行选择。在我们所能获得的知识中，有些是假的，有些是没有用的，有些则将助长具有知识的人的骄傲。真正有益于我们幸福的知识，为数是很少的，但是只有这样的知识才值得一个聪明的人去寻求，从而也才值得一个孩子去寻求，因为我们的目的就是要把他培养成那样的聪明人。总之，问题不在于他学到的是什么样的知识，而在于他所学的知识要有用处。

在这为数很少的知识中，凡是那些必需要具有十分成熟的理解力才能懂得的，凡是那些牵涉到一个孩子不可能理解的人的关系的，以及那些尽管本身是真实的，但将促使一个没有经验的人对其他的问题产生错误想法的，都要通通抛开，不能拿来教育孩子。

这样一来，你就把你要教的东西限制在一个同现时的事物有关的很小的范围了；不过，这个范围，以孩子的思想衡量起来，仍然是一个很广阔的境界。人类理性的深渊，哪一个胆大之人的手敢来揭开你的面纱？我看见我们那些华而不实的种种学科在这个不幸的孩子周围造成了许多的陷阱！啊，你在这危险的小径上带着他走的人，你这位为他揭开遮在他眼前的自然的神圣的帷幕的人，不要慌忙！你必需首先使他的头脑和你的头脑保持清醒，不让他或你，或者你们两人都感到昏眩。要当心谎言的奇异的魅力，要当心骄傲的迷人的烟雾。要记住，要时时记住，一个人的无知并没有什么坏处，而唯有谬误才是极其有害的；要记住，人之所以走入迷途，并不是由于他的无知，而是由于他自以为知。

他在几何学上的进步可以作为他的智力发展的证明或一定的测量尺度；但是，一到他能辨别哪些东西有用或无用的时候，那就需要有很好的安排和方法，去引导他进行思考了。例如说，当你要他在两根线的中间找一个比例中项的时候，开头就要设法使他觉得需要找一个同一定的矩形相等的正方形；如果要他找两个比例中项，就首先给他讲一下有趣的立方体的二倍问题，等等。你看，我们就是这样逐步逐步地取得分辨好坏的道德观念的。到现在为止，我们除需要的法则以外，对其他法则都是不知道的；现在我们要谈如何致用，而且不久还要谈到怎样才用得合宜和用得正确。

同一种本能可以刺激人的不同的官能。当身体的活力极度发达的时候，精神的活力也跟着要受到教育。开始，孩子们只不过是好动，后来就变得好奇；这种好奇心只要有很好的引导，就能成为我们现在所讲的这个年龄的孩子寻求知识的动力。我们始终要区别，哪些倾向是产生于自然，哪些倾向是产生于偏见。有一种求知热的产生，完全是由于想使别人尊敬他为一个学者，而另外一种求知热的

产生，则由于人对所有一切在目前或将来同他息息相关的事物有一种自然的好奇心。一方面他生来就有谋求幸福的欲望，而另一方面又不能充分满足这种欲望，因而他不得不继续不断地寻求满足他的欲望的新的方法。这就是好奇心的第一本原，这个本原是自然而然地在人的心中产生的，但它的发展是必需同我们的欲望和知识成比例的。假定有一个科学家带着他的仪器和图书隐居到一个荒凉的岛上，并且决心单独一个人在那里度过他的余年，那他是不会再自找麻烦地去研究什么天体说、引力法则和微积分的，也许他终其身是一本书也不看的；然而在另一方面，不管那个荒岛是多么大，他都是禁不住自己的游览全岛的欲望，一直到最偏僻的角落也要去看一看的。所以，在儿童时期学习的东西中，还需要抛弃那些不适合于我们天然的兴趣的东西，而且要把学习的范围限制于我们的本能促使我们去寻求的知识。

就人类来说，这样的岛就是地球，而最引人注目的东西则是太阳。当我们一开始远望他处的时候，我们的目光首先看到的就是这个岛和那个太阳。差不多所有一切的野蛮人都思考过地球的想象的区域和太阳的神性。

人们也许会说："变化得多快啊！"我们刚才还只是谈到直接接触和围绕在我们周围的东西，而现在又忽然要去周游地球，要跳到天边去了！这个变化是我们的体力和我们的思想发展的结果。当我们处在身体柔弱和体力不足的时候，我们的注意力都集中于怎样保存我们的生命，而在我们达到年富力强的时候，我们扩展我们生命的欲望不仅

使我们超过了上面所说的范围，而且还使我们尽量地瞻望远远的地方；但是，由于我们还没有接触过知识的世界，所以我们的思想就不能超过我们眼睛所能看到的界限，我们的理解能力只能随它所涉猎的范围而发展。

③感觉的世界

我们要把我们的感觉变成观念，但是不要从感觉的对象一下就跳到思想的对象。我们必需通过前一种对象达到后一种对象。在最初的思想的活动中，完全是以感觉为指导的。以世界为唯一的书本，以事实为唯一的教训。孩子读书并不等于就是在运用思想，他只晓得读书；他不是在受教育，而是在学文句。

使你的学生去观察自然的种种现象，不久以后就可使他变得非常好奇；不过，为了培养他的好奇心，就不能那么急急忙忙地去满足他的好奇心。你提出一些他能理解的问题，让他自己去解答。要做到：他所知道的东西，不是由于你的告诉而是由于他自己的理解。不要教他这样那样的学问，而要由他自己去发现那些学问。你一旦在他心中用权威代替了理智，他就不再运用他的理智了，他将为别人的见解所左右。

你为了教这个孩子学地理，就给他弄来了许多地球仪、天象仪和地图。多么完备啊！为什么要用这些代表实物的东西呢？你开头应当使他先看原物，以便使他至低限度能够知道你给他讲的是些什么！

在一个美丽的黄昏，我们到一个幽静的地方去散步，在那里，开阔的地平线可以让我们看到日落的全景；我们注意地观察了日落之处的景物，以便记得那个地方。第二天，我们为了呼吸新鲜空气，就在日出以前又到那里去。太阳还没有出来，我们就远远地看到了它发出的火光。火光愈来愈大，整个的东方好像都烧起来了似的；火光迸发之后，我们等了很久还是没有看到太阳，每一个瞬间我们都以为它要出来了，到最后我们才终于看到了它。一个明亮的光点像闪电似的出现在眼前，而且立刻充满了整个空间；黑暗的帷幕落下去了。人们又看见了他们居住的地方，发现它们已经变得很美丽了。夜里，绿茵获得了新的活力，黎明照耀着它，初升的阳光给它镀上了金黄的颜色，盖上一个用露珠织成的亮晶晶的网罩，把它的光彩和颜色反映在人们的眼里。鸟儿在一起合唱着歌调，欢迎那一切生命的父亲；在这个时刻，没有哪一只鸟儿是不唱歌的，它们的鸣啭之声虽然微弱，但在一天之中只有这时候的歌声最柔和，流露出从睡梦中恬然醒来的倦意。所有这些情景的交相配合，给我们带来了一种沁透心灵的清新的感觉。在这半个小时当中，没有哪一个人不为之神往；面对着这么壮观和美妙的一种景色，谁也不能无动于衷。

老师的心中热情洋溢，他想把这种感受传达给孩子，他以为使孩子注意那些触动他本人的情感的地方，就可以使孩子受到同样的感动。这完全是愚蠢的想法！自然景色的生命，是存在于人的心中的，要理解它，就需要对它有所感受。孩子看到了各种景物，但是他不能看出联系那些景物的关系，他不能理解它们优美的谐和。要能感受所有

这些感觉综合起来的印象，就需要有一种他迄今还没有取得的经验，就需要有一些他迄今还没有感受过的情感。如果他从来没有在干燥的原野上跑过，如果他的脚没有被灼热的沙砾烫过，如果他从来没有受过太阳照射的岩石所反射的闷人的热气，他怎能领略那美丽的早晨的清新空气呢？花儿的香、叶儿的美、露珠的湿润，在草地上软绵绵地行走，所有这些，怎能使他的感官感到畅快呢？如果他还没有经历过美妙的爱情和享乐，鸟儿的歌唱又怎能使他感到陶醉呢？如果他的想象力还不能给他描绘那一天的欢乐，他又怎能带着欢乐的心情去观看那极其美丽的一天的诞生呢？最后，如果他不知道是谁的手给自然加上了这样的装饰，他又怎能欣赏自然情景的美呢？

绝不能向一个孩子讲一番他听不懂的话。不要描绘形容，不要滔滔论辩，不要咬文嚼字，不要吟诵诗句。现在还谈不上感情和风趣。说话仍旧要那样的简单明了和十分冷静；要采用另外一种语言的话，的确是太早了。

如果按照我们的准则精神去培养他，使他习惯于制作他所需要的一切工具，只有在确实知道自己力量不足时才去求助于别人，那么，他看见每一种新事物的时候，就会一声不响地仔细观察的。他是好思而不是好疑。因此，你可在适当的时候让他看到一些事物；此后，当你看见他的好奇心已充分动起来了，就向他提出几个简明的问题，引导他去解答他心中觉得稀奇的地方。

就拿上面所讲的事例来说吧，在你同他一块儿好好地观赏了太阳的升起之后，在你叫他注意地看了那个方向的山脉和附近的景物，并且让他随意地谈了一下日出的景致以后，你就沉默一下，好像是在深思似的，然后对他说："我记得昨天晚上太阳是落在那里的，可是今天早晨却从这里升起来。这是怎么一回事情呢？"不要多说下去了。如果他问你问题，你也不回答，把话扯到别的事情上去。让他自己去解答，保证他要去思考的。

为了使一个孩子养成事事留心的习惯，为了使他把某一个明显的真理印记在心，就必需让他对那个真理花几天的心思，把它弄个明白。如果他按照这个方式还是不能把上面所讲的日出的事情想出一个所以然来，我们也有办法使这个真理更易于为他所了解，这个办法就是把问题颠倒过来问他。如果他不知道太阳是怎样从落下到升起的，他至少知道它是怎样从升起到落下的；这一点，他单单用眼睛就可以看出来。因此，你就可以用后面这个问题去阐明前面那个问题：除非你的学生是绝对地愚蠢，否则这个推论简直是明显得使他不能不得出一个答案的。这样就给他上了第一课宇宙学了。

由于我们总是慢慢地由一个可以感觉的观念到另一个可以感觉的观念，由于我们对同一个观念要熟悉很久之后才转到另一个观念去，最后，由于我们绝不采取强迫学生用功的办法，所以，从这第一课起，还需要经过一段很长的时期之后才能讲到地球的运行和太阳的形状。

我们在仲夏的时候看过日出，我们在圣诞节或一个冬天的晴朗的日子里还要去看日出，正如大家所知道的，我们不是懒人，我们把冒寒受冷看成一种乐趣。我特地选

在我们第一次观察天象的地方进行第二次观察，只要把观察的准备工作做得很巧妙，他或我不免要惊诧地叫道："啊，啊！这才有趣咧！太阳不是从原来那个地方升起来的！我们原来的记号在这里，可是它现在却从那里升起来"，等等。"可见有一个是夏天的东方，有一个是冬天的东方……"年轻的老师，你现在是找到了教导的路径了。这些例子足以说明，你采取用地球讲地球、用太阳讲太阳的办法，是可以把天体讲解得非常清楚的。

④科学教授法

在一般的情况下，只有在你不可能把一个东西拿给他看的时候，你才能用符号去代替那个东西，因为符号将吸引孩子的注意力，使他忘记那个被代表的东西。

我觉得，浑天仪这个仪器的构造很不好，各部分的大小很不调和。它那些乱七八糟的圆圈和画在上面的图形，使它看起来好像是一本巫师的魔书，因此将使孩子们感到害怕。地球太小，圆圈太大、太多。有些圆圈，例如分至圈，是一点用处也没有的；每一个圆圈都比地球大；由于纸板太厚，所以显得很硬，使人觉得它们是真有其物的一些圆东西；当你告诉孩子说这些圆圈是想象的，他就不知道他所看到的究竟是什么东西，不明白它们到底有什么用处。

我们从来没有设身处地地揣摩过孩子的心理，我们不了解他们的思想，我们拿我们的思想当作他们的思想；而且，由于我们始终是按照自己的理解去教育他们，所以，

当我们把一系列的真理告诉他们的时候，也同时在他们的头脑中灌入了许多荒唐和谬误的东西。

对研究学问究竟是选用分析的方法还是选用综合的方法，人们是有争论的。并不是只能在这两者当中选择其一的。有时候，我们在同样的研究课题中可以进行分析，也可以进行综合，在孩子认为应当采取分析方法的时候，你就用综合的方法去指导他。这两个方法同时采用，可以起互相验证的作用。从两个对立的地点同时出发，经过不同的路线而相会在一起的时候，必然会使他感到十分惊奇，这样的惊奇之感是非常地令人愉快的。举例来说，我教地理就要从两极教起，讲过了地球的旋转之后，就进而从我们居住的地方开始测量地球的各个部分。当孩子研究天体。把自己的心神荡漾在天空的时候，你就把他带回来研究地球的划分，而且首先把他自己居住的地方讲给他听。

他的地理课上所讲的头两个地点，是他居住的城市和他爸爸的乡间别墅，然后是这两个地点之间的村镇和附近的河流，最后才讲太阳的样子和定方位的方法。这里就是会合点了。叫他自己把所有这些都画成一个地图，非常简单的地图，起先只画两个地方，然后在他知道或估计出其他地方的距离或位置的时候，才渐渐把那些地方加在图上。你现在可以看出，我们教他采取以自己的眼睛做罗盘的方法，就先给他提供了一个多么大的利器。

尽管这样，你当然还是要给他一些指导的，不过是很少的一点指导，要少到使他看不出来。如果他搞错了，就让他搞错，用不着去改正；你静静地等着他自己去发现和

更改好了，或者，至多也只能在适当的时候画几下，引导他自己觉察出他的错误来。如果他一直没有出过错的话，他就不会学得那么好了。此外，问题还不在于要他精确地画出那个地方的地形，而在于使他学会画地形的方法；他头脑中是不是记得一些地图，其关系是不大的，只要他能够了解到它们代表什么，而且对画图的艺术有一个明确的观念就行了。在这里已经看得出你的学生的学识和我的学生的无知之间的差别了！你的学生能看地图，而他则能画地图。能画地图，他的房间又将有新的装饰了。

你要始终记住，我所施行的教育，其精神不是要教孩子很多的东西，而是要让他头脑中获得完全正确的和清楚的观念。即使他一无所知，那也没有关系，只要他未受欺骗就行了；我之所以向他的头脑中灌输真理，只是为了保证他不在心中装填谬误。理智和判断力的发展是很慢的，然而偏见却大量地产生，需要预防的正是种种的偏见。但是，如果你从学问的本身来看学问，则你将掉进一个充满暗礁和无边无际深不可测的海洋，而且永远也不能从海中游出来的。当我看见一个热爱知识的人，沉湎于知识的美，学了一门知识又赶快去学另外一门知识，而没有一刻停息，我就认为，我所看到的这个人就好比在海滩上拾贝壳的孩子，起初拾了一些贝壳，可是看到其他的贝壳时，他又想去拾，结果扔掉一些又拾到一些，及至拾了一大堆贝壳不知道选哪一个好的时候，只好通通扔掉，空着手回去。

在幼年时期，时间是很长的，所以我们要尽可能地放弃一些时间，以免把它们用错了。而现在的情况则相反，

我们的时间用来做有益的事情还不够哩。你要知道的是，欲望已经快要到来了，当它敲门的时候，你的学生的心就不再注意别的而只是注意于它了。智慧的平静的年岁是那样地短促，它过得那样迅速，它还有许多其他的必要的用途，所以，企图在这段期间把一个孩子培养成一个很有学问的人，实在是一种妄想。因此，问题不在于教他各种学问，而在于培养他有爱好学问的兴趣，而且在这种兴趣充分增长起来的时候，教他以研究学问的方法。毫无疑问，这是所有一切良好的教育的一个基本原则。

在这段期间，也正好使他慢慢养成持久地注意同一个事物的习惯；不过，这种注意力的产生，不是由于我们的勉强，而是由于他有那种兴趣或欲望；应当特别注意的是，不要因此就加重了他的负担，以至使他感到厌倦。所以要时时注意，不管怎样，在他快要困倦的时候，什么事情都要停下来；因为重要的不是要他学多少东西，而是不要使他做任何违反他的意志的事情。

倘使他自行向你提出一些问题，你就看怎样能引起他的好奇心就怎样回答，而不要去考虑如何满足他的好奇心；特别是当你发现他不是为求知而发问，而是胡说八道地问你一大堆没头没脑的问题时，你就应该马上停止回答，因为这时他在心中所想的不是你们所讨论的事情，而只是怎样用许多的问题来找你的麻烦。需要注意的不是他所说的话，而是促使他说话的动机。我这句忠言，在此以前并不是一定要你们非采纳不可的，但是，一到孩子能开始运用理智的时候，就看出了它有头等重要的意义，不能不请你

们接受了。

在普遍的真理中有一条锁链，通过这条锁链，所有一切的学科都跟共同的原理联系起来，一个接着一个地发展；这条锁链就是哲学家的方法。不过，我们在这里用的不是这种方法。还有另外一种完全不同的方法，通过这个方法，每一个特殊的事物将联系到另外一个特殊的事物，而且指出跟在它后面的事物是什么样子。这个次序可以不断地刺激人的好奇心，使人对每一个事物都加以注意，所以，不仅大多数成人要按这个次序观察事物，小孩子则尤其要按这个次序观察事物了。当我们定好方向画地图的时候，就需要画出子午线。在早晨和晚上的两个相等的投影之间有两个交叉点，可以作为一个十三岁的天文学家的一条很好的子午线。但是，这种子午线是要消失的，需要花一些时间才能把它们画出来，而且还非在同一个地方画它们不可；像这样花心思和挺麻烦的工作终归要使他感到厌倦的。这一点，我们早已料到，有了准备。

现在，我又要在这里详细地谈一件事情了。读者诸君，我已经听见你们在嘟嘟哝哝地发牢骚，我是不怕听你们这些牢骚话的，我绝不能因为你们不耐烦，就把本书中最有用的部分略而不讲。听不听我详细长谈，请随你们的便；至于我，我是决心不顾你们的牢骚要继续讲下去的。

很久以来，我的学生和我都发现琥珀、玻璃和蜡这些物体经过摩擦之后，就能把干草吸起来，而其他的物体则不能。有一次，我们偶尔发现有一种物体的性质比它们还稀奇：它不经过摩擦也能把隔得相当远的铁屑和铁片吸起

来。我们花了许多时间来观赏这种物体的性质，但是看不出一个所以然来！最后，我们发现这种性质竟传到了铁的本身，使铁在一定的方向中磁化了。有一天，我们到市集上去，看见一个玩戏法的人用一块面包去逗引一个在一盆水上游动的蜡制的鸭子。我们大为惊异，可是并没有把我们惊异的心情说出来，我们并没有说那个人是一个巫师，因为我们还不知道什么叫巫师。我们虽然是继续不断地看到这些我们不知其原因的现象而感到惊异，但我们并不急于想研究它们究竟是怎样一回事情；我们安然处在我们的无知的状态，要等到有机会的时候才把它们弄个一清二楚。

回到家里的时候，由于谈起市集上的那只鸭子，我们就想照着它做一个。我们拿一根完全磁化了的针，外面包以白蜡，尽量做成一个鸭子的样子；再使针穿过鸭身，针尖做鸭子的嘴。我们把鸭子放在水上，我们用一个钥匙环去接近它的嘴，这时候，你们可以想象得到我们是多么快乐。我们发现我们的鸭子跟着钥匙游动，完全同市集上看到的跟着面包游动的鸭子是一样的。我们还注意到，我们让鸭子在水上静止不动的时候是朝着哪个方向的，以便下次再那样做。现在，我们把心全都放在这件事情上，再也不想做其他的事情了。

当天傍晚，我们又到市集上去，并且在衣袋里放了一个特制的面包；那个演戏法的人演过之后，我的这位小博士简直沉不住气了，他对那个演戏法的人说，这个戏法并不难，说他自己也会演。他说了就做：他立刻从衣袋里拿出那个藏有铁块的面包，他向着桌子走过去的时候，他心

里扑扑地直跳，他的手一边颤抖，一边把面包拿过去，鸭子游过来，跟着他所带领的路线游来游去；这时候，孩子高兴得大跳大叫起来。一听到观众的鼓掌喝彩，他简直乐得晕头转向，忘乎其形了。那个玩戏法的人虽然感到很窘，但仍然走过去拥抱他，祝贺他，并且请他第二天也光临表演，还说他将招徕更多的观众给他表演的技巧捧场。我们这位骄傲的小科学家正想说话的时候，我马上封住他的嘴，带着他满载荣誉而归。

这个孩子带着一种可笑的焦急心情在那里一分钟一分钟地一直计算到第二天。他把他遇见的人都邀请去了，他希望整个的人类都来做他的光荣的见证；他不愿意等到规定的钟点才表演，他要把时间提前，因为人们像潮水似的赶来，大厅里已经是坐满了人。在走进大厅的时候，他幼稚的心乐得几乎跳出来了。有一些魔术是排在前面演的，那个演戏法的人拿出他平时没有显过的本领，表演了一些惊人的节目。这个孩子对那些节目瞧也不瞧；他着急，他冒汗，他呼吸也感到急促；他把手放在衣袋里弄他那块面包，一只手急得发抖。他表演的时刻终于到来了，那个魔术师很隆重地向观众报告了他的节目。他羞答答地走过去，他把面包拿出来……人间的事情真是多变啊！那个鸭子昨天还是很听话的，而今天却变得如此不驯了；它不但不把嘴伸过来，反而掉转尾巴就逃跑了；它昨天是怎样唯恐不及地跟着面包游动，今天也怎样唯恐不及地躲避面包和把面包拿到它嘴前的手。无数次的试验都宣告失败，观众嘘叫不已：这时候，孩子抱怨说大家在骗他，说原来那只鸭

子已经被人调换了，最后还挑那个玩戏法的人也拿现在这只鸭子照样地表演。

那个玩戏法的人一句话也没有回答，拿着一块面包就向鸭子送去；那只鸭子立刻过来，游到那只拿面包的手的跟前。孩子又把他那块面包拿去逗鸭子，但是，不仅没有比先前做得成功，他看见鸭子反而同他开起玩笑来了，它绕着盆子直打转，弄得他只好狼狈不堪地走开，不敢再听观众的嘘叫了。

这时候，那个玩戏法的人把我们这个孩子带来的面包拿在手中，而且同用他自己的面包一样地表演得非常成功；他当众把面包里的磁铁取出来，又引起大家对我们一阵嘲笑；他用这块空心面包也照样能带领鸭子游水。他还把另外一个面包当众交给一个第三者掰开以后，用来表演这个戏法；他用他的手套表演，用他的手指头表演，都同样地成功；最后，他走到大厅的中央，用他们那个行业的人惯有的声调向观众大声宣布说，他的鸭子不仅听他的手势的指挥，而且还能听他的声音的指挥：他向它说话，它马上就服从；他叫它向右，它就向右；他叫它回来，它就回来；他叫它转弯，它就转弯；总之，命令一下，它立刻就照命令行动。观众一再鼓掌欢呼的声音，对我们来说就是一再地羞辱。我们悄悄地溜走了，我们关在屋子里，没有照我们原来的计划到处去讲述我们的成功。

第二天，听见有人在敲我们的门；我把门打开一看，原来是那个玩戏法的。他用谦和的语气诉说他对我们的行为的不满。他说我们不该去拆穿他的戏法和剥夺他谋生的

手段，在玩鸭子游水这个戏法上，干吗要为了争一点荣誉就牺牲一个诚实的人的衣食呢？“老实说，先生们，要是我有其他的谋生的本领，我也不会以我有这点本事为荣的。你们要知道，玩这种小戏法玩了一生的人，对这个戏法当然是比你们只花了一会儿研究工夫的人知道得更清楚的。我之所以在起初没有表演我的拿手好戏，是因为一个人不应该那样傻头傻脑地把他所知道的全部东西一下都亮出来。我要把我的看家本领留下来应付急需，除了这个戏法以外，我还有其他的戏法可以用来防止那些幼稚的鲁莽的人来拆我的台。先生们，我现在是好心好意来把这个曾经使你们如此狼狈的戏法的秘密教给你们，但请你们不要随便乱玩这个戏法，以免对我有所损害，并且请你们在以后的场合做事情必要谨慎一点。”

说完以后，他就把他演戏法的用具拿出来，我们一看就惊奇得不得了：原来是一个上好的磁石做的，另外在桌子下面藏着一个小孩，由他拿着磁石活动，所以观众看不出来。

那个人把他的用具收拾起来，我们对他表示了我们的感谢和歉意之后，想送他一件礼物，他拒绝了。“不，先生们，我不能让自己因为收了你们的礼物就要感谢你们；我要让你们来感谢我，尽管你们是不愿意的；这是我唯一的报复。要知道，各种行业的人都有他慷慨豪爽的地方；我以表演戏法挣钱，而不是以教授戏法挣钱。”

在出门的时候，他竟直叫着我的名字高声责备道：“我可以原谅这个孩子，他的过失是出于无知。可是你，先生，

你明知他做得不对，为什么还让他去做呢？既然你们是在一块儿生活，作为一个年长的人应当关心他和教导他；你的经验就是你的威信，可以用来指导他。当他长成大人，回想到年轻时候的错误而感到悔恨时，他无疑是要把他犯错误的原因归诸你没有事先告诉他的。”

他走了，留下我们两个人都狼狈不堪。我责备我管得太松了，我答应孩子下次为了他的利益绝不再那样松懈，并且要在他未犯错误以前就告诉他哪些是不应该做的；因为，我们的关系即将改变的时刻就要到来，那时候，就要用老师的严格来代替同伴的殷勤了；这种改变应当是逐步逐步地进行的，事先要有充分的准备，老早就要做充分的准备。

第二天，我们又到集市上去看我们已经知道其秘密的戏法。我们带着深深的敬意走近我们那位苏格拉底式的魔术家，我们几乎不敢抬起眼睛来望他；他对我们非常客气，并且让我们安坐在一个很显著的地方，然而这个位置反使我们更加感到羞怯。他照平常那样演他的戏法，但在表演鸭子游水这个戏法的时候，他却演得特别起劲，时间也演得特别长，而且还屡屡带着骄傲的神气看我们。我们一切都明白，可是我们没有吭声。如果我的学生竟敢开口的话，那他真是蠢得要命了。

这个例子所有的一切细节，都有你们想象不到的重要意义。仅仅在一个例子中就包括有这样多的教训！虚荣心的第一次冲动就招来了这样多的严重后果！年轻的老师，你要十分细心地窥察这第一次的冲动。如果你能利用它所

带来的羞辱和不幸[①]，我敢说，在一个很长的时期中将不会再发生这种丧失体面的事情的。“真是小题大做！”你也许会这样说。你说得不错，但在我们看来，这个例子的一切经过就可以作为代替子午线使用的指南针。

在知道磁石可以透过其他物体发生作用以后，我们就急忙一模一样地做一个我们所看到的那种道具：一张空心桌子，上面安装一个很平坦的盆子，盆里盛一些水，此外，再细心地制作一只鸭子，等等。我们经常在盆子周围留心观察，我们最后发现鸭子在静止的时候差不多都是朝着同一个方向的。我们根据这个经验去研究那个方向，我们发现它是由南而北的。有了这个发现就够了，我们找到了我们的指南针，或者说我们找到了同指南针相等的东西了，现在我们要开始研究物理了。

地球上有好几种地带，各个地带的温度都是不相同的。我们愈接近极地，就愈觉得季候的变化非常显著；所有的物体都是冷则收缩、热则膨胀，这个效果在液体中是比较大的，而在酒精中就更加明显了。根据这一点就制出了温度计。风吹拂我们的脸，因此风也是一种物体，一种流体；我们可以感觉它，虽然我们没有任何办法看见它。把一只玻璃杯倒立地插入水中，除非你给其中的空气放条出路，否则水是进不去的，可见空气是有阻力的。再把杯子往水里多按下去一些，水就可以进入空气的空间，但是它不能完全填满那个空间，可见空气是可以压缩到一定的程度的。一个皮球装着压缩空气时，比装着其他任何物质都跳

① 可见这次遭到的羞辱是我而不是那个玩戏法的人设法造成的。

得高，可见空气是一种有弹性的物体。当你洗澡的时候躺着身子，把胳臂平直地伸出水中，你就会觉得胳臂上承受了很大的重量；可见空气是有重量的物体。当你使空气同其他的流体处于平衡的时候，你就可以计算它的重量。根据这些现象，就可以制出气压表、虹吸管、气枪等。所有一切静力学法则和流体静力学法则都是根据一些粗浅的经验而发现的。不过，我们并不是为了制作以上那些仪器而走进物理试验室的，所有那些仪表和设备都引不起我的兴趣。科学的气氛将摧毁科学。因为，不是孩子对那些仪器感到畏惧，就是那些仪器将分散他对它们的效果的注意力。

我希望，由我们自己来制造我们所需要的一切仪器，然而我并不打算在没有经验以前就开始制作我们需要的仪器；我只是在偶尔有了一个经验以后，才慢慢地发明一个仪器去加以证明。我宁可让我们的仪器并不是做得那样地完善和那样地准确，但是我希望我们对它们大概的样子和它们的用法获得十分明确的观念。我的第一课静力学并不是借助于天平来讲解的，而是把一根棍子和椅子的靠背交叉地放着，在放平稳以后就量一量两端的长度，并且在这一端和另一端都加上一些重量，有时相等，有时则不相等，因此就需要斟酌情况把棍子往后面拉一点或往前面推一点，最后，我发现，要取得平衡，就需要使重量同杠杆的长度成反比。这样一来，我的这位小物理学家在没有见过天平以前就懂得怎样校正天平了。

毫无疑问，一个人亲自这样取得的对事物的观念，当然是比从他人学来的观念清楚得多的；而且，除了不使他

自己的理智养成迷信权威的习惯之外，还能够使自己更善于发现事物的关系，融会自己的思想和创制仪器，不至于别人说什么就相信什么，因而在不动心思的状态中使自己的智力变得十分低弱。自己不用心思，好似一个人天天有仆役替他穿衣穿鞋，出门就骑马，最终是要使他的四肢丧失它们的力量和用途的。布瓦洛[①]夸他曾经教拉辛[②]做诗的时候如何下苦功。而我们在许多加速科学研究的好方法中，最迫切需要的方法正是：在科学研究中怎样才能多下苦功。

像这样缓慢而费力气的研究，其最显著的益处是，在运用心思研究的同时，他使身体继续活动，四肢柔和，使两手不断劳动，到长大的时候可以运用自如。由于发明了那样多的仪器帮助我们进行试验，辅助我们的感官达到更精确的程度，因此就使我们不再重视感官的锻炼了。有了经纬仪，就用不着我们去估计角度的大小了；我们的眼睛本来是可以很精确地测量距离的，然而现在却用测链去代替它测量了；有了提秤，我们就无须像从前那样用手去估计重量了。我们的仪器愈精巧，我们的感官就变得愈粗笨：由于我们周围有一大堆机器，我们就不再拿我们自己当机器使用了。

我们原来是以技巧代替机器的，而现在却用技巧来制造机器了；我们原来是不凭借机器而凭借我们眼明手快的才能，而现在也使用这种才能来制造机器了；当我们这样

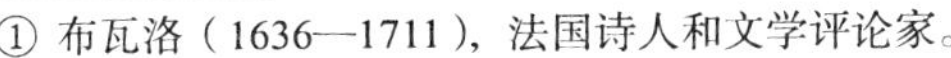

① 布瓦洛（1636—1711），法国诗人和文学评论家。

② 拉辛（1639—1699），法国诗人和剧作家。

做的时候，我们是有所得而无所失的，我们使自然又多了一门艺术，使我们变得更加灵巧，但是我们也并不因此而操作不熟练。如果不叫孩子去啃书本，而是叫他在工场干活，则他的手就会帮助他的心灵得到发展：他将变成一个哲学家，虽然他认为他只是一个工人。此外，这种锻炼还有我在后面将要谈到的其他好处，你们可以看到怎样利用哲学的游戏去培养真正的成人的机能。

我曾经说过，纯理论的知识是不大适合于孩子的，即使孩子在接近于长成少年的时候，对他也是不大适合的。不必叫他去深入钻研理论物理学，而要使他们用某种演绎的方法把他们的经验一个一个地联系起来，以便凭这个锁链把它们井然有序地记在心里，可以在必要的时候回忆得起来；因为，当我们没有回忆的线索的时候，是很难把孤立的事实和论据长久地记在心里的。

在探索自然的法则的时候，始终要从最普遍和最显著的现象开始探起，要常常教导你的学生不要把那些现象当作原因，而要当作事实。我拿起一块石头，假装要把它放在空中，可是我一松手，石头就掉下去了。我看见爱弥儿很注意我的动作，于是我问他："这块石头为什么掉下去了呢？"

有没有哪一个孩子会瞠目结舌地答不出来呢？没有，就说爱弥儿吧，除非我想方设法地使他不知道怎样回答，他也不会说他答不出来。大家都会说，石头之所以往下掉，是因为它很重。重是怎么一回事呢？它要往下掉。这么说，石头之所以往下掉，是因为它要往下掉了？问到这里，我

的这位小物理学家就被难住了。这样就给他上了第一课理论物理学了，不管这一课对他有没有益处，它总是一个应当知道的常识。

⑤游戏、工作与未来

随着孩子的智力愈来愈发展，有一些重要的问题使我们不能不对他所学的东西进行更多的选择。一到他能自行考虑怎样才能获得他自己的幸福的时候，一到他能理解一些重大的关系，从而能判断哪些东西对他是适合或不适合的时候，他就有区分工作和游戏的能力了，他就会把后者看作是前者的消遣了。这时候，就可以拿一些真正有用的东西给他去研究，就应当要求他不仅要像做简单的游戏那样用心，而且还要持之以恒。需求的法则总是反复出现的，它很早就教导人做他不喜欢的事，以防止他可能遇到对他十分不利的恶事。这就是远见的用处。这种远见运用得好，就能使人变得非常明智；如果运用得不好，就能使人受到种种苦难。

所有的人都希望得到幸福，但为了要取得幸福，就必需首先知道什么是幸福。自然人的幸福是同他的生活一样简单的；幸福就是免于痛苦，也就是说，它是由健康、自由和生活的必需条件组成的。道德人的幸福则是另外一回事情；不过，我们在这里要阐述的不是道德人的幸福。我再三再四地说过，只有有形的物质的东西才能引起孩子们的兴趣，尤其是对那些尚未沾染过我们的虚荣，尚未受过我们的偏见的毒害的孩子来说，更是如此。

虽然他们还没有觉察到但已经预料到他们有什么需求的时候，他们的智慧就已经是大有进步了，他们已开始知道时间的价值了。因此，重要的是，要使他们惯于把时间花在有用的事物上，但不过是按他们那样的年龄看来和以他们的智慧理解的有用的事物。所有一切有关道德秩序和社会习惯的东西，都不应该告诉他们，因为他们还没有理解这些东西的能力。愚蠢的是，我们硬要他们把注意力用在人们泛泛地告诉他们说是有益于他们的幸福的事物上，然而那种幸福是什么样子，他们是不知道的；人们还告诉他们说，他们长大的时候可以从那些事物中得到益处，然而目前他们对这种所谓的益处是毫无兴趣的，因为他们对它根本就不理解。

不能让孩子照别人的话做，除了他自己觉得对他是有益处的事物，其他的一切事物对他都是没有益处的。当你经常要他去做非他的智力所能理解的事情时，你认为是在未雨绸缪，其实你是没有懂得未雨绸缪的意义的。你为了拿一些他也许永远也用不着的徒有外表的工具去装备他，你就不让他使用人类的万能工具——常识；你使他习惯于听从人家的指挥，成为人家手中的工具。你希望他小时候是非常地柔顺，这就等于要他在长大的时候成为易受欺骗的老憨。你不断地对他说：“我要你做的所有一切事情，都是对你有利的，可是你不明白这一点。我的话，你照不照着做，同我有什么关系呢？你所做的这些事情，也只是对你一个人有好处。”你认为向他说这一番好听的话，就可以使他变得很聪明，其实你是在替空谈家，在替骗子、

恶棍和各种各样的狂人打开大门，好让他们有一天也用这种好听的话引他上他们的圈套或者跟着他们胡作非为。

重要的是，一个大人对孩子不知其用途的种种事物应当有深深的了解，但是，所有一切大人应当了解的事物，一个小孩子是不是也需要了解和能够了解呢？如果你尽量教孩子学习在他那个年龄看来是有用的事物，你就发现，他的时间是充分利用了的。你为什么硬要他牺牲适合于他今天学习的东西，而去学习他未必长到那样大的年龄才适合于学习的东西呢？你也许会说："等到他需用的时候，哪里还来得及学呢？"来不来得及学，我是不知道的，不过，就我所知，要提早学习是不可能的，因为，我们真正的老师是经验和感觉，一个人只有根据他所处的关系才能清楚地觉察哪些东西是适合于他的。一个小孩子是知道他要变为成人的；他对成人的状况可能具有的种种观念，对他来说，就是教育的理由；但是，他对这种状况不能理解的地方，就绝不应该让他知道。我这本书全是继续不断地在证明这个教育原理。

当我们一有机会使我们的学生知道"有用的"这个词的意思以后，我们就多了一个管理他的诀窍；因为，只要他觉得这个词对他那样年龄的人来说有它的意义，只要他能清楚地看到它对他当前的利益的关系，他对这个词就会获得深刻的印象。你的学生对这个词是不可能有什么印象的，因为你没有设法按他们的理解使他们对它有一个观念，因为其他的人常常在供给他们有用的东西，所以他们就无须自己去考虑，他们就不懂得什么叫效用了。

“这有什么用处？”这句话从此以后就有了它的神圣的意思，它将确定他和我之间的我们生活中的一切行动：当他问我一些问题的时候，我就准定要用这个问题来问他；如果他不是为了求知而是为了对他周围的人行使某种权威，因而没头没脑地不断拿一些问题来纠缠他们的话，就可以把这个问题作为一个缰绳勒住他的嘴，使他不再问那些莫名其妙的问题。一个孩子，如果我们特别着重地教育过他，除了有用的东西以外，其他一切都不学习，那么，他问起问题来就会像苏格拉底似的；他自己没有找到一个理由，他是不会问你的，因为他知道，你在解答他的问题以前，一定要他说一说他问那个问题的道理。

你看，我已经把多么有力的一个工具交给你去控制你的学生了。由于他找不到什么理由，所以你高兴在什么时候就可以在什么时候把他制服得不敢吭声，而你则恰恰相反，你可以大大地利用你的知识和经验，向他指出所有你告诉他的事物的用处！因为，你要知道，你向他提出这个问题，也就是在教他反过来向你提出这个问题；你应当估计到，在你以后要他做什么事情的时候，他一定要照你的样子问：“那有什么用处呢？”

这也许是一个老师很难应付的难题。就孩子所问的问题来说，如果你只想摆脱自己的困难，那你只须给他讲一个他不能理解的理由就够了；当他看见你是按照你的观念而不是按照他的观念解释的时候，他就会认为你向他说的话，适用于你那样年龄的人而不适用于他那样年龄的人；他以后就再也不相信你的话了，这样一来，一切都完了。

哪一个老师愿意马上把话停下来对他的学生承认他的错处呢？所有的老师对自己的错误都是一概不承认的；而我则要订下这样一条规则，即当我不能够使他明白我讲的理由时，即使我没有什么错误，我也要说我错了。由于我的行为在他看来始终是很坦率的，所以不至于使他对我产生任何怀疑；我承认错误，远比那些掩盖错误的人更能保持我的威信。

首先，你要记住的是，不能由你告诉他应当学习什么东西，要由他自己希望学什么东西和研究什么东西；而你呢，则设法使他了解那些东西，巧妙地使他产生学习的愿望，向他提供满足他的愿望的办法。由此可见，你问他的问题不应当太多，而应当经过慎重的选择；由于他向你提出的问题比你向他提出的问题多得多，所以你被他问着的时候总是比较少的，而更多的时候是你问他：“你问这个有什么用呢？”

此外，只要他能善于理解和善于利用他所学的东西，则他究竟是学这还是学那，都是没有什么关系的。如果你不能对他提出的问题给他一个良好的解释，你就一句话也不回答他。你干脆地对他说：“我还不能很好地回答你，是我搞错了，那就算了吧。”如果你教他的东西实在是不适当的，你把它完全抛弃，也没有什么坏处；如果是适当的，那你就稍稍留一点心，赶快找一个机会使它对他产生显著的作用。

我是一点也不喜欢长篇大论地口头解释的，年轻的人是根本不用心听这种解释的，而且也是记不住的。用实际

的事物！用实际的事物！我要不厌其烦地再三指出，我们过多地把力量用在说话上了，我们这种唠唠叨叨、废话连篇的教育，必然会培养出一些唠唠叨叨、废话连篇的人。

现在假定，当我和我的学生正在研究太阳的运行和定方位的方法时，他突然打断我的话问我研究这些有什么用处，我可以向他发表一篇多么好听的讲话啊！我可以趁此机会在回答问题的时候给他讲多么多的东西啊，尤其是有人在场听我们讲话的时候，我更应该怎样地向他大讲而特讲啊[①]！我将给他谈到旅行的好处、商业的利益、各地的特产、不同的民族的风俗、历法的用途、农业的季节的推算、航行的艺术以及在海上自己不知道究竟在什么地方的时候，怎样寻找方向和准确地按照自己的路线前进。我还要讲到政治学、博物学、天文学，还要讲到人的道德和权利，以便使我的学生对所有这些学问有一个大体的概念和学习的巨大愿望。当我把话都讲完了的时候，我固然是像一个道地的老先生那样显示了我的学问，然而他，也许是连一个概念也没有听懂。他可能会像以往一样巴不得问一问我定方位有什么用处，可是他不敢，因为他怕我发脾气。他觉得最好还是假装听懂了我强给他讲的东西。华而不实的教育就是这样做法的。

但是我们的爱弥儿是用比较质朴的方式培养起来的，我们已经费了很多力气使他养成了一种扎实的构思方法

① 我常常注意到，当老师旁征博引地给孩子上课的时候，他的目的并不是讲给孩子们听，而是讲给在场的大人听的。我是有很大的把握才说这番话的，因为我发现我自己就是这样做的。

了，所以他是不听我这一套的。只要头一句话他听不懂，他就溜了，他在房间里东玩西玩，让我一个人在那里滔滔不绝地讲我的。我们要找一个更简单的答案来回答他；我这套高深的学问对他是不适用的。

我们在观察蒙莫朗锡镇北的森林的位置时，他突然问我："这有什么用处？""你问得对，"我对他说道，"有功夫的时候再想一想，如果发现这件事情没有用处的话，我们就不继续搞下去了，因为我们并不是没有其他好玩的事可干的。"于是我们就开始做别的事情，这一天，我们就不再讲地理了。

第二天早晨，我约他在午饭以前去散一会步，他高兴极了；一说起出去跑一跑，孩子们总是挺喜欢的，何况这个孩子的腿又很有劲咧。我们进入森林，跑遍了林间的各个地方，我们迷失了方向，我们也不知道走到什么地方了；等到要回去的时候，我们找不到路了。时间过去了，天气热起来了，我们的肚子也饿了；我们赶快走，从这边瞎跑到那边，我们到处见到的都是树林、丛林和旷野，哪里都找不到认路的标志。我们简直热极了，累极了，饿极了，我们愈跑愈迷失路径。最后，我们只好坐下来歇一会儿，以便好好地研究一下。现在假定，爱弥儿所受的教育和其他孩子一样，所以他不会研究，他开始哭起来了；他不知道我们已经走到蒙莫朗锡镇的镇口，只不过有一个小小的树丛把它挡着，我们看不见就是了；可是，这个树丛对他来说就是森林，像他那样身材的人，即使是一片矮矮的丛林，也会把他埋起来的。

沉默了一会以后，我带着不安的神气对他说："亲爱的爱弥儿，我们从这里怎样才走得出去呢？"

爱弥儿（满身大汗，哭得热腾腾的眼泪直流）：我不知道。我累极了；我肚子饿了，口也渴了；我再也跑不动了。

让·雅克：你以为我比你好一点吗？你想一想，如果我能够拿眼泪当面包吃，我还能不哭吗？现在不是哭的时候，现在要赶快找出一条路径。看一看你的表，几点钟了？

爱弥儿：十二点，我还没有吃过东西哩。

让·雅克：不错，已经十二点了，我还没有吃过东西哩。

爱弥儿：啊！你一定很饿啦！

让·雅克：糟糕的是，没有人把午餐给我们送到这里来。现在是十二点；这正好是我们昨天从蒙莫朗锡镇观察这个森林的位置的时候。我们是不是也可以从这个森林找一下蒙莫朗锡镇的位置呢？……

爱弥儿：可以。不过，我们昨天是看得见森林的，而现在从这里是看不见蒙莫朗锡镇的。

让·雅克：糟就糟在这里……如果我们看不见它也能找到它的位置就好了！……

爱弥儿：啊，我的朋友！

让·雅克：我们不是说过森林是……

爱弥儿：在蒙莫朗锡镇的北边。

让·雅克：可见蒙莫朗锡镇应该在……

爱弥儿：森林的南边。

让·雅克：我们有一个在中午找到北方的办法。

爱弥儿：不错，看阴影的方向。

让·雅克：可是南方呢?

爱弥儿：怎么办?

让·雅克：南方和北方是相反的。

爱弥儿：是了，只要找到阴影的反面方向就行了。啊！这边是南！这边是南！蒙莫朗锡镇准是在这边，我们朝这个方向去找。

让·雅克：你也许说得对，现在就从这条小路穿过树丛去吧。

爱弥儿（拍手，高兴得叫起来）：啊！我看见蒙莫朗锡镇了！就在我们的前面，看得清清楚楚的。回家吃午饭，回家吃午饭。快跑！天文学有时候也真有点用处呀。

你要知道，即使他没有说最后这句话，他也会在心中想这句话的；没有关系，只要我不说这句话就行了。你要相信，他是一辈子也不会忘记今天这个教训的；相反的，如果我只是在房间里给他讲这些东西，他第二天就会把我的话忘得干干净净的。能够做多少，才说多少，不能做的事，就不要说。

读者不要以为我是那样地看不起他，所以每教一门功课都要给他做一个示范；但是，无论教什么东西，我都不能不特别强调老师必需按照学生的能力。举他的例子，因为，我再说一次，糟糕的不是他不懂，而是他以为他已经懂了。

⑥儿童心

我记得，由于我想使一个孩子对化学发生兴趣，把几种金属的沉淀给他看了以后，我就向他讲解墨水是怎样做的。我告诉他说，墨水是黑色，完全是由矾类中分离出来的很细的铁粉经过碱性的溶液沉淀之后产生的。正当我做这种高深的解释的时候，这个小家伙突然拿我教他的那个问题来问我，于是当场把我弄得十分难堪。

稍为思索了一下之后，我想出了一个办法；我派人到主人的地窖中去取了一点酒，另外又到一家酒铺去买了八分钱的酒。我在一个小长颈瓶里装了一点不挥发的碱溶液，然后，把两个装着两种不同的酒的玻璃杯放在我的面前[①]。我对他这样说：

“有人用掺假的办法使一些食品显得比它们原来的样子更加好看。这种掺假的办法虽可以使你的眼睛和舌头发觉不出来，然而是有害的；况且这种掺假的东西，样子虽然好看，但实际上比它们以前的质量还差。

“特别是饮料容易掺假，尤其是酒，更是容易掺假，因为在这些东西中掺假最难于辨认，而且也最有利可图。

“绿色的酒，即酸酒，是用氧化铅掺假的，而氧化铅是用铅做的。铅和酸一化合就成了一种很甜的盐，改变了酒的酸味，但是也毒害了饮酒的人。因此，在饮用可疑的酒以前，应当弄清楚它是不是搀有氧化铅。现在请听我讲

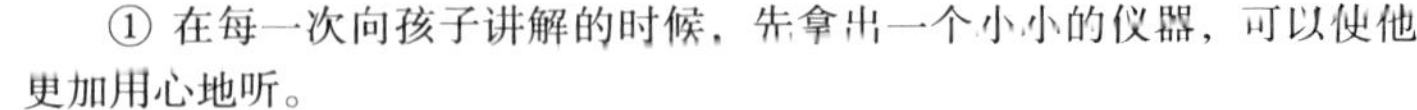

① 在每一次向孩子讲解的时候，先拿出一个小小的仪器，可以使他更加用心地听。

发现掺假的方法。

“正如你从酒精做的白干酒中看见过的，酒里不仅含有易燃的酒精，而且还含有酸类，这一点，你从酒制的醋和酒石酸中就可以看出来。

“酸类对金属有一种亲和力，它通过溶解可以和金属化合成盐，例如铁锈，就是铁被空气或水中所含的酸所溶解而成的；又如铜绿，就是铜被醋酸溶解而成的。

“但是，酸类对碱性物质的亲和力比对金属的亲和力大，所以，把碱性的东西放在我刚才所讲的合成盐中，酸就不能不把它所化合的金属游离出来，以便自己同碱性的东西相结合。

“金属脱离了溶化它的酸类以后，就沉淀下去，从而使酒失去了光泽。

“所以，在这两种酒中，如果向一种酒里搀入氧化铅，则酒中的酸将把氧化铅溶解在酒里。只要我倒下一点碱性溶液，则它将强迫酒中的酸放出氧化铅，以便同它相化合；铅一脱离了酸的溶解，就显现出来，把酒弄得很混浊，最后便沉淀在杯底上。

“如果酒里没有铅[①]，也没有任何其他的金属，则碱性的物质就缓缓地[②]同酸相化合，溶在酒里，不会产生任何

① 巴黎酒商零售的酒，虽然不是全部搀有氧化铅的，但也难免不含有铅，因为酒商的柜台是包有这种金属的，而盛在量器中的酒在铅上经过，而且还要停一会儿，所以总要把它溶解一部分。奇怪的是，像这样明显和危险的弊端，警察也不干涉。不过，事实上，富裕的人是很少喝这种酒的，所以也不会中它的毒。

② 植物酸的作用是很柔和的。如果这是一种矿物酸，如果它不是那样地稀薄，则化合的时候，是不能不起气泡的。

的沉淀。”

接着，我便把碱性溶液倒入两个杯子里：自己家中的酒依然是那样地清澈和透明；而买来的酒则混浊了一会儿。过一小时以后，我们便能清楚地看出杯子底上沉淀有铅。

“那一杯酒，”我说道，“是可以饮用的纯正的酒，而这一杯酒则是搀了假的，有毒的。我在前面给你讲做墨水的知识时，你问我有什么用处；现在，就可以用这种知识来发现哪一杯酒是纯正的，哪一杯酒是有毒的；会做墨水的人，就知道怎样分辨酒是不是搀有假的。”

我觉得我这个例子举得很好，然而我发现那个孩子却一点也不感兴趣。我花了些时间来考虑，才知我简直是做了一件傻事；因为，且不说一个十二岁的孩子不可能懂得我的解释，而且这种试验的用处，他也不会把它记在心中的：他把两种酒尝了一下，觉得两种酒都好，所以他根本就不可能明白“掺假”这个词的意思，虽然我觉得我已经向他解释得很清楚。另外，像“不卫生的”、“有毒的”这些词，在他看来也没有什么意思；他当时的情形，和那个学习菲力普斯医生的故事的孩子是一样的，任何一个孩子都是这样的。

凡是我们不知道其中的联系的因果关系，以及我们对之没有一点概念的善恶和我们从来没有感觉过的需要，对我们来说，都是不存在的；它们是引不起我们研究它们的兴趣的。我们在十五岁的时候对贤明的人的幸福的看法，和三十岁的时候对天国的光荣的看法是一样的。如果一个人想象不出这两种东西是什么样子，他就不会尽力去争取；

再说，即使是能够想象，但如果他没有得到它们的愿望，如果他不觉得它们是适合于他的，那他就更加不愿意去争取的。硬要一个小孩子相信你教他的东西都是有用的，这做起来当然很容易；但是，如果你不能使他从心眼里相信，则强要他相信是办不到的。平平淡淡地讲一番道理，即使能使我们对一件事情表示赞同或非难，那也没有用处，只有欲念才能使我们有所行动：我们对不感兴趣的东西，怎么会产生欲念呢？

一个小孩子不能理解的事物，就绝不能告诉他。当他对人情几乎还一无所知的时候，我们不能把他当作成人来培养，所以，为了教育他，就必需要成人的一举一动都宛如孩子。当你考虑到什么东西在他长大以后也许对他有用处的时候，你也只能对他讲他目前就知道其用处的东西。此外，一到他开始懂得道理的时候，就绝不能使他把自己同其他的孩子相比较，即使在赛跑的时候，也不能使他有敌手或竞争者：我宁肯让他一点东西都不学，也不愿意他只因出于妒忌或虚荣而学到很多的东西。我只是把他每一年的进步都记下来，以便同他下一年取得的进步相比较。我将这样对他说："现在你长高了好些，看一看你去年跳过的沟和你搬过的重物；再看看这边，你去年把一块石头扔了那样的距离，你一口气就跑了那样长的路，等等；现在，再瞧一瞧你目前有多大的本领。"我这样鼓励他，所以不至于使他对任何人产生妒忌的心。他想超过他去年的成绩，这一点，他是可以做到的；我看不出他一心要赛过他自己有什么害处。

我对书是很憎恨的，因为它只能教我们谈论我们实际上是不知道的东西。有人说，赫米斯[①]把科学的原理刻在石柱上，以便使他的发现不致被洪水冲掉。如果他把它们深深地印在人的头脑里，它们就可以一代一代地保存下来。经过训练的大脑，是最安全的铭刻人类知识的石碑。

难道就没有什么办法可以把分散在那样多书籍中的许多知识联系起来，就没有什么办法可以把它们综合起来达到一个共同的目的，使人容易学习，有兴趣去学习，而且，即使像孩子那样年龄的人，也能鼓励他去学习？如果我们能够创造一种环境，以便在其中可以把人的一切自然需要都明显地显示给孩子，同时把满足这种需要的办法也巧妙地展现出来，那么，我们就可以利用这种环境的生动而天然的情景去初步训练他的想象力。

热心的哲学家，我已经看见你的想象力开动起来了。可是，请你不要再花什么气力，因为这种环境已经找到了，已经有人把它向我们描述过了，而且，不瞒你说，比你所描述的还好得多，至少比你所描述的要逼真得多和朴实得多。既然是我们非读书不可，那么，有一本书在我看来对自然教育是论述得很精彩的。我的爱弥儿最早读的就是这本书；在很长的一个时期里，他的图书馆里就只有这样一本书，而且它在其中始终占据一个突出的地位。它就是我们学习的课本，我们关于自然科学的一切谈话，都不过是对它的一个注释罢了。它可以用来测验我们的判断力是不是有了进步；只要我们的趣味没有遭到败坏，则我们

① 赫米斯，希腊神话中的掌管学艺、贸易和发明的神。

始终是喜欢读它的。这本好书是什么呢？是亚里士多德的名著？还是普林尼的？还是毕丰的？不，是《鲁滨逊漂流记》。

鲁滨逊在岛上，孤孤单单地，没有同伴的帮助，没有任何一样干活的工具，然而却能获得他所吃的食物，却能保持他的生命，甚至还能过得相当地舒服。这对各种年龄的人来说，都是一个很有意义的问题，我们可以用各种各样的办法使孩子们对这个问题感到兴趣。我原先用来作为比喻的荒岛，就要这样地变成现实。我同意这种说法，即这种环境，不是社会的人的环境，也的确不同于爱弥儿的环境，但是，我们应当根据这种环境来探讨所有其他的环境。要排除偏见，要按照事物的真正关系做出自己的判断，最可靠的办法就是使自己处在一个与世隔离的人的地位，并且完全像那个人一样，由自己按照事物本来的用途对它们进行判断。

这本小说，除去它杂七杂八的叙述以外，从鲁滨逊在一个荒岛附近遭遇海难开始讲起，结尾是来了一只船把他载离那个荒岛，所以，在我们现在所谈的这个时期中，它可以同时作为爱弥儿消遣和教育的读物。我希望他忙得不可开交，希望他兢兢业业地管理他的楼阁、他的羊群和种植的作物，希望他不是从书本上而是从具体的事物上仔仔细细地研究在同样的情况下应当怎样办，希望他认为他就是鲁滨逊，穿一身兽皮，戴一顶大帽子，佩一把大刀，奇奇怪怪的东西样样都带在身上，就连他用不着的那把阳伞也随身带着。我希望他在缺少这样或那样的时候，很着急

地在那里想解决的办法；希望他研究一下小说中的主人公是怎样做的，看一看那位主人公有没有什么疏忽的地方，有哪些事情可以做得更好；希望他留心他的错误，以免在同样的情况下他自己也犯那样的错误。因为，你必需要知道的是，他正在计划怎样修造一个相似的房屋，这是他那样快乐的年龄的人的真正的空中楼阁，他这时候所理解的幸福就是有必需的物品和自由。

一个心有妙计的人如果为了利用这种狂想而能设法使孩子产生这种狂想的话，他就可以增添多么多的办法去教育孩子啊！孩子巴不得找一个能放各种物品的地方作为他的荒岛，因此，他想学习的愿望，比老师想教他的愿望还切。他希望知道所有一切有用的东西，而且也只希望知道这些东西：你用不着去指导他，你只是不要让他乱做就行了。此外，当他觉得他在那个岛上已经是够舒服的时候，就需要赶快使他定居在那里；因为这样的日子不久就要到来，那时候，如果他还想在岛上住下去的话，他就不愿意再是那样孤单地一个人住在那里了；而且，那时候，即使是现在还不曾过问过他的事情的“星期五”[1] 去同他住在一块，也是满足不了他的需要的。

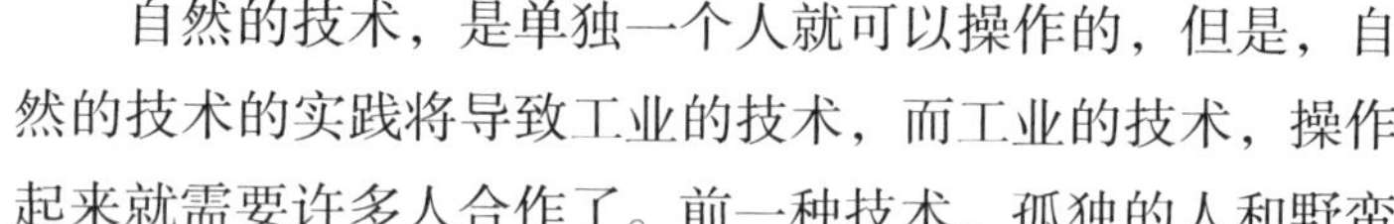

自然的技术，是单独一个人就可以操作的，但是，自然的技术的实践将导致工业的技术，而工业的技术，操作起来就需要许多人合作了。前一种技术，孤独的人和野蛮

①“星期五”是鲁滨逊所搭救的、后来成为他的仆人的一个土著居民的名字。因为搭救的事情发生在星期五，所以鲁滨逊用“星期五”做这个仆人的名字。

人都可以练习运用，而后一种技术，则只能在社会中产生，而且，也正是因为要运用这种技术，所以才使社会成为非有不可的东西。当人们只知道身体的需要时，每一个人都可以自己满足自己的要求；而一有了多余的产物，就不可避免地要进行产物的分配和劳动的分工；因为，尽管一个人单独干活只能够获得一个人所需要的东西，但一百个人合起来干，就可以获得足够两百个人生活的东西。所以，当一部分人闲着而不劳动，就需要其他劳动的人协力合作才能弥补那些人懒惰坐吃的消耗。

你要极其小心的是，不能使你的学生接触到社会关系的一切概念，因为这不是他的智力所能理解的；但是，当知识的锁链使你不能不向他讲到人类的互相依赖时，你就不要从道德方面向他讲解，而必需首先使他的注意力放在使人和人都互相有用的工业和机械技术上。当你带着他从这个工场走到那个工场的时候，就不能让他看见什么工作都袖手旁观，不能让他走出工场以后对里面的情形一点也不明白，你至少要使他对他所看到的东西有一个了解。为此，你就要亲自动手去工作，处处给他做一个模范：为了使他成为师傅，你就要到处都做徒弟；你要知道，他从一小时工作中学到的东西，比听你讲一整天学到的东西还多。

一般人对各种技术的评价，是同它们的真正用途成反比的。甚至，有些技术正是因为没有用处，人们对它们的价值才估计得那样高，这种情形是不足为奇的。最有用的技术，也就是报酬最少的技术，因为，工人的数目同公众的需要是成比例的，而人人都需要的工艺品，不能不按照

穷人能付的价格来定它们的价值。反之，那些自尊自大的人（大家不称他们为工匠，而称他们为艺术家），因为完全是给懒汉和富翁制造东西，所以可以任意定他们那些美观而无实用的骗钱货的价格；由于这些没有实际用途的工艺品的价值只不过是臆想的，因而它们的价格的本身也就构成了价值的一部分，从而，它们的价钱愈昂贵，人们就愈说它们有价值。有钱的人之所以要这样来评价这些东西，并不是由于它们的用处，而是由于穷人买不起它们。“我所有的财物，将使世人艳羡不已。”①

如果你让你的学生也产生这种愚蠢的偏见，如果你自己也抱有这种偏见，如果他们看见你走进一家珠宝商人的店铺比走进一个锁匠的店铺更显得有礼貌，他们将变成怎么样的人呢？如果他们到处都发现任意抬高的价格和按实际用途而定的价格是很不协调，如果他们发现愈是值钱的东西愈没有价值，他们对技术的真正价值和东西的真实价格将抱怎样的看法呢？你一旦让这些观念进入了他们的头脑，对他们以后的教育就用不着再进行下去了，因为，不管你怎样努力，他们都将变得同一般人一个样子；你十四年的辛劳完全都付诸流水。

爱弥儿一心想在他的岛上有几件家具使用，所以他有他自己的看法。鲁滨逊过去重视刀工作坊远远超过萨伊德对制造种种小玩具的重视。在他看来，刀匠是一个很可尊敬的人，而萨伊德不过是一个小小的江湖骗子。

“我的儿子生来是要在世界上生活的，他不同智者而

① 皮特罗尼乌斯（《诗集》第100章），公元一世纪时罗马诗人。

是要同愚人生活在一起的；既然愚人要按照他们的愚昧行事，所以他必需懂得他们的愚昧。对事物进行认真的研究，也许是有用的，但是，对人类及其判断能力进行研究，那就更有用处了；因为在人类社会中，人所使用的最大的工具就是人；最聪明的人，也就是最善于利用这个工具的人。拿一种想象的事物的秩序去教育孩子，而这种秩序他们将来又会发现同他们必需遵循的既定的秩序是完全相反的，这又有什么用处呢？你首先要教他们怎样做聪明的人，然后再教他们判断其他的人究竟愚蠢在什么地方。”

请看这一番表面上似有道理而实际上是没有道理的说法，做父亲的人由于考虑不周，竟按照这种说法去做，他们用偏见培养他们的孩子，结果使孩子们变成了偏见的奴隶，他们想教导孩子把愚人当作达到欲念的工具，结果反而使孩子们变成了愚人的玩物。为了要认识人，他必需先要对许多事物有所了解！明智的人是最后才去研究人的，而你却叫孩子把人作为头一个研究的课题！在用我们的看法去教育孩子之前，首先就要使他对我们的看法有一个认识。难道说，懂得人们的愚昧，就要把人们的愚昧当作自己的理智吗？要成为一个明智的人，就需要辨别哪些人是不明智的。如果你的孩子既不能判断人们的看法，又不能看出他们的谬误，他怎能去认识他们呢？更糟糕的是，当他还没有弄清别人所说的事物是真是假，他就去学它们。因此，首先要告诉他事物的真相，然后才告诉他那些事物在我们的眼中看来是什么样子；这样，他才懂得如何把人们的看法和实际的真相加以比较，才能超凡脱俗。因为，

当你听信偏见的时候，你是看不出它是偏见的。如果你同大众是一个样子，你就不能对大众进行指导。但是，如果你还没有教会他怎样判断人们的看法，你就拿人们的看法去教育他的话，我敢说，不管你怎样努力，他最终是要把别人的看法当作自己的看法的，而且你以后就没有什么办法把它改掉了。所以，我认为，为了使一个青年能够成为明智的人，就必需培养他有他自己的看法，而不能硬是要他采取我们的看法。

你可以看到，一直到现在我还没有向我的学生谈到人，要是他能够懂得我在这方面所讲的东西，那他就太聪明了；他还不能那样明显地感觉到他同他周围的人的关系，所以还不能凭他自己的能力去判断别人。他唯一能理解的人，就是他自己，甚至对他自己的理解也不是十分完全的；但是，尽管他对自己的认识不够，他的认识至少是正确的。他不知道别人所处的地位，但他知道他自己所处的地位，并且牢牢地站在他所处的地位上。我们用来束缚他的，不是他不能理解的社会的法律，而是需要。现在，他仍然是一个自然人，我们要继续这样看待他。

⑦价值的判断

在评价所有一切自然的物体和人制造的东西时，他所根据的是它们对他的用处以及他的安全、生存和舒适的显而易见的关系。因此，铁在他的眼中看来，应当比黄金值钱，玻璃应当比钻石值钱；同样，他对鞋匠和泥水匠，比对郎佩勒尔、勒布郎和所有欧洲的珠宝匠都更为尊敬；特

别是做面包的师傅，在他的心目中更是一个十分重要的人物，他宁可拿整个法兰西学院去调换一个龙巴德大街的最小的糕点师。他认为，金匠、银匠、雕刻匠和花边匠都不过是一些懒汉，他们所搞的东西都是没有一点用处的玩意儿；甚至对制造钟表的人，他也是不十分看重的。快乐的儿童享受了时间而不做时间的奴隶，他利用了时光而不知道时间的价值。他的欲念是很平静的，使他每天都是那样恬静地生活，因而在他需要的时候可以作为计算时间的工具[①]，如果他说他需要用一个时表，又如果我们能够想法子使他哭泣一场，那么，我所培养的爱弥儿也不过是一个平庸的爱弥儿，对我固然有用处，可以使别人了解我，然而真实的爱弥儿却是一个与众不同的孩子，任何人想学他的榜样也是学不会的。

我们有一个既不背离自然而且还更加公平的次序，根据这个次序，我们将按照各种技术之间必然的联系去看待它们，把最能独立操作的技术列在前面，而那些需要许多其他行业的帮助才能操作的技术，则列在后面。这个次序，虽然使人们在总的社会秩序方面联想到几个重要的问题，但同前面那个评价的次序一样，在世人的心目中恰恰颠倒了，以至生产原料的技术差不多都是被人看不起的，都是挣钱不多的，而原料愈是加工，则最后加工制造成品的人，就愈是挣钱和受到人们的尊重。不我打算研究精巧的技术

① 如果我们的欲念要任意支配时间的进程，则时间对我们来说就失去了计算的意义。智者的时间就是他的兴致的平衡和心灵的宁静；他始终是恰合其时的，他始终能掌握他的时间。

是不是因为把原料最后制成了成品，所以就应该比提供原料的技术更重要和得到更多的报酬，但是我要指出，在每一种东西中，用途最广和必不可少的技术毫无疑问是最值得尊重的；而一种技术，如果它最不需要其他技术的帮助，则我们对它的评价当然比那些依赖性最大的技术高得多，因为它是最自由的，而且是最接近于独立操作的。这才是对技术和劳力的真正的评价尺度，而一切其他的尺度都是任意的，都是以人的偏见为转移的。

在所有一切技术中，第一个最值得尊敬的是农业，我把炼铁放在第二位，木工放在第三位，以下类推。一个孩子如果没有受过庸俗的偏见的毒害，也一定是这样评定这些技术的次序的。我们的爱弥儿难道说不会从鲁滨逊身上想到许多重要的问题！当他发现，有些技术只有进行细致的分工，只有无限地增添这种或那种工具，才能臻于完善，他将产生怎样的想法呢？他心里将这样想："那些人虽然是很灵巧，但灵巧之中也带有几分愚蠢：他们害怕他们的胳臂和手指干不了什么事情，所以才发明工具来代替它们。单单为了操作一门技术，他们就要受千百种其他技术的支配，每一个工人都要依赖整个的城市。至于我的同伴和我，我们就要把我们的天才用来增进我们的技巧，我们只制造可以随身携带的工具。那些人尽管在巴黎夸他们的本事，可是到了我们的岛上也许就什么也不行了，就得给我们做徒弟。"

读者诸君，不要只是呆在这里看我们的学生练他的身体和练他的手艺，也请你们考虑一下我们把他幼稚的好奇

心是引向哪个方向发展的，考虑一下他所获得的常识，他所培养的发明精神和深远的眼光，考虑一下我们将训练他具备什么样的头脑。他无论看见什么或做什么，他都要把它彻底地弄个明白，懂得其中的道理；他要从一种工具到另一种工具，追溯到当初使用的第一个工具；他绝不凭想象行事；他对一样东西如果事先没有一点知识，他就不去学它。如果他看见人家做弹簧，他就想知道钢铁是怎样从矿石中炼出来的；如果他看见别人把木板钉成箱子，他就想知道树木是怎样砍伐的；当他自己工作的时候，他拿到他所用的每一样工具时他都要这样说："如果我没有这样的工具，我怎样才能做一个同它相似的东西来用，或者怎样想办法不用这种工具？"

不过，当老师喜欢做什么事情的时候，难免不错误地认为孩子也同样喜欢做那种事情，所以，在你津津有味地工作时，必需注意看孩子是不是感到厌烦而不敢向你表示出来。孩子应该把全神贯注在他所做的事情上，而你则应该把全神贯注在他的身上，不断地留心观察他，但又不要让他发现你在暗中注意他；你要预先料到他心中的感想；要防止他产生不正确的看法；要使他专心到这样的程度，以至他不仅觉得他能够做那件事情，而且，由于他非常明白他所做的事情有什么用处，所以做起来心里也感到喜欢。

技术的结合在于工艺的交换，商业的结合在于物品的交换，银行的结合在于票据和银钱的交换：所有这些观念都是互相关联的。基本的概念已经有了，我们借园主罗贝**尔的帮助，在幼小时候就使他获得了这些观念的基础。我**

们现在要做的事情，只是把以上这些观念综合起来，并且用它们来说明更多的例子，以便使他懂得通商贸易是怎样一回事情，同时向他详细讲解有关各地特产的博物学，详细讲解航海方面的技术和科学，最后详细讲解按地方的远近，按陆地、海洋和江河等的位置而产生的或大或小的交通上的困难，以便使他对商业有一个深刻的了解。

没有交换，任何社会都不能存在；没有共同的尺度，任何交换都不能进行；没有平等，就不能使用共同的尺度。所以，整个社会的第一个法则就是在人和人或物和物之间要有某种协定的平等。

人和人之间的协定的平等，跟自然的平等迥然不同，为了要实现这种平等，就需要有成文的法，也就是说需要有政府和法律。一个孩子对政治的知识应当简单而明了；由于他对产权已经有了一些观念，所以，他只应该在牵涉到产权的时候才泛泛地知道有政府。

物和物之间的协定的平等，导致了货币的发明，因为，货币只不过是用来比较各种各样物品的价值的一个数额；在这个意义上，货币是社会的真正的纽带；但是，任何东西都可以作为货币。从前，牲畜做过货币，有几个民族现在还用贝壳做货币，斯巴达人用铁做货币，在瑞典曾经用皮革做货币，而我们则用金银做货币。

金属因为易于携带的缘故，所以一般都把它们作为各种交换的中介；为了避免在每次交换的时候都要衡量一下金属的重量，所以就把它们铸造成钱，因为钱币上的标记表明了打有那种标记的一块钱含有那样重的金属；只有国王才有铸造货币的权力，因为只有他一个人才有权利要别人承认他在全体人民当中的权威。

像这样来解释这个发明的用处，就连最愚蠢的人也能懂得的。要直接把性质不同的物品拿来比较，是很困难的，例如说布匹和麦子就很难比较；但是，当我们找到了像货币这样的共同尺度，织布的人和种麦子的人就容易按这个共同的尺度说出他们希望交换的物品的价值了。如果一定数量的布值一定数量的钱，而一定数量的麦子也值同样多的钱，那么，拿布来交换麦子的人就做了一项公平的交易。因此，通过货币，各种各样的东西才能用同一个单位的尺度来衡量，才能互相比较。

讲到这里就不要再多讲了，绝不要去解释这个制度对人们的道德的影响。无论你讲解什么东西，重要的是要好好地先揭示它的用途，然后才指出它的弊端。如果你要向孩子们解释符号是怎样使人们忘记了符号所表示的东西的，解释金钱是怎样产生了世人的种种妄念的，解释盛产白银的国家是怎样变成最穷的国家的，那你不仅把孩子们看成了哲学家，而且简直把他们看成了圣人，要他们了解连哲学家也没有了解透彻的东西。

有多少有趣的东西可以供我们用来引导一个学生的好奇心，而且，在这样做的时候，既不离开他所能理解的实际的物质关系，也不使他在心中产生任何一个他弄不清楚的观念！教师的艺术是，绝不要让学生把注意力放在那些无关紧要的琐碎的事情上，而要不断地使他接触他将来必需知道的重大关系，以便使他能够正确地判断人类社会中

的善恶。同学生交谈的时候，必需善于启发你在他心灵中所培养的思想。这样的问题，也许在别的孩子是一点也不注意的，可是它将使爱弥儿苦苦思索半年之久。

我们到一个富翁家里去吃饭，我们去时发现一个盛大的宴会已经准备得十分整齐，有很多客人，有很多仆人，有很多的菜，有一套精致漂亮的餐具。这一套又好看又很有气派的东西，如果没有见惯的话，会感到有些迷人的。我先就想到所有这一切对我的这个学生的影响。当宴会正在进行的时候，当菜一道接一道地端上来的时候，当满桌的人都在那里呱啦呱啦地谈个不休的时候，我附身到他的耳朵边对他说："你估计一下，你在桌上所看到的这些东西在端上来以前经过了多少人的手？"这短短的一句话在他的头脑中引起了多少想法啊！心旷神怡的闲情马上就为之烟消云散。他沉思，他默想，他计算，他感到不安。当那些哲学家被美酒或身旁的女人弄得迷迷糊糊，像小娃子似的在那里大说昏话的时候，这个孩子却一个人在那里用哲学的态度细心思考。他问我，我拒绝回答，我告诉他改天再说；他着急，他忘记了吃也忘记了喝；他巴不得离开桌子向我问个痛快。他的好奇心多么想知道这回事情啊！这一席话用来教育他是多么好啊！像他这样一个具有任何力量都无法败坏的合乎理性判断力的人，当他发现为了他在中午漂亮地穿一阵而晚上又放进衣橱里的这身衣服，世界上的每一个角落都得分担费用，也许还有两千万人为此而长年累月地劳动，成千成百的人为此而牺牲了生命，那他对奢侈将抱怎样的看法呢？

你要仔细观察他考虑了所有这些问题以后在自己心中悄悄得出的结论。如果你不像我所讲的那样加以防备，他也许会抱另外的想法的，也许在看见那样多的人为了准备他的午餐而劳碌奔走的时候，他会把自己看作是世界上的一个要人。如果你事先预料到他要做这样的理解的话，你在他还没有这种思想以前，就可以很容易地防止他产生这种想法，或者，至少可以立刻消除他获得的印象。由于他现在还只是因为想得到物质的享受才去占有东西，所以他只能根据可以感知的关系去判断它们对他是适合还是不适合。在做了一阵运动以后肚子就饿了，这时候自由自在、快快乐乐地吃一顿简单的乡村风味的饭，实在是满有味的，把这一顿饭同那样盛大那样令人拘束的宴会一比，就足以使他感觉到宴席上的那一套东西并没有使他得到什么真正的益处；他在离开农家的桌子时，也同离开金融家的桌子一样，肚子也是装得满满的，在这两处都没有什么可以真正地说得上是他自己的东西。

我们想象一下，在这样的情况下一个老师可以对他说些什么话。“把这两顿饭都好好回想一下，看你最喜欢哪一顿饭，哪一顿饭吃得最舒服？哪一顿饭吃得最痛快，笑得最欢畅？哪一顿饭吃的时间最久而又不觉得厌烦，又不需要另换餐具？不过，你要看一看其间的差别：你觉得那样好吃的黑面包，是那个农民收获的麦子做的；他那浑黑色的酒是用他园中的葡萄酿造的，既能解渴又有益于健康；他用的餐布，是他的妻子、女儿和女仆在冬天用他种的大麻织的；桌上的菜全是他自己家里的人做的；附近的磨坊

和市集，对他来说就是宇宙间最远的地方。可是在另一张桌子上，虽然有远地的物产，又经过那样多的人的手调制，但你真正享受的究竟是什么呢？如果所有那些东西并没有使你吃一顿好好的饭，东西虽多又有什么用处呢？桌上的东西哪一样是为你而做的呢？”老师还可以向他说：“如果你是这一家的主人，你就会更加觉得所有这一切真是奇怪，因为你想在他人面前显示一下你的享受是多么豪华，结果却使你一点也享受不成。劳心费力的是你，而高兴快乐的是他们。”

这一番话也许很好听，但对爱弥儿来说就没有什么意义了，因为他不懂这些，他不能拿别人的看法作为自己的看法。因此，要对他讲得简单一些。经过这两次吃饭的事情以后，我在有一天早晨对他说：“我们今天到哪一家去吃午饭？到这一家去，将看到桌子上四分之三的地方都摆着一大堆银器，在餐后用点心的时候，将看到镜子似的盘子上放满了纸花，将看到那些大模大样的女人把你当成好玩的小娃娃，给你讲一些你莫名其妙的话；或者到离这里两里路远的乡村，到那些欢欢喜喜地拿上好的奶酪来款待我们的人家去？”爱弥儿无疑是选择后一家的，因为他既不爱说废话也不爱讲排场，他受不了那些拘束，所有那些珍馐美味他都不喜欢；但是，一说到乡间去，他总是马上

就去的，他非常喜欢好水果、好蔬菜、好奶酪和好人家[①]。在路上走着的时候，他自然而然地就谈起他的看法来了。他说："我认为，所有那些花许多心思去搞盛大宴会的人，不是想浪费他们的精力，就是不懂得我们这种乐趣。"

我举的这些例子，对一个学生来说也许是好的，但对千百个其他的学生来说也许就不好了。如果你领会了其中的精神，则你可以按照你的需要把它们加以改变。例子的选择，有赖于对每一个人特有的天资的研究，而这种研究，又有赖于你使他们有表露其天资的机会。不要以为在我们所讲的这三四年的时间中，我们能够使一个天资优秀的孩子对所有自然的技术和科学都获得一个概念，使他将来有一天可以独立去学习；但是，像我们这样使他一件件地经历他必需有所认识的事物时，我们就使他进入了发展其爱好和才能的境地，使他向他的天资导引的目标迈出了第一步，而且还给我们指出应该向着什么方向辅助其天性的发展。

这一系列为数虽然有限然而是很正确的知识，还可以给我们带来另外一个好处，那就是我们可以通过它们之间

① 我之所以知道我的学生对乡村有一种喜爱，是由于他所受的教育自然而然地产生这样的结果。此外，由于他没有那种衣服华丽的纨绔子弟的样子讨妇女们的欢心，所以，一方面他固然不像其他的孩子那样受她们的欢迎，但另一方面他也因此不太喜欢她们，不愿意同她们厮混在一起，而且，即使和她们在一起，他也是不会欣赏她们的风韵的。我甚至不愿意教他吻她们的手，不愿意教他向她们说几句干巴巴的奉承话，不愿意教他对她们要比对男人显得更尊敬，虽然对她们应当是更尊敬；我定了这样一条不能破坏的规则，即绝不强迫他做非他的智力所能理解的事情，何况我们还找不到充分的理由叫孩子对性别不同的人采取不同的态度。

的联系和关系去教他，我们可以使它们在他的心目中占有它们应有的地位，可以防止我们像大多数人那样偏重于培养某些才能，而忽视对他的其余的才能进行培养。对整体有很好的了解的人，就能了解每一个部分应有的位置，对一个部分有较好的研究的人，就能够成为一个有学问的人；至于要成为一个有卓见的人，那就需要对整体有彻底的了解了；需要记着的是，我们想取得的不是知识，而是判断的能力。

不管怎样，我的方法是不拘泥于我所举的这些例子的，它是根据一个人在不同的年龄时的能力，根据我们按他的能力所选择的学习内容而进行的。我相信，你也许能顺利地找到另外一个方法，做起来似乎更好一点；但是，如果它对他的个性、年龄和性别是不太适合的话，我很怀疑你的方法能取得同样的成功。

在开始第二个时期的时候，我们已经利用我们过剩的精力把我们带到远离我们的地方；我们上了天，我们量了地，我们探寻了自然的法则；一句话，我们跑遍了整个的岛屿；现在我们又回到我们这个世界上来了，我们不知不觉就走到了我们所住的地方。要是在我们走回去的时候，发现我们的住所还没有被那些想霸占它的敌人所占据的话，我们就太高兴了！

把我们周围的情景看过以后，我们该怎样办呢？我们要把我们能够拿到的一切东西都加以使用，要利用我们的好奇心来增进我们的幸福。到现在为止，我们已经制造了一大堆各种各样的工具，但是还不知道我们用得着哪一种

工具。也许，我们的工具对我们自己没有用处而对别人有用处，也许反过来，我们又需用他们的工具。这样一来，我们就发现把它们交换一下对我们是有利的，但是，为了要进行交换，就必需了解彼此的需要，每一个人都必需知道别人所使用的工具和可以拿出来交换的工具。现在假定有十个人，而每一个人有十种需要。每一个人为了满足他的需要都要做十种不同的工作；但是，由于天资和能力的差别，这个人做起这些工作来就不如那一个人做得好，而那一个人又不如另一个人好。所有的人虽各有所长，但现在都做同样的事情，所以效果是很不妙的。如果把这十个人组成一个团体，让每一个人为他自己也为其他九个人做他最适合的工作，这样，每一个人都能从其他九个人的才能中得到益处，宛如他单独一个人就具有这几种才能似的。每一个人由于继续不断地做一样工作，所以愈做愈是熟练，结果，所有这十个人的需要都全部得到满足了，而且还可能有剩余的东西供给其他的人。这就是我们所有一切制度显明的原理。我在这里不打算研究这个原理的结果，我在另外一本著作[①]中已经阐述过了。

按照这个原理，一个人如果想与世隔离，不依赖任何人，完全由自己满足自己的需要，其结果只能是很糟糕的。他甚至不能生存下去，因为，当他发现整个土地都由你和我所占有，而他只有孑然一身的时候，他从哪里得到他所需要的东西呢？我们在脱离自然的状态时，也强使别人脱离了这个状态；没有一个人能够不管其他的人怎样做他却

①《论人类不平等的起源和基础》。

要停留在这种状态；当不可能在这种状态中生活的时候，如果还想呆在这种状态中的话，那才是真正地脱离了这种状态哩，因为自然的第一个法则是保卫自己的生存。

⑧社会观念

我们这样做，就可以使一个孩子在没有真正地成为社会的一个活动的成员以前，在他的心中逐渐地形成社会关系的概念。爱弥儿发现，他自己要使用工具，别人也要使用工具，因此他可以用他的工具去交换他所需要而别人又能提供的工具。我很容易地使他感觉到了进行这些交换的必要，使他能够利用它们来满足他的需要。

“大人，我要生活呀，”一个穷困的讽刺文作家在一位大臣骂他所搞的这门职业是很不体面的时候说了这样一句话。“我看不出这有什么必要，”那位显要的人冷冷地回答道。这样的回答，从一位大臣说来，是讲得很漂亮的，但如果出自他人之口，就显得很粗鲁和虚伪。所有的人都要生活。这个论点，每一个人将随他懂得的人情世故的多少而产生或多或少的同感，但在我看来，从讲这句话的人来说，是无可辩驳的。既然在大自然赋予我们的一切厌恶感中，最强烈的是对死亡的厌恶，那么由此可见，无论哪一个人在没有任何其他办法生活的时候，由于厌恶死的心理的驱使，是可以采取一切手段生活下去的。讲节操的人在轻视其生命和殉其职责的时候，所根据的原则跟这个简单的原理是绝不相同的。在有些民族当中，一个人用不着努力修养也能成为善良的人，而且，在没有道德的轨范可资

遵循的时候也能做事公正，这样的民族才是幸福的民族！如果说在这个世界上确实有一种恶劣的境地，使处在这种境地的人不为非作恶就不能生活，使处在这种境地的人民由于生活的需要而不能不做骗子，那么，该绞死的不是这个干坏事的人，而是那些促使他去干坏事的人。

一到爱弥儿知道什么是生命的时候，我首先关心的是教他怎样保持生命。一直到现在为止，我还没有讲过职业、等级和财产的区别，我在以后也不去讲这些东西的区别，因为各种身份的人都是一样的，富人的胃也并不比穷人的胃更大和更能消化食物，主人的胳臂也不见得比仆人的胳臂更长和更有劲，一个伟大的人也不一定比一个普通的人更高，自然的需要人人都是一样的，满足需要的方法人人都是相同的。应该使一个人的教育适应他这个人，而不要去适应他本身以外的东西。由于你培养他独一无二地只能适应于一种社会地位，所以就使得他对其余的一切地位无法适应了。如果命运同你开玩笑，则你除了使他变成一个很可怜的人以外，是得不到其他结果的。这一点，你难道还不明白？一个大贵族已经变成了叫花子，而在穷愁潦倒之中还在夸他的出身，这岂不是可笑之至？一个破了产的富翁，一想到人们对穷人的轻视，就觉得自己变成了人类当中最卑贱的人，这岂不是糟糕透了？前一种人只好去做流氓骗子，后一种人只好去做打恭弯腰的奴才，见人就说这句好听的话："我要生活呀。"

你想依赖现时的社会秩序，而不知道这个秩序是不可避免地要遭到革命的，而且，你也没有什么办法可以预料

或防止那将要影响你的孩子的革命。大人物要变成小人物，富人要变成穷人，贵族要变成平民；你以为你能避免命运的打击吗？危机和革命的时代已经来临[①]。谁说得上你将来会变成什么样的人呢？凡是人所制造的东西，人就能够把它毁掉；只有大自然刻画的特征才是不可磨灭的，然而大自然是从来不制造什么国王、富翁和贵族的。这位大官，你当初只教育他追逐富贵，将来落到卑贱的地位时怎么办呢？这个只知道靠黄金生活的税吏，将来穷困的时候怎么办呢？这个虚有其表的蠢人，无一技之长而全靠他人之力生活，到了一无所有的时候又怎么办呢？一个人要能够在自己的地位发生变化的时候毅然抛弃那种地位，不顾命运的摆布而立身做人，才说得上是幸福的！企图在衰败的王权下疯狂挣扎的这个破落的国王，你们爱怎样称颂他就怎样称颂他，可是我是看不起他的；我认为，他只不过是靠他的王冠生活，如果他不是国王，他便一文不值；但是，如果他失去王位而能够不靠王冠生活的话，那么他的品位倒是远远在国王之上了。他已经从国王的地位（懦夫、流氓或疯子都可以取得这个地位）升到了只有极少数的人才能取得的人的地位。这时候，他战胜了命运，敢于把命运不看在眼里，他一切都依靠他自己；当他除了自身之外便别无他物可以炫耀于人的时候，他才能够说他不是废物，他才能够说他有几分用处。是的，我宁可要一百个在科林

① 我认为，欧洲的几个大君主国家是不可能再长久延续下去的：它们都曾经兴盛过一个时期，盛极以后就要开始衰败的。除了这个法则以外，我还可举出一些更特殊的理由，不过不打算在这里谈就是了，因为每一个人对这一点都是很清楚的。

斯学校中教书的锡拉丘兹王，宁可要一百个在罗马做录事的马其顿王，而不要一个可恶的塔昆尼乌斯[①]，因为他只知道做国王，只想成为三个王国的继承人，任何人都拿他做嘲笑的对象，鄙视他那种潦倒的样子；他从这个宫廷奔走到那个宫廷，到处求别人的帮助，到处受别人的侮辱；他一无所长，没有从事一门职业的能力。

一个人和一个公民，不论他是做什么的，除了他自身以外，便没有另外的东西可以拿来投入社会；当一个人富起来的时候，或许他不去享受他的财富，或许由公众享受他的财富。在前一种情况下，那是因为他从别人那里窃取了他本来没有的东西；在第二种情况下，不能因此就说他对公众做了贡献。要是他只拿出他的财富的话，他对社会的债务还是一点也没有偿付。“我的父亲在挣得他的财产的时候，对社会就有了贡献……”诚然，他付了他的债，但他没有付你的债。既然你一生下来就过着优厚的生活，所以你欠他人的债，比你在没有财产的情况下出生还欠得多。把一个人对社会的贡献用来解除另一个人对社会的债务，那是一点也不公正的；因为每一个人的债都是他自己欠的，所以只能由他自己还。任何一个父亲都不能使他的儿子有权成为一个对同胞一无用处的人。你也许会说，他把他的财产传给儿子的目的就在于此，而他的财产就是他的劳动的证明和代价。一个人在那里坐吃不是他本人挣来的东西，就等于是在盗窃；在我看来，一个人如果一事不做而靠政府的年金生活的话，就同抢劫行人的强盗没有分

① 塔昆尼乌斯，据传说是古罗马一个暴君的名字。

别。处在社会之外与世隔离的人，对任何人都没有负债务，所以他爱怎样生活就可以怎样生活；但在社会之中，他必然要借他人之力而生活，他应该用劳动来向他们偿付他生活的费用；这是任何人都不能例外的。所以，劳动是社会的人不可豁免的责任。任何一个公民，无论他是贫或是富，是强或是弱，只要他不干活，就是一个流氓。

⑨真正的职业

在人类所有一切可以谋生的职业中，最能使人接近自然状态的职业是手工劳动；在所有一切有身份的人当中，最不受命运和他人的影响的，是手工业者。手工业者所依靠的是他的手艺；他是自由的，他所享受的自由恰好同农民遭受的奴役形成对照，因为后者束缚于他的土地，而土地的产物完全凭他人的支配。敌人、贵族、有势力的邻居或一场官司，都可以夺去他的土地；人们可以用各种各样的方法利用他的土地去折磨他；然而，不论在什么地方，谁要是想折磨手工业者的话，他马上就捆起行李走掉了。可是农业是人类所从事的历史最悠久的职业，它是最诚实，最有益于人，也就是人类所能从事的最高尚的职业。我没有向爱弥儿说："你去学一学农活吧！"因为他懂得农活，所有的庄稼活儿他都是很熟悉的，他起初就是从庄稼活儿学起，而且还不断地干这种活儿。因此，我要对他说："你现在耕种你祖上留下来的土地。但如果你失去了继承权，或者根本就没有继承权的时候，又怎样办呢？所以，你还得学一门手艺。"

“你要我的儿子去学一门手艺，要我的儿子做手工匠人，老师，你是这样想的吗？”“夫人，我在这方面比你想得更周到，你只知道使他成为王公贵族一类的人物，然而说不定他将来会成为一无所能的人咧。至于我，我要给他一个他怎样也不会失掉的地位，在任何时候都可以使他引以为荣的地位，我要把他教养成人；不管你怎样说，他得到这种地位的机会将会比你能给予他一切地位的机会少得多。”

这些话，从字面上看好像是很恼人的，但它的精神是令人奋发的。问题不在于为了懂得一种手艺而学一种手艺，问题在于要克服对那种手艺所抱的偏见。你也许永远也不会有不劳动就不能生活的日子。唉！真糟糕，这对你是很不利的！不过，也没有什么关系；即使不是为了生活的需要而劳动，也可以为了获得荣誉而劳动。为了要高出于你原来的身份，就必需要不耻于做一个手工匠人。为了要使命运和事物都听你的支配，你开头就要从不依赖它们做起。如果想利用舆论去进行统治，你首先就要统治舆论。

你要记着的是，我要求你的不是才能，而是一种手艺，一种真正的手艺，纯粹的机械的技术，做的时候是动手而不是动脑，这种手艺虽不能使你发财致富，但有了它，你就可以不需要财富。在一些根本就没有挨饿之虞的人家里，我曾经看见过几个做父亲的竟深谋远虑到除用心教育他们的孩子以外，还费一番苦心教给他们一些遇到意外的事件时用来谋生的知识。这些有远见的父亲，自以为做了很多的事情，实际上是一点事情也没有做，因为他们替他们的

孩子所想的办法，还是要依靠他们的命运，尽管他们想使他们的孩子不依靠命运。所以，即使有好本领，但如果有本领的人没有遇到发挥他那些本领的环境，他也会像没有本领的人一样穷困而死的。

说到谋生的手腕和权谋，如果在你极端穷困的时候用它们去恢复你原来的地位，还不如用它们使你过优裕的生活。如果你去学那些必需要取得艺术家的名声才能取得成就的技艺，如果你使自己只能充任那些需要人家的恩宠才能获得的职位，那么，当你出于正义而厌恶世俗，看不起你赖以成功的那些手段时，所有这一切对你还有什么用处呢？你研究过政治和王公贵族们的爱好，这很好；但是，如果你没有办法去接近大臣、宫廷贵妇和长官，如果你没有讨取他们欢心的秘诀，如果他们都觉得你还不适于做他们所需要的走卒，那么，你所研究的那些东西又有什么用呢？你是一个建筑家或画家，是的；但是，必需要人家了解你的才能，你才可以施展你的本领。你以为可以把一个作品直接拿到沙龙里去陈列吗？啊，那是办不到的！必需要你在法兰西学院挂一个名才行，甚至想在墙角边上找一个阴暗的地方陈列，也要托人家的庇护。所以，把尺子和画笔扔掉，坐一辆马车，挨家挨户地去走访，这样才能传出你的名声哩。你应当知道，所有那些显赫的人家都是有看门的门丁和仆役的，他们靠打手势来理解事情，他们的耳朵是长在他们的手上的。如果你想教授你所学的东西，想做地理教员或数学教员、语文教员、音乐教员、图画教员，你要想找到一些学生跟你学，也必需先找到一批替你

吹嘘的人。你应当知道，重要的是要善于吹牛而不是本领熟练，如果你只懂得你那门技艺的话，你在别人眼中将永远是一个无知的人。

所以你看，这些谋生的妙法都是不大可靠的，为了要用它们，你还需要知道那么多的其他的办法啊！而且，在这卑贱的境地中你将变成什么样的人呢？逆境既不能使你有所长进，反而使你的遭遇更加恶劣，一旦变成了公众的笑柄，你怎能战胜偏见——你的命运的主宰呢？你怎能轻视你赖以谋生的那些卑鄙下作的行径呢？你以往只知道依靠你的财富，而现今还要去依靠富人；你愈来愈堕落成奴隶，在奴隶的生活中遇到重重的痛苦。到了这种地步，你既贫穷又没有自由，真是堕落到了最坏的境地了。

那些奥妙的学问是用来培养心灵而不是用来培养身体的，所以，如果你不把你的依靠寄托于它们，而是在必要的时候寄托于你的手和你用手做成的东西，则一切的困难都不存在，所有的权谋都没有用处，在你需要的时候总可以找到谋生的办法的，正直和荣誉对你的生活并无妨碍：遇到大人物，你用不着那样畏缩不前地说一遍谎话；遇到恶人，你也用不着那样服服帖帖地听他们的摆布；你用不着那样卑鄙地去奉迎什么人了（当你身无分文的时候，你去向人家借钱或做强盗，差不多都是一样的）。这样一来，别人的议论对你没有丝毫的影响，你无须去拍谁的马，你无须去讨哪一个傻瓜的好，无须低声下气地去巴结门丁，无须去买通或奉承什么人的宠妇。尽管有许多的恶棍在执掌大事，也同你没有什么关系：这不能妨碍你在默默无闻

的生活中做一个诚实的人和挣你的面包。你走进你第一次学手艺的那个工场，说："师傅，我要找活儿干。""伙计，你就在这里干吧。"还不到吃午饭的时间，你已经就挣得了你的午饭。如果你勤勤恳恳踏踏实实地干，则一个星期还没有过完，你就挣得了下个星期的生活费用：你过着自由、健康、诚实、勤劳和正直的生活。这样去谋求生活，并没有白白地浪费你的时间。

我是绝对地主张爱弥儿学一门职业的。你说："要学就必需学一门诚实的职业。""诚实的"这个词是什么意思呢？凡是有用于大众的职业不都是诚实的吗？我绝不愿意他去做绣花匠或金匠或漆匠，不愿意他做洛克所说的那种文文雅雅的人，我也不愿意他去当音乐家或喜剧演员或著作家[①]。除了这几种职业以及同它们相似的其他职业以外，他爱学什么职业就可以学什么职业，我是丝毫不想干涉的。我倒是喜欢他做鞋匠而不做诗人，我愿意他去修马路而不愿意他在瓷器上绘花卉。"可是"，你也许会说，"警卫、暗探和刽子手也都是有用的呀。"要不是因为有政府，这些人是一点用处也没有的。且慢，我说错了。所选的职业仅仅有用还是不够的，还必需要这种职业不能使从事于它的人养成一种丑恶的乖戾人情的心灵。言归正传，还是本段开头的第一句话，我们要从事一门诚实的职业。不过，我们要始终记住的是，没有实际的用处，也就没有诚

① 也许有人向我说："你，你就是著作家呀。"我承认，我是由于我的不幸而成为著作家的；我的过错，我想，我已经是尽量地改正了，所以别人不能拿它们来说明想成为我这样的著作家的理由。我之所以著书，其目的并不是要替我的错误辩解，而是防止我的读者学我的榜样。

实可言。

本世纪有一个出名的著述家[1]，其著作虽然包括了庞大的计划，然而观点是非常狭隘的；他也像他那个教会中的其他教士一样，发誓不娶妻子；但是，由于发现别人觉得他私通苟合的嫌疑比任何人都重，于是，他就决定雇一些漂亮的女仆，以便尽量用她们来弥补他由于这一顾前不顾后的誓言而对人类造成的损害。他认为，给祖国生育子女是公民的一个义务，因而，这样来为国家做贡献，增加了手工匠人这个阶级的人数。一到这些孩子长大成人，他就叫他们学一门他们所喜欢的职业，但不准他们学那些虚浮而无实用的或者容易受风气影响的职业，例如做假发这门职业，就是完全不需要的，只要大自然让我们长头发，这种职业就会一天比一天地变得没有什么用处。

我们应该本着以上的精神来选择爱弥儿的职业，或者说得更确切一点，不是由我们而是由他自己本着以上的精神选择他的职业，因为他所遵循的准则会使他自然而然地对没有用处的东西产生一种轻视的心的，但绝不愿意把他的时间花费在没有价值的工作上。他要凭事物的真正用途去了解它们的价值；他所学的手艺，必需是鲁滨逊在荒岛上也用得着的。

当我们把自然的产品和艺术的作品一件件地拿给一个孩子观看的时候，当我们引起了他的好奇心，而且注意到他的好奇心向着什么方向发展的时候，我们就可以很顺利地对他的爱好、倾向和性癖进行研究，可以很顺利地发现

① 圣皮埃尔神父。

他的天才的第一道火花，如果他真有什么显著的天才的话。但是，你必需防止一般人所犯的一个共同的错误，那就是把机会的影响说成是才情的奋发，并且把人和猿猴都同样具有的模仿心当成是这样或那样的艺术倾向，因为在实际上，这种模仿心是无意识地使人和猿猴做他们看到的别人所做的动作，而对那种动作的用处是一点也不明白的。世界上有许多的手工匠人，特别是有许多的艺术家，是根本没有他们所搞的那种艺术的天才的；他们之从事一种艺术，是幼年时候或因其他习俗的影响，或因一时的热情的冲动，然而这种一时的热情是同样可以使他们去从事其他的艺术的，要是他们当时看到有人在搞另外一种艺术的话。所以，要是他们当初听见了鼓声，他们就会想当将军；看见别人修房子，就会想当建筑家。每一个人看见别人从事一门职业，如果他认为那种职业是受人尊敬的话，他就要受它的引诱的。

我认识一个仆人，他看见他的主人作画，就有意要成为一个画家。自从他打定这个主意的时候起，就拿起铅笔来画，而且除了使用画笔的时候，他手中的铅笔就一直没有放下过，也许他这一辈子也永远不会放下他手中的铅笔了。他既没有学过画法，也不懂绘画的法则，只是看见什么就画什么。他这样乱七八糟地整整画了三年，除了替主人办事以外，其他任何事情都不能使他停止他的绘画，而且从来没有因为他的天资平庸、进步很慢而灰过心。在一个酷热的夏天的六个月当中，我常常看见他在一个向南的小套房里，虽然我们从那里过一下路也闷得透不过气，但

他坐在，或者说得更确切一点，整天钉在一张椅子上，对着一个地球仪描画着；他极其顽强地画了又画，不断地重画，一直到把球体画得相当地好，自己也感到满意为止。最后，在他主人的帮助和一个艺术家的指导之下，他终于辞去了他的差事，用他的画笔谋生。以坚韧不拔的毅力去弥补他才能的不足，只能弥补到一定的限度，他已经达到了这个限度，而以后就再也不能超过这个限度了。这个诚实的仆人的恒心和进取心是值得称赞的。他将永远以他的刻苦和有始有终的精神及耐心受到人们的尊重，但是他永远也只能画一些很蹩脚的画。谁没有受过他自己的热情的蒙蔽，把它当作一种真正的才华呢？一个人喜欢一项工作和适合于做那项工作之间，是大有区别的。由于一个孩子所表现的是他的愿望而不是他的禀赋，所以，为了弄清他真正的才情和真正的爱好，就需要进行一些意想不到的细致的观察，以免我们没有好好地研究一下他的禀赋就单凭他的愿望进行判断。我希望一个智虑明达的人写一篇论文给我们详细阐述这个不能不知道的观察孩子的方法。然而现今做父亲和做老师的连这个方法的基本的要点还不知道哩。

我们在这里也许太强调选择一门职业的重要性了。既然问题只是在于一门手艺，则这种选择对爱弥儿来说就是毫不费事的；通过我们迄今给他的种种锻炼，他学徒的期限已经是过了一半多了。你要他干哪种活儿呢？他什么都会：他已经会使铲子和铁锹，会使车床、锤子、刨子和锉刀，各种手艺的工具他都是很熟悉的。问题只是在于怎样

把这些工具当中的某一种工具用得更熟练，以便努一把力赶上善于使用那种工具的工人；在这一点上，他有一个比谁都优越的条件，那就是他的身子灵便、手脚灵活，能毫无困难地做各种各样的姿势，即使长久地做什么动作，他也不觉得费劲的。此外，他的一切器官都是很健全的，而且还受过良好的锻炼；他已经懂得各种技术的机械原理。为了要成为一个干活的能手，他所欠缺的只是经验，而经验是只要有时间就能获得的。让我们来选择：在各项职业当中，他应该在哪一项职业上花足够的时间去孜孜不倦地干呢？现在的问题，就是这么一点。

让每一个人有一项适合于他的性别的职业，让年轻人有一项适合于他的年龄的职业；凡是呆在房间里坐着做的职业，都是败坏身体的，所以这样的职业，他既不喜欢也不适合于他做。从来没有一个年轻小伙子是自己愿意去做裁缝师的，需要用一些巧妙的办法才能使男性去干这种女人的职业，因为他是生来就不适合做那种工作的[①]。会使针的手就不会使剑，会使剑的手就不会使针。如果我是国王的话，我就只允许妇女和瘸腿的男子去干针线活，要让瘸腿的男子和妇女一样地从事缝纫。我觉得东方人简直是发了疯，竟特地使一些人成为宦官，认为这种人也是非有不可的。他们为什么不拿那些失去了天性，丧失了良心的人去充当宦官呢？这种人是多得要不完的。凡是娇弱胆怯的男子，大自然就要叫他过那种静止不动的生活，他适合于

① 在古代人当中是没有裁缝师的，男子的衣服都是妇女们在自己家里做的。

同妇女们一块儿生活，适合于按她们那种方式而生活，叫他趁早去从事一门适合于他的职业；如果说绝对需要有真正的宦官的话，那么，就叫那些因为选择了不适合于他们的职业而丧失了男性的体面的人去充当好了。他们选择那种职业，就表明大自然的安排出了错误；你纠正这一类的错误，是只有好处而无坏处的。

我不允许我的学生选择不卫生的职业，但是我不禁止他去从事艰苦的职业，甚至去从事危险的职业，我也是不加禁止的。这些职业能同时锻炼身体和勇气，它们只适合于男子去做；妇女们是绝不会去从事这种职业的；所以，如果男人去夺取她们的职业的话，怎能不害羞呢？

> 女人是很少去打仗的，女人是不吃
> 力士那份口粮的。可是你，你却去
> 织绒线……①

在意大利，我们在商店里从来没有看见过妇女；对见惯了法国和英国街道的人来说，再也想不出什么东西比这个国家的街景更凄凉的了。看见那些卖杂货的男人向妇女们兜售花边、丝球、发网和绒线，我觉得，他们那一双原本是生来打造铁器的粗大的手拿着那些纤细的装饰品，实在是可笑之至。我心里想，在这个国家里，妇女们应该开设一些刀剑和枪炮店，来报复男人。啊！但愿每一个人都制造和售卖他或她那个性别的人使用的武器。为了要懂得

① 尤维纳：《讽刺诗》第2卷，第5篇，第33首。古罗马讽刺诗人。

它们，就必需使用它们。

年轻人，在你的工作上要印上男人的手的痕迹。你要学会用强有力的胳臂使用斧子和锯子，学会做大梁，学会爬上房顶去安放横梁，学会用支柱和系梁把它安得牢牢实实的；然后正如你的姐姐叫你去帮她结花边一样，也叫她来帮你干你的活儿。

在这个问题上，我对我可敬的同行说的话已经是太多了，这一点我自己是感觉到了的；不过，有时候我是身不由己地不能不论述一下这些后果的影响。不管哪一个人，如果他不好意思当众手拿斧头、身围皮裙干活的话，我就认为，他这个人简直是舆论的奴隶，一听见别人嘲笑诚实的人，竟对自己所做的好事也害起羞来。只要无害于儿童，我们就可以向做父亲的人的偏见让步。为了尊重所有一切有用于人的职业，也不需要全都学会它们，只要我们不抱着不屑为之的态度就行了。当我们可以进行选择，而且又没有什么东西强制我们的时候，我们为什么不想一想在同一类职业当中，我们的爱好和倾向是适合于做哪一种职业呢？打造金属器具的工作是有用的，而且是最有用的，但是，除非我有一个特殊的理由，我是绝不叫你的孩子去做马掌匠、锁匠或铁匠的；我不喜欢看见他在炼铁炉旁边做出一副独眼魔鬼的样子。同样，我也不叫他去做泥水匠，更不叫他去做鞋匠。各行各业都要有人去做，但是，能够进行选择的人就应该考虑到那个职业的工作是不是很清洁。这一点，不是什么偏见，而是由于我们的感觉是决定我们这样考虑的。最后，我之所以不喜欢那些没有趣味的

职业，是因为其中的工人没有兢兢业业的上进心，而且差不多都是像机器似的人，一双手只会干他们那种活儿；织布的、织袜子的、磨石头的，叫一个聪慧的人去从事这些职业，有什么好处呢？从事这种职业的人，等于是使用另外一架机器的机器。

经过很好地考虑以后，我认为我最喜欢而且也最适合我的学生的兴趣的职业是做木工。这种工作很干净，也很有用，而且可以在室内做；它使身体有足够的活动量，它要求工人既要具有技术，又要勤勤恳恳地干；在以实用为主的产品的样式中，也不排除典雅和美观。

要是你的学生的天才确实是倾向于科学的研究，我也不会怪你给他选择一门适合于他的爱好的职业，例如说叫他去制作数学用具、眼镜和望远镜这一类的东西。

当爱弥儿去学他的职业的时候，我也希望同他一块儿去学，因为我深深相信，只有我们一起去学他才能学得很好。我们两个人都去当学徒，我们不希望别人把我们看作绅士，而要看作真正的学徒。我们之所以去当学徒，并不是为了好玩，我们为什么不能老老实实地做学徒呢？沙皇彼得在工场里做过木匠，在他自己的军队中当过鼓手；你难道认为从出身或功绩来看，这位皇帝还赶不上你吗？你要知道，我这一番话不是向爱弥儿而是你向说的，不论你是谁，我都是要向你阐述这一点的。

⑩做人的修养

可惜的是，我们不能够把我们的时间全都用在工场里。我们不仅仅要学习做工人，我们还要学习做人；后者的学徒生活比前者苦得多和长得多。我们怎样办呢？我们像你跟舞蹈老师学习那样每天跟刨木板的师傅学习一个小时吗？不。我们不是学徒，而是弟子；我们所抱的志愿不在于学木匠的手艺，而在于把我们提拔到木匠的身份。因此，我主张每个星期至少到师傅家里去学一个或两个整天，在他起床的时候我们也起床，我们要在他的眼前工作，要在他的家里吃饭，要照他的吩咐去做；在荣幸地同他一家人吃过晚饭之后，如果我们愿意的话，就回到自己家里的硬床上去睡觉。我们要一下就学会几种职业，而且要在学做手工活的同时又不忽略其他的学习，就必需采取这样的办法。

在做正当的事情时，我们应该是淳朴的，不要因为同虚荣搏斗，而自己又重新产生了虚荣。由于战胜了偏见而骄傲，就等于是向偏见投降。有人说，按照奥托曼人的古老的习惯，苏丹是一定要亲手劳动的；每一个人都知道，一个国王的手所做的东西，是必需当作杰出的作品看待的。因此，他也就堂而皇之地把他的杰出作品分派给他朝中的大官；这些东西的价钱，是按照制造东西的人的身份来定的。在这件事情上，我认为，不好的并不是大家所说的这种劣政，因为相反的它倒是一件好事。由于强迫官吏们把他们抢劫人民的东西拿来同他分享，苏丹就不能不相应地少去掠夺人民。这是专制制度必要的一个缓和，没有这种缓和，这个可怕的政府就无法存在。

这种习惯的真正坏处是，它使人认为那个可怜的人有

那样大的价值。正如米达斯王[①]一样，他只看见他摸过的东西都变成了黄金，但是他不明了这会带来怎样的结局。为了使我们的爱弥儿不遭到同样的结局，就不要使他的手具有这样一种发财的本领；他所做的东西，不能按做东西的人，而必需按那个东西的好坏决定它的价值。在人们评判他所做的东西时，我们只允许他们把它拿来同手艺高明的师傅所做的东西相比较。他的作品之能得到大家的尊重，是由于作品的本身而不是因为它是他做的。当你看见一件做得很好的东西时，你会说这件东西做得真好；但你不会问是谁做的。如果他自已带着骄傲和自满的神气说是他做的，你就冷淡地回答他说，是你或是另外一个人做的，这没有什么关系，反正是一件做得很好的东西。

贤良的母亲，你要特别小心别人向你说一番骗人的话。即使你的儿子知道的东西很多，你也不要相信他所知道的那些东西。如果他不幸是在巴黎长大的，而且又不幸是一个有钱的人，那他就没有前途可言了。有熟练的艺术家在身边的时候，他也许可以学到他们的本领，而一旦离开了艺术家，那他就什么本领也学不到了。在巴黎，有钱的人什么都知道，而愚昧无知的只是穷人。在这个首都里，充塞着爱好艺术的男人，而爱好艺术的女人，则尤其众多，他们做起作品来，和吉约姆先生调配颜色一样地容易。在男人中，我知道有三个人是例外，是值得尊敬的，也许还

① 米达斯王，希腊神话中菲里吉亚的国王。狄奥尼苏斯应他的请求，使他所接触的任何东西都变成黄金，连他的食物拿在手中也变成了金子，使他几乎饿死。于是狄奥尼苏斯又应他的请求，解除了他的点金的魔力。

有更多的值得尊敬的人；但在女人中，值得尊敬的人我还一个也没有听说过，我怀疑她们当中是不是有这样的人。一般地说，在艺术界成名和在法学界成名是一样的；正如成了法学博士就可以做官，一个人成了艺术家就可以做艺术批评家。

所以，一旦认识到懂得一门职业是一件好事，那你的孩子们即使是没有学过它也是会懂得的，因为他们像苏黎世市的议员一样会成为师傅。不要对爱弥儿说那种恭维话，不要他在表面上而要他在实际上真正有那种资格。我们不要说他已经懂得了，而要让他不声不响地去学习。让他去做他最拿手的东西，但绝不称赞他是做那种东西的大师；不要让他在名义上，而必需要他在作品上表现他是一个工人。

如果到现在为止，我已经使人们懂得了我的意思，那大家就可以想象得出我是怎样在使我的学生养成锻炼身体和手工劳动的习惯的同时，在不知不觉中还培养了他爱反复思考的性情，从而能够消除他由于漠视别人所说的话和因自己的情绪的宁静而产生的无所用心的样子。他必需像农民那样劳动，像哲学家那样思想，才不至于像蒙昧人那样无所事事地过日子。教育的最大的秘诀是使身体锻炼和思想锻炼互相调剂。

但是，我们要防止提早拿那些需要有更成熟的心灵才能理解的东西去教育学生。爱弥儿做了工人之后，不久就会体验到他起初还只是约略见到的社会上的不平等。我教他的那些准则，他是能够理解的，所以他以后是要按照那

些准则来检验我的。由于他完全是由我一个人单独教育的，由于他是那样清楚地看到过穷人的境遇，所以他想知道为什么我是那么样不像穷人。也许他会突如其来地问我一些尖锐的问题："你是一个有钱的人，这一点，你告诉过我，而我也是看出来了的。既然有钱的人也是人，那就应该为社会工作。你说说，你为社会做了什么工作？"一个好教师应该怎样回答这个问题，这我不知道。也许他会愚蠢地向孩子叙述他给予他的教育。至于我，我就要利用我们的工场来帮我解答这个难题。"亲爱的爱弥儿，你问得很好；如果你能够自己找到一个你感到满意的答案，我也答应为我自己解答这个问题。我可以尽量把我多余的力量贡献于你和穷人，我每一个星期做一张桌子或凳子，以免成为一个对谁都没有用处的人。"

这样一来，我们又谈到我们自己了。这样一来，我们的孩子在意识到他自己以后，就快要脱离孩子的状态了。这时候，他比以往更加感觉到对各种事物都有依赖的必要了。我们在开头锻炼了他的身体和感官之后，又锻炼了他的思想和判断的能力。这样，我们就能使他把四肢的运用和智力的运用结合起来；我们训练了一个既能行动又能思想的人，为了造就这个人，我们还需要做的事情只是把他教育成和蔼与通情达理的人，也就是说，用情感来使他的理性臻于完善。不过，在进入这个新的事物的阶段以前，我们回顾一下我们刚刚过完的阶段，并且尽可能准确地看一看我们已经达到了什么境地。

我们的学生起初是只有感觉，而现在则有了观念了；

起初是只用感官去感触，而现在能进行判断了。因为，从连续发生的或同时发生的几种感觉的比较中，以及对这些感觉所做的判断中，可以产生一种混合的或复合的感觉，我把这种感觉称为观念。

人的心灵之所以有其特点，正是由于这种观念形成的方式。能够按真正的关系形成观念的心灵，便是健全的心灵；满足于表面关系的心灵，则是浅薄的心灵；能看出关系的真相的人，其心灵便是有条理的；不能正确地判断关系的人，其心灵便是错乱的；虚构出一些无论在实际上或表面上都不存在的关系的人，就是疯子；对各种关系不进行比较的人，就是愚人。在比较观念和发现关系方面的能力是大或是小，就决定了人们的智力是高还是低，等等。

简单的观念只是由感觉的互相比较而产生的。在简单的感觉以及在复合的感觉（我称它为简单的观念）中，是包含着判断的。从感觉中产生的判断完全是被动的，它只能断定我们所感触的东西给予我们的感觉。从知觉或观念中产生的判断是主动的，它要进行综合和比较，它要断定感官所不能断定的关系。全部的差别就在这里，但是这个差别是很大的。大自然从来没有欺骗过我们；欺骗我们的，

始终是我们自己[①]。

我有一次在吃饭的时候看见一个人把一块冰过的奶酪拿给一个八岁的男孩子。他不知道那是什么东西，他把勺子拿到嘴里，突然地被冷了一下，就叫喊起来："啊！真烫人！"他经历了一下很猛烈的感觉，而就他所知，最猛烈的东西无过于火，因此他就以为他被火烧烫了。可是这一次他搞错了，突然地冷一下固然使他难受，但是不会烫伤他的。这两种感觉是不相同的，曾经经验过这两种感觉的人是不至于把它们搞混的。因此，使他发生错误的不是感觉，而是他对感觉所做的判断。

同样，第一次看见镜子或光学仪器的人，或者在隆冬或盛夏走进深深的地窖中的人，或者把一只很热或很冷的手放进温水中的人，或者用两只指头交叉地转动一个小圆球的人，也会产生这种错误的。如果他只是就他瞧见或感觉到一种情况而做判断的话，他所做的判断便纯粹是被动的，是不至于判断错误的；但是，如果他根据事物的外表判断的话，他就居于主动，他就要进行比较，从推理中得出他没有看到的关系；这样一来，他就会或者可能会弄出

① "我认为我们的感官是不可能欺骗我们的，因为我们感触的东西所给予我们的感觉始终是真实的。伊壁鸠鲁派的人在这一点上是说得很有道理的。我们的感觉，只有在我们对它们产生的原因，对它们之间的关系或者对它们使我们所理解的事物的性质，随心所欲地作出我们的判断的时候，才会使我们陷入错误。伊壁鸠鲁派的看法，不对的地方就在这一点，因为他们认为我们对感觉的判断是绝不会错的。我们有所感觉，可是我们不能感觉出我们的判断，我们必需自己去作判断。"

这一段话第一次出现在迪多于1801年印行的版本里；实际上在手稿里是附加在正文中的；但必需指出的是，在1801年的版本中，"人的心灵之所以有其特点……"和"简单的观念是由……"这两段话是没有的。

错误的。为了纠正或防止错误，他就需要有经验。

夜里，叫你的学生观看那些在月亮和他之间飘过的云，他便会以为云是静止的，以为月亮是在向相反的方向移动。他之所以得出这种看法，是由于一种仓促的推论，因为他平常见到的是小物体比大物体动的时候多，同时，由于他不知道月亮离得远，所以在他看来就觉得云比月亮大。当他坐在一只正在航行的船中远看岸边时，他所得出的错误判断则恰恰相反，他觉得陆地在奔跑，因为他自己一点也没有动，所以他就把船、海或河以及所有地平线上的东西都看作一个不动的整体，而把他认为是在奔跑的海岸或河岸看作一个部分。

孩子在第一次看见有一半截淹在水中的棍子时，他以为他看见的是一根折断了的棍子，他的感觉是真实的；甚至我们大人，要是不知道这种现象的道理的话，也会有这种感觉的。所以，如果你问他看见了什么的时候，他就会回答说："一根折断了的棍子。"他说得对，因为他的的确确觉得他看到的是一根断了的棍子。但是，如果在他判断错误，说他看见的是一根断了的棍子之后，再经过进一步的观察，还说他看见的确实是一根断棍子的话，那他就说错了。为什么这样讲呢？因为这时候他已经变成了主动，他的判断不再是根据他的观察而是根据他的推理做出来的，他所断言的不是他的感觉，也就是说，他由一种感官得到的判断已经过另一种感官检验过了。

既然我们的一切错误都是由我们的判断产生的，则由此可见，如果我们不需要对事物进行判断，则我们就根本

不需要进行学习，我们就永远也不会自己骗自己，我们在无知无识中反倒比我们有了各种学识还更为快乐。谁否认过在学者们的学识中有千百种真实的事物是蒙昧无知的人永远也不知道的呢？然而，有学问的人是不是因此就更接近真理呢？完全相反，他们愈是前进，便愈是远离真理，因为在判断上的自负自大比知识的增长快得多；他们每学到一个真理，同时也就会产生一百个错误的判断。的确，欧洲的种种学术团体都无非是一些谈论虚妄之事的公开的场所。我们可以万无一失地说，在法兰西学院中发生的错误，比在整个休伦族人中发生的错误还多。

既然人们知道的东西愈多，则愈是容易弄出错误，所以唯一可以避免错误的办法就是什么都不知道。不下任何判断，就不会犯什么错误。这是自然和真理给我们的教训。除了事物和我们之间为数很少的非常明显的直接关系之外，我们对所有其他的一切当然都是不很注意的。一个野蛮人是不愿意走去看那些精致的机器的运转和电流的奇景的。"这对我有什么关系？"这是无知的人最常说的一句话，而对智者来说，也是最宜采纳的一句话。

可惜，这句话对我们来说就不适宜了。由于我们对一切都要依赖，所以一切都同我们有关系；而我们的好奇心也必然要随着我们的需要同时发展的。这就是我为什么说哲学家很好奇而野蛮人一点也不好奇的原因。后者对什么人都不需要，而前者则需要所有一切的人，特别是需要恭维他的人。

你也许会说我超出了自然的范围了，我可不这样认

为。大自然不是按照人的偏见而是按照人的需要选择其工具和尺度的。但需要则是随人的环境而变化的。生活在自然环境中的自然人和生活在社会环境中的自然人是大有区别的。爱弥儿并不是一个奔逐荒野的野蛮人，他是一个要在城市中居住的野蛮人。他必须懂得怎样在城市中满足他的需要，怎样利用它的居民，怎样才能同他们一起生活，虽然他不像他们那样生活。

既然是不管他愿不愿意都要依据那么多新的关系去进行判断，那么，我们就教他正确地去判断好了。

学习正确地判断的最好方法是这样的：它要尽量使我们的感觉过程趋于简单，而且能够使我们不经过感觉也不至于判断错误。由此可见，虽然我们老早都能以这种感官的印象和另一种感官的印象互相验证，但还须学会使每一种感官不需要另一种感官的帮助而自行验证它所获得的印象，这样，每一种感觉对我们来说就能变成一个观念，而这个观念和实际的情况往往是符合的。在这人生的第三个阶段中，我想得到的收获就是如此。

这样的方法，要求我们必需耐心和谨慎，这一点是很多教师办不到的，然而要是学生不具备这两种态度的话，便永远也学不会怎样正确地进行判断了。例如，当他错误地根据表面现象把棍子看成是断了的时候，如果你为了指出他的错误就急忙把棍子从水里拿出来，这样也许是能纠正他那不正确的看法，但你教他学到了什么东西呢？一点也没有，因为这是他自己也能够弄明白的。啊！我们应该采取的做法才不是这样咧！问题不在于告诉他一个真理，

而在于教他怎样去发现真理。为了更好地教育他，就不能那样匆匆忙忙地赶紧纠正他的错误。现在，拿爱弥儿和我做个样子说明如下。

首先，从我们所说的耐心和谨慎这两点当中的第二点来看，所有那些按照一般的方法教育的孩子就一定会十分肯定地回答说："当然，是一根断了的棍子。"我不相信爱弥儿会这样回答我。由于他看不出做一个有学问的人或假装是一个有学问的人有什么好处，所以他绝不会忙于下什么判断，只有在有了证明的时候他才下他的判断，然而在这件事情上要找到证明，是很不容易的。他这个人是知道我们按表面现象而做出的判断是多么容易受错觉的影响，所以他一定要谨慎行事。

此外，他从经验中知道，我问他的每一个最细小的问题都是有他起先还看不出来为一定目的的，因此他不可能那样糊里糊涂地回答我；相反，他在回答以前要怀疑，要注意地看，要仔仔细细地研究，他绝不会给我一个连他自己也不满意的答案；然而要使他感到满意的话，那是不容易的。总之，无论是他或我，我们都不以我们知道事情的真相而感到骄傲，我们引为骄傲的是不出错误。当我们所说的道理并不十分正确的时候，反而比我们一点道理都不知道还感到狼狈。"我不知道"这句话对我们两个人来说是很适用的，我们经常再三再四地说这句话，而说了以后，对他和对我都没有什么不好的地方。不过，不论他是不是傻里傻气冲口而出地回答我，还是用"我不知道"这句最方便的话来逃避回答，我都要紧跟着说："让我们仔仔细

细地观察一下吧。”

这一根有半截是插在水中的棍子，其位置是固定地垂直放着的。由于它看起来好像是折断了，所以为了弄清楚它究竟是不是断了的，我们要经过许多的步骤之后，才把它从水中拿出来看或者把我们的手放进水里去摸！

（1）我们首先绕着棍子转，我们发现那折断的一段棍子也是同我们一样地在移动，可见是我们的眼睛觉得它在动；视觉是不能移动物体的。

（2）我们从露在水外的那段棍子的末端笔直地往下看，棍子就不再是弯的，靠近我们眼睛的那一端恰恰遮挡着另外一端①。难道是我们的眼睛又把棍子变直了吗？

（3）我们搅动水面，我们看见棍子折成了几段，成“之”字形摇动着，而且是跟着水的波纹一起动的。难道说我们把水一搅动就可以把这根棍子折断、弄软和融化掉了吗？

（4）我们把水放走，这时候我们看见棍子随着水位的降落又慢慢地直起来了。这样一来，岂不把这件事情和光线折射的道理解释得很清楚了吗？既然我们单单用视觉就能校正我们认为是视觉造成的错误，那么，我们说视觉欺骗我们就说得不对了。

假使孩子竟愚蠢到看不懂这些实验的结果，那就需要用触觉去帮视觉的忙了。其做法不是把棍子从水中拿出来，

① 后来我经过更精确的实验而得到的结果恰好相反。曲折的地方好像打圈子似的在转动，在水中的那一部分棍子看起来比水外的那一部分大；不过这一点并不影响我的论断，不能因此就说所得到的结果是不正确的。

而是让它放在原来的位置，叫孩子用手从这端摸到另一端，这样，他感觉不到弯曲的地方，就可明白棍子不是断了的。

你也许会说，在这件事情上不只是判断的问题，而且还牵涉到形式推理的问题。你说得很对。不过，你难道不知道思想形成了观念，每一个判断就是一个推理吗？意识到一种感觉，就是一个命题，一个判断。所以，只要我们把一种感觉和另一种感觉加以比较，我们就是在进行推理了。判断的艺术和推理的艺术完全是一回事情。

爱弥儿将永远不知道屈光学这门学问，要是他没有绕着这根棍子学一学它的话。他也许不会解剖昆虫或计算太阳上的黑斑，他也许不晓得什么叫显微镜和望远镜。你那些饱有学问的学生也许会嘲笑他的无知，他们笑得不错；因为，我要他在使用这些仪器以前，自己去发明这些仪器，而你们不相信这一点是不久就可以做到的。

我在这个阶段所实行的整个方法的精神就在这里。如果孩子在用两根指头交叉地转动一个小圆球的时候，觉得是两个圆球的话，我就要在他没有确实弄清楚只有一个圆球以前，不让他用眼睛看它。

我想，这些解释足以清楚地说明我的学生的心灵到现在已经发展到什么程度，说明他达到这种程度所经历的道路。也许你对我使他注意到的事物的数量感到吃惊，因而害怕我教他这样多的知识会伤害他的脑筋。事情恰恰相反，我的目的正是要他对事物保持无知，而不是拿各种各样的事物去教他。我向他指出通向科学的道路，按照这条道路前进就能够获得真理，不过走起来是很漫长和迟缓罢了。

我已经叫他开始走了几步，以便使他知道入门的途径，但是我没有允许他深入进去。

由于他不得不自己学习，因而他所使用的是他的理智而不是别人的理智；因为，为了不听信别人的偏见，就要不屈服于权威；我们所有的谬见，大部分都不是出于我们，而是从别人那里学来的。正如工作和劳累能使身体产生一种活力一样，这样继续不断地练习，也可以使他的精神产生一种活力。另外一个好处是，他的心灵的发育同他的体力的发育是成比例的。心灵和肉体一样，有多大的力量才能做多大的事。在他把各种事物贮存在记忆里以前，他要使它们经过他的理解，此后，他从记忆中取出来的东西才是属于他的；不然的话，要是懵懵懂懂地在头脑中记一大堆没有经过自己思考的东西，结果，所记的东西没有一样是自己的。

爱弥儿的知识不多，但他所有的知识都真正是属于他自己的，而且其中没有一样是一知半解的。在他经过透彻了解的少量的事物中，最重要的一项是：他知道有许多的事物是他目前不了解而将来能够了解的；有更多的事物是别人了解而他是永远也不能了解的；还有无数的事物是任何人都不能了解的。他有一个能包罗万象的心胸，其所以这样，不是由于他有知识，而是由于他有获得知识的能力。他心思开朗，头脑聪敏，能够临机应变。现在，正如蒙台涅所说的，他虽然不是一个学识渊博的人，但至少是一个善于学习的人。只要他能够明白他所做的一切有什么用处，能够明白他为什么相信他所知道的种种事物，我就感到满

意了。因为，再说一次，我的目的不是教给他各种各样的知识，而是教他怎样在需要的时候取得知识，是教他准确地估计知识的价值，是教他爱真理胜于一切。采用这个办法，我们的进步很慢，但绝不会走一步冤枉的路，绝不会在前进不了的时候又不能不倒退回来重新学起。

爱弥儿只具有自然的知识，而且纯粹是物理的知识。对于历史，他连这个名词都不晓得，他也不知道什么叫形而上学和道德。他知道人和事物之间的主要关系，但他一点也不知道人和人之间的道德关系。他不大会概括观念，也不怎么懂得做抽象的思考。他能看出一些物体所共有的性质，但他不推究那些性质的本身。他借助于几何图形而认识抽象的空间，借助于代数符号而认识抽象的数量。这些图形和符号是抽象思考的支柱，所以他的感官要依靠这种支柱。他对事物的认识，其根据，不是事物的性质，而是事物对他的影响。对于外界的物体，他只按它和他的关系去进行估计，但是这种估计是准确可靠的，其间一点也没有掺杂什么妄念和成见。他最重视对他最有用处的东西。由于他永远不违背这个认识事物的方法，因而就不会被别人的偏见所左右。

爱弥儿喜爱劳动，性情温和；他为人又耐心又顽强，而且还充满了勇气。他的想象力现在还没有活跃起来，因而不会使他在心目中把他遇到的危险想象得那样大；他对疾病满不在乎，他能够坚忍不拔地忍受一切痛苦，因为他还不知道怎样同命运进行斗争。至于说到死，他简直还不知道它是怎样一回事情哩；然而，由于他已经习惯于不加

抵抗地完全服从需要的法则，因而在非死不可的时候，他将毫不呻吟，毫不挣扎地死去的。在这人人都憎恶的时刻，大自然是只允许我们这样做的。自由自在地生活和对人间的事物毫无挂虑，这就是懂得怎样死亡的最好方法。

总之，在个人道德中，爱弥儿已经懂得所有那些关系到他自己的道德了。为了具备社会道德，他只需进一步认识到是哪些关系在要求人们遵循这种道德就行了，他在这方面所欠缺的知识，不久就可获得的。

他只考虑他自己而不管别人，他认为别人也最好是不要为他动什么脑筋。他对谁都没有什么要求，也不认为他对哪一个人有什么应尽的义务。他在人类社会中是独自生活的，他所依靠的只是他自己。他比任何人都更应该依靠他自身，因为他完全达到了他那样年龄的人所能达到的圆满境地。他没有犯过什么过失，或者说，他所犯的过失都是我们无法避免的；他没有染上什么恶习，或者说，他所有的恶习都是任何人不能保证自己没有的。他的身体强壮，四肢灵活，思想健全而无偏见，心地自由而无欲念。自私，这在一切欲念中名列第一而且也是最自然的欲念，在他的心中还没有显露端倪。他不扰乱别人的安宁，因而可以按大自然所能允许的范围生活得尽量地满意、快乐和自由。你认为一个孩子这样地长到十五岁，他的光阴是白白地浪费了吗？

2. 道德的教育

从十五岁到二十岁为道德宗教教育的时期。

我们在世上的时间过得多么快啊！生命的第一个四分之一，在我们还不懂得怎样用它以前，它就过去了；而最后的四分之一，又是在我们已经不能享受生命的时候才到来的。起初，我们是不知道怎样生活，而不久以后我们又失去了享受生活的能力；在这虚度过去的两端之间，我们剩下来的时间又有四分之三是由于睡眠、工作、悲伤、抑郁和各种各样的痛苦而消耗了的。人生是很短促的，我们之所以这样说，不是由于它经历的时间少，而是由于在这很少的时间当中，我们几乎没有工夫去领略它。死亡的时刻固然同出生的时刻相距得很远，如果当中的时间不是很好地度过的话，也可以说人生是极其短促的。

我们可以说是诞生过两次：一次是为了存在，另一次是为了生活；一次是为了做人，另一次是为了做一个男子。有些人把女人看作是一个不完全的男子，这种看法当然是错误的；但是他们就外表而作的推论，是说得很对的。在达到男二十岁和女十五岁的年龄以前，男孩子和女孩子在外表上是没有什么明显的区别的，甚至连面孔、肤色和声音都完全是相同的：女孩是孩子，男孩也是孩子；同一个名词可以用来称呼这两种如此相像的人。男子们的男性的外部发育如果受到阻碍，则他们终生将保持这种样子，他们始终是大孩子；而妇女们由于没有失去这种样子，所以

在许多方面都好像是从来没有起过变化似的。

一般地说，男子是不会始终停留在儿童状态的，他到了大自然所规定的时候就要脱离这种状态；这个极关紧要的时刻虽然是相当地短，但它的影响却很深远。

正如暴风雨的前奏是一阵海啸一样，这狂风暴雨似的巨变也用了一阵日益增长的欲念的低鸣宣告它的来临，一种暗暗无声的骚动，预告危险即将到来了。性情的变化，愤怒次数的频繁，心灵的不断的激动，使他几乎成了一个不守规矩的孩子了。他对我向他说的话，以前是乖乖地服从的，而现在则充耳不闻了；他成了一头发狂的狮子，他不相信他的向导，他再也不愿意受人的管束了。

除了性情变化的精神征兆以外，在面孔上也有显著的变化。他的相貌长得轮廓分明，显得有一副性格的样子；他两个下腮上的稀疏柔软的绒毛也变得很浓密了。他的声音粗浊，或者说得更确切一点，他失去了他的声音：他既不是小孩也不是大人，这两种人的声音他都不能发了。他的眼睛，心灵的器官，在此以前是一无表情的，而现在也能表达他的语言和感情了，愈来愈烈的情火使它们显出活泼的样子；灵活的目光虽尚保存着圣洁的天真，然而已不再有最初那种茫然无知的神情，他已经觉得它们什么都能够表达了，他已经开始知道用它们传出忧郁和盛怒的心情了；还没有感触到什么东西，他已经就有所感觉了；他急躁不安，但又不知道急躁不安的原因。所有这一切都可能是慢慢来的，还给你留有观察的时间；但是，如果活泼的性情变得过于急躁，如果他的热情变成了疯狂，如果他时

常激动和忧伤，如果他无缘无故地流眼泪，如果他一挨近他觉得是有危险的东西，他的脉搏就怦怦跳动，他的眼睛就发红，如果一个女人把她的手放在他的手上就使他战栗，如果他一靠近她就感到惶恐或羞怯，尤利西斯，啊，聪明的尤利西斯，你自己要当心啊！你那样仔细地系得牢牢实实的皮囊现在又打开了，狂风又怒吼起来了，别再放松你的舵柄了，否则一切都完了。

这就是我所说的第二次诞生，到了这个时候人才真正地开始生活，人间的事物才没有一样在他看来是稀奇的。在此以前，我们所关心的完全是孩子的游戏，只有在现在我们对他的关心照料才具有真正的重要意义。一般人所施行的教育，到了这个时期就结束了；而我们所施行的教育，到这个时期才开始哩；不过，为了把这个新的计划阐述清楚起见，让我们再回头谈一下我们在前面讲到的事情。

①自　爱

我们的欲念是我们保持生存的主要工具，因此，要想消灭它们的话，实在是一件既徒劳又可笑的行为，这等于是要控制自然，要更改上帝的作品。如果上帝要人们从根铲除他赋予人的欲念，则他是既希望人生存，同时又不希望人生存了；他这样做，就要自相矛盾了。他从来没有发布过这种糊涂的命令，在人类的心灵中还没有记载过这样的事情；当上帝希望人做什么事情的时候，他是不会吩咐另一个人去告诉那个人的，他要自己去告诉那个人，他要把他所希望的事情记在那个人的心里。

所以，我发现，所有那些想阻止欲念的发生的人，和企图从根铲除欲念的人差不多是一样的愚蠢；要是有人认为我在这个时期以前所采用的办法就是要达到这样的目的，那简直是大大地误解了我的意思。

不过，如果我们根据人之有欲念是由于人的天性这个事实进行推断，我们是不是因此就可以得出结论说，我们在我们自己身上所感觉到的和看见别人所表现的一切欲念都是自然的呢？是的，它们的来源都是自然的；但是，千百条外来的小溪使这个源头变得很庞大了，它已经是一条不断扩大的大江，我们在其中很难找到几滴原来的水了。我们的自然的欲念是很有限的，它们是我们达到自由的工具，它们使我们能够达到保持生存的目的。所有那些奴役我们和毁灭我们的欲念，都是从别处得来的；大自然并没有赋予我们这样的欲念，我们擅自把它们作为我们的欲念，是违反它的本意的。

我们的种种欲念的发源，所有一切欲念的本源，唯一同人一起产生而且终生不离的根本欲念，是自爱。它是原始的、内在的、先于其他一切欲念的欲念，而且，从一种意义上说，一切其他的欲念只不过是它的演变。从这个意义上说，要是你愿意的话，就可以说，所有的欲念都是自然的。但是，大部分的演变都是有外因的，没有外因，这些演变就绝不会发生；这些演变不仅对我们没有好处，而且还有害处；它们改变了最初的目的，违反了它们的原理。人就是这样脱离自然，同自己相矛盾的。

自爱始终是很好的，始终是符合自然的秩序的。由于

每一个人对保存自己负有特殊的责任，因此，我们第一个最重要的责任就是而且应当是不断地关心我们的生命。如果他对生命没有最大的兴趣，他怎么去关心它呢？

因此，为了保持我们的生存，我们必需要爱自己，我们爱自己要胜过爱其他一切的东西；从这种情感中将直接产生这样一个结果：我们也同时爱保持我们生存的人。所有的儿童都爱他们的乳母；罗缪拉斯[①]也一定是爱那只曾经用乳汁哺育过他的狼的。起初，这种爱纯粹是无意识的。谁有助于我们的幸福，我们就喜欢他；谁给我们带来损害，我们就憎恨他，在这里完全是盲目的本能在起作用。使这种本能变为情感，使依依不舍之情变为爱，使厌恶变为憎恨的，是对方所表示的有害于或有益于我们生存的意图。感觉迟钝的人，只有在我们刺激他们的时候，他们才跟着动一动，所以我们对他们是没有爱憎之感的；可是有些人，由于内心的癖性，由于他们的意志，因而对我们可能带来益处或害处，所以，当我们看见他们在倾其全力帮助或损害我们的时候，我们也会对他们表示他们向我们所表示的那种情感的。谁在帮助我们，我们就要去寻找他；谁喜欢帮助我们，我们就爱他；谁在损害我们，我们就逃避他；谁企图损害我们，我们就恨他。

小孩子的第一个情感是爱他自己，而从这第一个情感产生出来的第二个情感，就是爱那些同他亲近的人，因为，在他目前所处的幼弱状态中，他对人的认识完全是根据那

① 罗缪拉斯是传说中的罗马的创建者，据说，是一只母狼在一条破船中找到的被人遗弃的婴儿，衔回狼窝去以狼乳养大的。

个人给予他的帮助和关心。起初，他对他的乳母和保姆所表示的那种依依之情，只不过是习惯。他寻找她们，因为他需要她们，找到她们就可以得到益处。这是常识而不是亲热的情意。需要经过很多的时间之后，他才知道她们不仅对他有用处，而且还很喜欢帮助他；只有到这个时候，他才开始爱她们。

所以，一个小孩子是自然而然地对人亲热的，因为他觉得所有接近他的人都是来帮助他的，而且由这种认识中还养成了爱他的同类的习惯；但是，随着他的利害、他的需要、他主动或被动依赖别人的时候愈来愈多，他就开始意识到他同别人的关系，并且还进而意识到他的天职和他的好恶。这时候，孩子就变得性情傲慢、妒忌，喜欢骗人和报复人了。当我们硬要他照我们的话去做的时候，由于他看不出我们叫他做的事情的用处，他因而就会认为我们是在任性了，是有意折磨他，所以他就要起来反抗。如果我们一向是迁就他的，那么，只要在什么事情上违反了他的心意，他就要认为我们是在反叛他，是存心抗拒他；他就要因为我们不服从他而拍桌子打板凳地大发脾气。自爱心所涉及的只是我们自己，所以当我们真正的需要得到满足的时候，我们就会感到满意的；然而自私心则促使我们同他人进行比较，所以从来没有而且永远也不会有满意的时候，因为当它使我们顾自己而不顾别人的时候，还硬要别人先关心我们然后才关心他们自身，这是办不到的。可见，敦厚温和的性情是产生于自爱，而偏执妒忌的性情是产生于自私。因此，要使一个人在本质上很善良，就必需

使他的需求少，而且不事事同别人进行比较；如果一个人的需求多，而且又听信偏见，则他在本质上必然要成为一个坏人。按照这个原则，就很容易看出我们怎样就能把孩子和大人的欲念导向善或恶了。是的，由于他们不能始终是那样地单独生活，所以他们要始终保持那样的善良是很困难的。这种困难还必然随他们的利害关系的增加而增加，何况还有社会的毒害，所以我们在这方面不能不采取必要的手段和办法防止人心由于有了新的需要而日趋堕落。

人所应该研究的，是他同他周围的关系。在他只能凭他的肉体的存在而认识自己的时候，他应当根据他同事物的关系来研究他自己，他应当利用他的童年来做这种研究；而当他开始感觉到他的精神的存在的时候，他就应当根据他同人的关系来研究自己，他就应当利用他整个的一生来做这样的研究，现在我们已经达到开始做这种研究的时候了。

②异性教育

一到人觉得他需要一个伴侣的时候，他就不再是一个孤独的人，他的心就不再是一颗孤独的心了。他同别人的种种关系，他心中的一切爱，都将随着他同这个伴侣的关系同时发生。他这第一个欲念很快就会使其他的欲念骚动起来。

这个本能的发展倾向是难以确定的。这种性别的人为另一种性别的人所吸引，这是天性的冲动。选择、偏好和个人的爱，完全是由人的知识、偏见和习惯产生的；要使

我们懂得爱，那是需要经过很多时间和具备很多知识的。只有在经过判断之后，我们才有所爱；只有在经过比较之后，我们才有所选择。这些判断的形成虽然是无意识的，但不能因此就说它们是不真实的。真正的爱，不管你怎样说，都始终是受到人的尊重的，因为尽管爱的魅力能使我们陷入歧途，尽管它不把那些丑恶的性质从感受到爱的心中完全排除，而且，甚至还会产生一些丑恶的性质，但它始终是受到尊重的，没有这种尊重，我们就不能达到感受爱的境地。我们认为是违反理性的选择，正是来源于理性的。我们之所以说爱是盲目的，那是因为它的眼睛比我们的眼睛好，能看到我们看不到的关系。在没有任何道德观和审美观的男人看来，所有的妇女都同样是很好的，他所遇到的头一个女人在他看来总是最可爱的。爱不仅不是由自然产生的，而且它还限制着自然的欲念的发展；正是由于它，除了被爱的对象以外，这种性别的人对另一种性别的人才满不在乎。

我们喜欢什么，我们就想得到什么，而爱则应当是相互的。为了要受到人家的爱，就必需使自己成为可爱的人；为了要得到人家的偏爱，就必需使自己比别人更为可爱，至少在他所爱的对象的眼中看来比任何人都更为可爱。因此，他首先要注视同他相似的人，他要同他们比较，他要同他们竞赛，同他们竞争，他要妒忌他们。他那洋溢着感情的心，是喜欢向人倾诉情怀的；他需要一个情人，不久又感到需要一个朋友。当一个人觉得为人所爱是多么甜蜜的时候，他就希望所有的人都爱他；要不是因为有许多地

方不满意，大家都是不愿意有所偏爱的。随着爱情和友谊的产生，也产生了纠纷、敌意和仇恨。在许多各种各样的欲念中，我看见涌现了偏见，它宛如一个不可动摇的宝座，愚蠢的人们在它的驾驭之下，竟完全按别人的见解去安排他们的生活。

把这些观念加以扩充，你就可以发现我们以为我们的自尊心在形式上好像是天生的想法是从哪里来的，你就可以发现自爱之心为什么不能成为一种绝对的情感，而要在伟人的心中变为骄傲，在小人的心中变为虚荣，使所有一切的人都不断地想损人利己。在孩子们的心中是没有骄傲和欲念的根源的，所以不可能在其中自发地产生，纯粹是我们把这些欲念带进他们心中的，而且，要不是由于我们的过错的话，这些欲念也不可能在他们的心中扎下根的；但是，就青年人来说，情况就不是这样了，不管我们怎样努力，这些欲念都会在他们心中生长起来。因此，现在是到了改变方法的时候了。

让我们首先就这里所阐述的紧要阶段谈几个重要问题。从童年到青春期，这段时间并不是像大自然那样安排度过的，它对每个人要随人的气质而变化，它对民族要随风土而变化。每一个人都知道，在这一点上炎热的地区和寒冷的地区的差别是很显著的，性情急躁的人要比别人成熟得早一些；但是，人们可能会搞错这当中的原因，可能把精神的原因往往说成是物质的原因，这是当代的哲学家们常犯的错误之一，也就是说自然的教育进行得晚，进行得慢，而人的教育则进行得过早了。前一种教育，是让感

官去唤起想象；后一种教育，则是用想象去唤起感官；它使感官还没有成熟就开始活动，这种活动起先将损伤个人的元气，使他的身体衰弱，往后甚至还会削弱种族。有一种看法认为这是由于风土的影响，而另外一种更普遍和更肯定的看法则认为受过教养的文明人的发情期和性能力，总是比粗野无知的人的发情期和性能力成熟得早些①。孩子们有一种特异的聪敏，可以透过端庄的外表发现其中掩盖的一切不良风俗。人们教他们所说的那种一本正经的话，向他们灌输的为人要老实的教训，以及用来蒙蔽他们眼睛的种种神秘的面纱，反而成了刺激他们好奇心的因素。显然，按照你们所采取的方法，你们装模作样地不让他们知道某种事情，反而教他们知道那种事情；在你们给他们的各种教育中，只有这种教育他们才最能融会贯通。

你从经验中就可以知道，这种愚蠢的方法在多大的程度上加速了自然的作用和毁坏了人的气质。这一点，是城

---

①"在城市里，"毕丰说，"富裕人家的孩子常吃丰富和营养的食品，因而达到这个阶段的时间更早一些；在乡间，穷苦人家的孩子则比较晚一些，因为他们吃得不好又吃得太少；他们要多用两三年的时间才能达到这个阶段。"(《博物学》第4卷，12开本，第238页。）我承认他所说的事实，但我不赞同他所说的原因；在乡村中，农民们吃得很好又吃得很多，像在瓦累，甚至像在意大利的某些山区（如弗里乌尔），男孩和女孩的发情期都同样比城市的孩子们来得晚；在城市中，人们为了满足虚荣的心理，往往是极其节食的，而且城市中的人大多数都是像俗话所说的："穿得阔绰，吃得蹩脚。"令人奇怪的是，在这些山区中，我们看见一些个子高力气大犹如成人的男孩子，说话还是那样尖声尖气地，而且下巴上也没有长胡须，而亭亭玉立的大姑娘好像还一点不知道女性的月经。在我看来，其所以有这种差别，唯一的原因是由于他们在那种仆朴素素的风俗中，他们的想象力保持平静的时间较长，所以才使他们的血液沸腾得晚，使他们的气质不是那样地早熟。

市人口衰退的主要原因之一。年轻人很早就耗尽了他们的精力，因而成长得很矮小、柔弱，发育不健全；他们不是在成长而是在衰老，正如你们使葡萄在春天结实，使它在秋前就枯萎而死是一样的。

必需在粗豪质朴的人们当中生活过，才能知道快乐无知地生活可以使孩子们一直到多大的年龄都还是那样的天真。看见男孩子和女孩子是那样心地坦然地在年轻貌美的时候做那些天真的儿童游戏，看见他们在亲热中流露出纯洁的愉快的心情，真是令人又高兴又好笑。最后，当这些可爱的年轻人结了婚，两夫妇互相把他们个人的精华给予对方的时候，他们双方将因此更加亲爱了；而长得结结实实的一群孩子，就是任何力量都不能加以破坏的这种结合的保证，就是他们青年时期美好德行的成果。

既然人获得性知识的年龄，是随人所受的教育以及随自然的作用而有所不同，则由此可见，我们是能够以我们培养孩子的方法去加速或延迟这个年龄的到来的；既然身体长得结实或不结实，是随我们的延迟或加速这个发展的进度而定，则由此可见，我们愈延缓这个进度，则一个年轻人就愈能获得更多的精力。我现在所谈的还纯粹是对体格的影响，你们不久就可看到，这些影响的后果还不只是限于身体哩。

人们时常争论这个问题：是趁早给孩子们讲明他们感到稀奇的事情呢，还是另外拿一些小小的事情把他们敷衍过去？现在，我从上述的论点中找到了解决这个问题的办法了。我认为，人们所说的两个办法都不能用。首先，我

们不给他们以机会，他们就不会产生好奇心。因此，要尽可能使他们不产生好奇心。其次，当你遇到一些并不是非解答不可的问题时，你不可随便欺骗提问题的人，你宁可不许他问，而不可向他说一番谎话。你按照这个法则做，他是不会感到奇怪的，如果你已经在一些不重要的事情上使他服从了这个法则的话。最后，如果你决定回答他的问题，那就不管他问什么问题，你都要尽量地答得简单，话中不可带有不可思议和模糊的意味，而且不可发笑。满足孩子的好奇心，比引起他的好奇心所造成的危害要少得多。

你所做的回答一定要很慎重、简短和肯定，不能有丝毫犹豫不决的口气。同时，你所回答的话，一定要很真实，这一点，我是用不着说的了。成年人如果意识不到对孩子撒谎的危害，就不能教育孩子知道对大人撒谎的危害。做老师的只要有一次向学生撒谎撒漏了底，就可能使他的全部教育成果从此为之毁灭。

某些事情绝对不让孩子们知道，对他们来说也许是最好不过的；但不可能永远隐瞒他们的事情，就应当趁早地告诉他们。要么就不让他们产生一点好奇心，否则就必需满足他们的好奇心，以免他们达到一定的年龄后，受到自己的好奇心的危害。在这一点上，你在很大的程度上要看你的学生的特殊情况以及他周围的人和你预计到他将要遇到的环境等等而决定你对他的方法。重要的是，这时候在任何事情上都不能凭偶然的情形办事；如果你没有把握使他在十六岁以前不知道两性的区别，那就干脆让他在十岁以前知道这种区别好了。

我不喜欢人们装模作样地对孩子们说一套一本正经的话，也不喜欢大家为了不说出真情实况就转弯抹角地讲，因为这样反而会使他们发现你是在那里兜着圈子说瞎话。在这些问题上，态度总要十分朴实；不过，他那沾染了恶习的想象力，使耳朵也尖起来了，硬是要那样不断地推敲你所说的话的词句。所以，话说得粗一点，没有什么关系；而应该避免的，是色情的观念。

尽管行为端正是人类的天性，但孩子们自然是不知道这一点的，只有在知道有罪恶的时候才知道要行为端正；所以，当孩子们还没有而且也不应当有关于罪恶的知识的时候，他们怎样会有从这种知识中产生的认识，想到要行为端正呢？如果教训他说要行为端正和诚实，这无异是在告诉他们说有些事情是可羞的和不诚实的，无异是在暗中驱使他们想知道这些事情。他们迟早是会知道这些事情的，只要有一个小小的火花把他们的想象力点燃以后，就一定会加速使他们的感官火热地动起来的。凡是脸儿会发红的人，就有犯罪的能力了；真正天真的人对任何事情都是不害羞的。

孩子们还没有具备成年人所有的那些欲望，但同成年人一样，他们也是容易沾染那些伤害感官的猥亵行为的，因此他们也可以接受针对这种行为所施行的良好教育。我们要遵照自然的精神，它把秘密的快乐的器官和令人厌恶的排泄的器官放在同样的地方，从而有时以这种观念，有时又以另一种观念教导我们在任何年龄都同样要那样地谨慎；它教成年人要节制，它教小孩子要爱干净。

我认为，要使孩子们保持他们的天真，只有一个良好的办法，那就是：所有他周围的人都要尊重和爱护他们的天真。不这样做，则我们对他们所采取的一切控制办法迟早是要同我们预期的目的产生相反的效果的；微微地笑一下，或者眨一下眼睛或不经意地做一下手势，都会使他们明白我们在竭力隐瞒他们什么事情；他们只要看见我们向他们掩饰那件事情，他们就想知道那件事情。文雅的人同孩子们谈起话来咬文嚼字，反而使孩子们以为其中有些事情是不应该让他们知道的，因此对孩子们讲话绝不要那样地修饰辞藻；但是，当我们真正尊重他们的天真的时候，我们同他们谈话就容易找到一些适合于他们的语句了。有一些直率的话是适合于向天真的孩子们说的，而且在他们听起来也是感到很喜欢的：正是这种真实的语言可以用来转移一个孩子的危险的好奇心。同他说话的时候诚恳坦率，就不会使他疑心还有一些事情没有告诉他。把粗话同它们所表达的令人厌恶的观念联系起来，就可以窒息想象力的第一个火花。我们不要去禁止他说那些话和获得那些观念，但是我们要使他在不知不觉中一想起那些话和那些观念就感到厌恶。如果人们从心眼里始终只说他们应当说的话，而且他们怎样想就怎样说，则这种天真烂漫的说话方式将给他们省去多少麻烦啊！

“小孩子是怎样来的？”孩子们是自然而然地会提出这个令人为难的问题的；对这个问题回答得慎重或不慎重，往往可以决定他们一生的品行和健康。做母亲的如果想摆脱这个难答的问题，同时又不向他的儿子说假话，最直截

了当的办法是不准他问这个问题。如果我们老早就使他在一些无关紧要的问题上听惯了我们这样的回答，如果他不疑心这种新的说话语气含有什么神秘的东西，那么，这个方法也许是可以收效的。但是，做母亲的是很少采用这样的回答方式的。“这是结了婚的人的秘密，”她也许会这样告诉他，“小孩子不应该这样好奇。”这样一来，倒是容易使母亲摆脱这个难题，但她要知道，她的孩子在她那种嘲弄的样子的刺激之下，反而会一刻也不停地想知道结了婚的人的秘密，而且，他用不着多少时间就可以知道这个秘密是怎样一回事情。

让我告诉你们，对这个问题，我曾经听到过一个迥然不同的回答，这个回答之所以特别使我的印象深刻，是因为它出自一个在言语和行为上都是十分谨慎的妇女之口，不过，这个妇女知道在必要的时候，为了孩子的利益和品行，应当毅然决然地不怕别人的责难，不说那些引人好笑的废话。不久以前，她的小男孩从小便里撒出一个小小的硬东西，把他的尿道也弄破了，这件事情早就过去了。“妈妈，”有一天这个小傻瓜问道，“小孩子是怎样来的？”“我的儿子，”他妈妈毫不犹豫地回答道，“是女人从肚子里把他屙出来的，屙的时候肚子痛得几乎把命都丢掉了。”让疯子们去嘲笑吧！让傻子们去害羞吧！但是也让聪明的人去想一想他们是否可以找得到另外一个更合情理和更能达到目的的回答。

首先，这个孩子对一种自然的需要所具有的观念，将使他想不到另外一种神秘的作用。痛苦和死亡这两个连带

的观念用一层暗淡的面纱把他对神秘的作用的观念掩盖起来，从而便窒息了他的想象力，克制了他的好奇。这样一来，使孩子在心中想到的是生孩子的结果而不是生孩子的原因。这位母亲回答的话如果令人想到了可厌恶的事情，使孩子再问下去的话，就必然会引申到去解释人类天性的缺陷、令人作呕的事物和痛苦的样子。在这样的谈话中，哪里会使他急于想知道生孩子的原因。

③刚柔相济的男女

男人和女人是彼此为了双方的利益而生的；每一个人都受对方的驱使，两个人互相服从，两个人都同样是主人。

就一切跟性没有关系的东西来看，女人和男人完全是一样的：她也有同样的器官、同样的需要和同样的能力；身体的结构也是一样的，身上的各个部分和它们的作用也是相同的，面貌也是相像的；不管你从哪一方面看，女人和男人之间的差别只不过是大小的差别罢了。

就一切涉及到性的东西来看，女人和男人处处都有关系，而处处也都不同，要把他们加以比较，是很困难的，因为在男女的体格方面很难确定哪些东西是属于性的，哪些东西不是属于性的。通过比较解剖学，甚至单单凭肉眼的观察，我们也觉得他们之间的一般的区别好像是不在于性，然而它们跟性是确有关系的，只不过是我们看不出它们跟性发生关系的脉络罢了；关于这些脉络，我们还不知道它们散布的范围有多么大。我们确切知道的唯一的一件事情是：男人和女人共同的地方在于他们都具有人类的特

点，不同的地方在于他们的性。从这两个观点来看，我们发现他们之间既有那样多相同的地方，也有那样多相异的地方，以至我们可以说，大自然把两个人既做得这样相像，又做得这样不同，确实是奇迹之一。

所有这些相同和相异的地方，对人的精神道德是有影响的；这种影响是很显著的，而且大家都是亲身经验得到的，所以我们用不着争论到底是男性优于女性，还是女性优于男性，或者两种性别的人是相等的，因为，每一种性别的人在按照他或她特有的方向奔赴大自然的目的时，要是同另一种性别的人再相像一点的话，那反而不能像现在这样完善了！就他们共同的地方来说，他们是相等的；就他们相异的地方来说，是无法比较的。说一个成熟的女人和一个成熟的男人相似，是说他们的外貌相似，而不是说他们的精神相似；如果说要完全相似的话，那就连大小的差别也不许有了。

在两性的结合中，每一种性别的人都同样为共同的目的而贡献其力量，不过贡献的方式是不同的。由于方式不同，所以在两性的精神上也就产生了一个显而易见的差别。一个是积极主动和身强力壮的，而另一个则是消极被动和身体柔弱的，前者必需具有意志和力量，而后者只要稍为有一点抵抗的能力就行了。

如果承认这个原理的话，我们就可以说，女人是特地为了使男人感到喜悦而生成这个样子的。如果倒过来说，男子也应该使女人喜欢的话，那也只是一种不太直接的需要，因为，他的长处是在于他的体力，只要他身强力壮，

就可以使她感到欢喜。我同意有些人所说的：这样的欢喜不是爱情的法则在起作用，但是，这是比爱情的法则更由来久远的自然的法则在起作用。

如果说女人生来是为了取悦于和从属于男人的话，她就应当使自己在男人看来觉得可爱，而不能使他感到不快。他对她之所以那样凶猛，正是由于她有动人的魅力；她应当利用她的魅力迫使他发现和运用他的力量。刺激这种力量的最可靠的办法是对他采取抵抗，使他不能不使用他的力量。当自尊心和欲望一结合起来的时候，就可使双方互相在对方的胜利中取得自己的成功。所以，一方是进行进攻，另一方是采取防御；男性显得勇敢，女性显得胆怯，直到最后拿出大自然赋予弱者制服强者的武器——娇媚害羞的样子。

谁敢这样说：大自然是毫无差别地要两性的色欲都是同样的亢进，而且要性欲最先冲动的一方首先向对方做出要求满足色欲的表示？这种看法真是怪糟糕的！既然性行为对两性产生的结果是这样不同，那么，如果双方都同样大胆地去做这种行为，是不是合乎自然的道理呢？在共同的行为中，双方的负担既然是这样的不平等，那么，如果一方不受羞耻心的制约，另一方不受自然的克制，则不久以后双方都要同归于尽，而人类也将被本来是用来保存自己的手段所毁灭，这一点，难道还不明白吗？

……

至高的上帝在任何事情上都希望人类具有荣誉心，他在把无限的欲望赐了人类的同时，又赐予调节欲望的法则，以便使人类既能自由，又能自己控制自己；他使男人既有旺盛的色欲，又使他具有克制色欲的理智；他使女人既有无限的春情，也使她具有节制春情的羞耻心。此外，在人类正当地运用其性能力的时候，他还使人类获得一种当时即能享受到的赏赐，那就是，如果人类按照他的法则而诚实地从事的话，就会得到乐趣。在我看来，所有这些是可以起到动物的本能所起的作用的。

不论女人是不是像男人那样产生了性欲，也不论她是不是愿意满足他的欲望，她总是要表示推辞和进行防卫的，不过推辞和防卫的程度是不一样的，也不是始终都是那样坚决和同样成功的。攻者要取得胜利，被攻者就要允许或指挥他进行进攻，有多少巧妙的办法刺激进攻者拼命进攻啊！最自由和最温柔的动作是绝不容许真正的暴力的，大自然和人的理性都是反对使用暴力的。大自然之反对使用暴力，表现在它使较弱的一方具有足够的力量，想抵抗就能够抵抗；理性之反对暴力，在于真正的暴力不仅是最粗野的兽行，而且是违反性行为的目的的，因为一则是由于这样做，男人就等于是向他的伴侣宣战，从而使她有权把侵害者置于死地，以保卫她的人身和自由，再则是由于只有妇女才能独自地判断她自己的处境，同时，如果任何一个男人都可窃夺做父亲的权利的话，则一个孩子便无法辨认哪一个人是他的父亲了。

这样，我们可以根据两性体质的差异而得出第三个结论，那就是：较强的一方在表面上好像是居于主动，而实际上是要受较弱的一方的支配的；其所以如此，并不是由

于男子惯于向妇女献小殷勤，也不是由于他以保护人自居，表现得宽宏大量不拘细节，而是由于一种不可变易的自然的法则，因为这种法则使妇女可以很轻易地刺激男人的性欲，而男人要满足这种性欲，就比较困难，从而使他要依对方的兴致为转移，并且不得不尽力地取悦对方，以便使她承认他为强者。对男人来说，在他取得胜利的时候，他最感到甜蜜的是他不知道究竟是弱者向他的强力让步，还是她心甘情愿地投降；而妇女又往往很狡猾地故意使他和她之间存在着这种疑团。在这一点上，妇女的心眼和她们的体质完全是一致的：她们不仅不以她们的柔弱为可羞，反而以之为荣；她们柔嫩的肌肉是没有抵抗力的，她们承认连最轻便的东西也负担不起；要是她们长得粗壮的话，也许反而觉得不好意思咧。为什么呢？这不仅是为了显得窈窕，而且是为了更好地进行防卫，她们要事先给自己找个借口，以便在必要的时候取得弱者的权利。

……

由于人们的看法有了改变，因此对风俗也产生了显著的影响。现今的男子个个都向妇女献殷勤，就是这种影响的结果。男子们发现，他们要得到快乐，便要依靠妇女性的自愿，而且依靠的程度比他们所想象的还大得多，他们必需采取体贴对方的做法，才能满足自己的愿望。

所以，我们可以看出，我们是怎样在不知不觉中由肉欲而达到道德观的，是怎样由粗俗的两性结合中逐渐产生温柔的爱情的法则的。女子之所以能够驾驭男人，并不是由于男人愿意受她们的驾驭，而是由于大自然要这样做：

她们在表面上还没有制服男子以前，就已经在驾驭男子了。海格立斯想凌辱塞士庇斯的五十个女儿，但是却不得不在奥姆伐尔的脚边去纺纱；参孙的力量虽大，也大不过德利拉。妇女们是有这种威力的，而且谁也不能剥夺，即使她们滥用这种威力，我们也没有办法；如果她们有失去这种威力的可能的话，她们早就失去了。

至于说到性行为对两性的影响，那是完全不平等的。男性只不过在某些时候才起男性的作用，而女性终生都要起女性的作用，至少她在整个的青年时期要起女性的作用；任何事情都可以使她想起她的性别，……

两性之间相互的义务不是也不可能是绝对相等的。如果妇女们在这个问题上抱怨男子做得不公平的话，那是不对的；这种不平等的现象绝不是人为的，或者说，至少不是由于人们的偏见造成的。它是合理的，在两性当中，大自然既然是委她以生男育女的责任，她就应当向对方负责抚育孩子。毫无疑问，任何人都是不容许背信弃义的，任何一个不忠实的丈夫，如果在他的妻子尽到了女性的艰巨的责任之后，竟剥夺了她应当享受的唯一的报酬的话，他便可以说是一个不正直的野蛮人；但是，如果妻子不忠实，则后果就更糟糕了，她将拆散一个家庭，打破自然的一切联系；……

……

当我们论证了男人和女人在体格和性情上不是而且也不应当是完全相同之后，我们便可由此得出结论说：他们所受的教育也必需有所不同。他们固然应当遵循自然的教训，在行动上互相配合，但是他们不应当两者都做同样的事情；他们工作的目的是相同的，但是他们工作的内容却不一样，因此促使他们进行工作的情趣也有所差异。

如果你想永远按照正确的道路前进，你就要始终遵循大自然的指导。所有一切男女两性的特征，都应当看作是由于自然的安排而加以尊重。你一再说："妇女们有好些这样或那样的缺点，而这些缺点我们是没有的。"你这种骄傲的看法将使你造成错误；你所说的缺点，正是她们的优点，如果她们没有这些优点，事情就不可能有目前这样好。你可以防止这些所谓的缺点退化成恶劣的品行，但是你千万不能去消灭它们。

妇女们也不断在那里发牢骚，说我们把她们培养成徒具外表的撒娇献媚的人，说我们老是拿一些微不足道的小玩意去取悦她们的心，以便使她们容易受我们的控制；她们说我们责备她们的那些缺点是由我们造成的。……好吧，你就像培养男子那样培养她们好了，男人们一定是衷心赞成的。因为，她们愈是想学男人的样子，她们便愈不能驾驭男人；这样一来，他们才会真正地成为她们的主人哩。

所有一切男女两性同样具有的能力，并不是双方具有的程度都是相等的；但从总的方面说来，他们和她们的能力是互相补充的。妇女以妇女的身份做事，效果就比较好，如果以男人的身份去做，效果就比较差；无论在什么地方，只要她们善于利用她们的权利，她们就可以占据优势；但如果她们要窃取我们的权利，她们就必然会不如我们的。这是一个普遍的真理，我们不能像偏袒女性的风流

男子那样，单单用一些例外的情形把这个真理驳倒。

如果在妇女们的身上去培养男人的品质，而不去培养她们本来应该具备的品质，这显然是在害她们。狡黠的女人把这一点看得很清楚，所以是不会受这种做法的欺骗的；她们在企图窃取我们的权利的同时，一点也不放弃她们的权利；然而这样做的后果是，由于这两种权利是互不相容的，所以这两种权利她们都得不到，她们不但不能达到我们的地位，反而达不到她们本来应该达到的地位，使她们的价值损失了一半。贤明的母亲，请你相信我所说的这一番话，不要违反自然把你的女儿造就成一个好男子；你应当把她培养成一个好女人，这样，对她自己和对我们都有更大的好处。

……

……妇女和男子是彼此为了双方的利益而生的，但是他们和她们互相依赖的程度是不相等的：男子是由于他们的欲望而依赖女人的，而女人则不仅是由于她们的欲望，而且还由于她们的需要而依赖于男人；男人没有女人也能够生存，而女人没有男人便不能够生存。她们想要获得生活的必需品，就必需要我们愿意保持她们的地位，就必需要我们认为她们配享受这些东西；她们要依赖于我们的情感，依赖于我们对她们的功绩的估计和对她们的品貌的尊重。由于自然法则的作用，妇女们无论是就她们本身或就她们的孩子来说，都是要听凭男子来评价的。她们不仅是应当值得尊重，而且还必需有人尊重；她们不仅是要长得美丽，而且还必需使人喜欢；她们不仅是要生得聪明，而

且还必需别人看出她们的聪明；她们的荣耀不仅在于她们的行为，而且还在于她们的名声；一个被人家看作是声名狼藉的女人，其行为不可能是诚实的。一个男人只要行为端正，他就能够以他自己的意愿为意愿，就能够把别人的评论不放在眼里；可是一个女人，即使行为端正，她的工作也只是完成了一半；别人对她的看法，和她实际的行为一样，都必需是很好的。由此可见，在这方面对她们施行的教育，应当同我们的教育完全相反：世人的议论是葬送男人的美德的坟墓，然而却是荣耀女人的皇冠。

首先要母亲的身体好，孩子的身体才能好；首先要女人关心，男子才能受到幼年时期的教育；而且，他将来有怎样的脾气、欲念、爱好，甚至幸福还是不幸福，都有赖于妇女。所以妇女们所受的种种教育，和男人都是有关系的。使男人感到喜悦，对他们有所帮助，得到他们的爱和尊重，在幼年时期抚养他们，在壮年时期关心他们，对他们进谏忠言和给予安慰，使他们的生活很有乐趣，所有这些，在任何时候都是妇女们的天职，我们应当从她们小时候起就教育她们。只要我们不根据这个原理去做，我们就会远离我们的目标，而我们教她们的种种训条，既无助于她们的幸福，也无助于我们的幸福。

不过，尽管所有的妇女们都希望而且也应当使男子们感到喜悦，然而怎样使有才德的人和真正可爱的人感到喜悦，和怎样使那些有辱男性和处处模仿女性的花花公子感到喜悦，在做法上是迥然不同的。无论天性或理性都不可能使一个妇女爱男人身上跟她相同的地方，反过来说，她

也不应该为了取得男人的爱就学男人的样子。

所以，如果妇女们抛弃了淑静的态度，而去学那些傻头傻脑的男人样子，则她们不是在遵循而是在违背她们的天职；她们在自己剥夺自己应享的权利。她们说：“如果我们不这样做，我们就不会讨得男子的欢心。”这简直是在胡说。只有糊涂的女人才喜欢胡闹的男人；如果她们想吸引这样的男人，那就表明她们是非常的愚蠢。如果世界上没有轻薄的男子的话，糊涂的女人也许还巴不得制造几个轻薄的男子咧；妇女使男子产生的轻薄行为，远远多于男子使妇女产生的轻薄行为。一个妇女如果爱真正的男子和想讨取他们的欢心，她就应当采取一些适合于她的意图的手段。

……

……既然是身体先精神而生，则我们就应当首先培养身体，这个次序对男人和女人来说都是一样的。但是，培养的目的是不同的：在男人是培养它长得壮而有力，在女人则是培养它长得灵巧；这并不是说男性只能独一无二地具有男性的品质，女性只能独一无二地具有女性的品质，这只是说这些品质在每一种性别的人的身上应当有主有次；女子也必需有足够的体力，做起活来才感到轻松；男子也必需相当的灵巧，做起活来才觉得容易。

……

不管那些爱说风凉话的人怎样说，男女两性都是具有同样的良知的。女孩子一般都是比男孩子更温顺一些的，而且，正如我在后面即将谈到的，我们可以把她们管得严一点；但是，不能因此就得出结论说我们可以强迫她们做她们不明白其用处的事情；做母亲的要善于向她们指出我们叫她们做的事情有什么用处，由于女孩子智力比男孩子的智力成熟得早，所以要做到这一点是比较容易的。

……

你必需把你叫女孩子去做的事情的意义给她们讲清楚，但是一定要她们把那些事情做好。懒惰和桀骜不驯是女孩子的两个最危险的缺点，而且，一有了这两个缺点，以后就很难纠正。女孩子们应当作事细心和爱劳动；这还不够，她们从小还应当受到管束。如果这样做对她们是一种苦楚的话，这种苦楚也是同她们的性别分不开的；而且，要是不受这种苦楚，她们将来一定会遭受更大的痛苦的。她们一生都将继续不断地受到最严格的约束：种种礼教和规矩。必需首先使她们习惯于这种约束，她们才不会感到这种约束的痛苦；必需使她们习惯于控制她们种种胡乱的想法，以便她们能使自己顺从他人的意志。

……

由于养成了受约束的习惯，结果就会使一个妇女形成一种她终生都必需具备的品质：温顺，她之所以必需具备这种品质，是由于她始终要听从一个男人或许多男人的评判，而自己又没有办法不受他们的评判的影响。一个女人应当具备的第一个重要的品质是温柔，因为，她既然是生成要服从有那样多恶习和缺点的男人，则她从小就要知道她应当毫无怨言地忍受一个丈夫不公正的行为和错误。她之所以要这样温柔，不是为了他，而是为了她自己。做妻

子的人如果泼辣和顽强的话，其结果只会增加她的痛苦和丈夫的错误行为；如果她们要想征服他们，就不能使用这种武器。天老爷并不是为了使她们变成爱吵闹的人才长得那么巧言令色地善于说话的；也不是为了使她们能够颐指气使地横蛮行事才长得那样柔弱的；也不是为了叫她们骂人才长有那样一副好听的嗓子的；也不是为了使她们能够横眉怒目地大发脾气才长有那样俊秀的面孔的。当她们怒容满面的时候，她们就失去了本来的样子了；尽管她们常常有发牢骚的理由，但如果她们大发雷霆地骂人，那就不对了。男性应当保持男性的态度，女性也应当保持女性的态度；一个丈夫如果太懦弱，就会使他的妻子变得很跋扈；不过，除非男人是一个怪物，否则一个女人的温柔的性情迟早是会使他俯首帖耳甘拜下风的。

……

凡是自然存在的东西都是好的，没有哪一个普遍的法则对人类是有害的。上帝使女性长得那样特别机灵，从而就极其公平地补偿了她在体力方面的不足；没有这种机灵，女人就不是男人的伴侣，而是他的奴隶。正由于她的才智优越，所以她才能保持她的平等的地位，才能在表面上服从而实际上是在管理他。女人有许多不利的地方，例如男人的缺点，她本身的羞怯和柔弱；对她有利的，只是她的才能和美丽的容貌。她培养她的才能和修饰她的容貌，不是很应该的吗？不过，美丽的容貌并不是每一个女人都有的，而且这种容貌由于许多意外的事情将遭到毁伤，由于年龄的增长而日益消逝，由于风俗习惯的不同将损害它的

美的效果。所以只有机智才能作为女性所有的真正的资本；不过，我们所说的机智，并不是社交场合中所赞赏的那种无助于幸福生活的机智，而是善于适应其地位的机智，是利用我们的地位并通过我们的优点来驾驭我们的艺术。一般人都不知道妇女们的这种机智对我们有多大的用处，不知道它使男女两性的交际多么的富于魅力，不知道多么能遏制孩子们的乖戾和约束粗野的丈夫，不知道它多么能使一个家庭管理得井井有条，要是没有它，一个家庭便会弄得混乱不堪。

……

……一般地说，在人和人的交往中，男人的礼貌表现在予人以帮助，而女人的礼貌则表现在对人体贴。之所以有这种区别，绝不是因为社会的习惯使然，而是自然而然产生的。男人好像处处都想为你效劳，而女人则处处都想使你感到喜欢。因此，我们可以说，不论我们对女人的性情怎样看，她们的礼貌总是比我们的礼貌更为真挚，这种礼貌是产生于她们的原始的本能的；当一个男人伪称把我的利益看得比他的利益还重的时候，不管他用什么样的花言巧语来掩饰这种假话，我也看得出他是在撒谎的。所以，要妇女们做到彬彬有礼，要教育女孩子们学会礼貌，是用不着费多大的力气的。第一个教她们对人有礼貌的，是她们的天性，我们所能做的，只不过是顺着天性的发展，继续对她们进行教育，使她们按照我们的习惯而表现其对人的礼貌。

……

如果说男孩子们没有树立任何一个真正的宗教观念的能力的话，则女孩子们更是不能理解任何一个真正的宗教观念了，这一点，我们大家都是知道得很清楚的；正是由于这个缘故，我才主张趁早把宗教的观念灌输给她们，因为，如果说要等到她们能够有条有理地谈论这些深奥的问题的时候才告诉的话，则我们也许就永远也不能够告诉她们了。女人的理性是一种实践的理性，这种理性虽然可以使她们能够很巧妙地找出达到既定的目的的手段，然而却不能够使她们发现那个目的。两性的社会关系是很美妙的，由于有了这种关系，结果就产生了一种道德的行为者，女人便是这个道德的行为者的眼睛，而男人则是它的胳臂，但是，由于他们二者是那样的互相依赖，所以女人必需向男人学习她应该看的事情，而男人则必需向女人学习他应该做的事情。如果女人能够像男人那样穷究种种原理，而男人能够像女人那样具备细致的头脑，则他们彼此将互不依赖，争执不休，从而使他们的结合也不可能继续存在。但是，当他们彼此和谐的时候，他们就会一起奔向共同的目的；我们不知道他们当中哪一个人出的气力多一些，每一个人都受对方的驱使，两个人互相服从，两个人都同样是主人。

④欲念的节制

如果你想使日益增长的欲念有一个次序和规律，那就要延长它们在发展过程中所经历的时间，以便使它们在增长的时候可以从从容容地安排得很有条理。能使它们安排得井然有序的，不是人而是自然，所以你就让它去进行安排好了。如果你的学生只是单独一人，那你就没有什么事情可做了，不过，他周围的一切是要使他的想象力燃烧起来的。偏见的激流将把他冲走，要想拉住他，就必需使他向相反的方向前进，必需用情感去约束想象力，用理智去战胜人的偏见。一切欲念都渊源于人的感性，而想象力则决定它们发展的倾向。凡是能感知其关系的人，当那些关系发生变化，以及当他想象或者认为其他关系更适合于他的天性的时候，他就会心有所动的。使所有一切狭隘的人的欲念变成种种邪恶的，是他们的想象的错误，甚至天使的欲念也会变成邪恶，如果他们也想象错了的话。因为，要想知道什么关系最适合于他们的天性，他们就必需对所有一切人的天性有所认识。

现在，把我们明智地运用我们欲念的要点归纳如下：（一）既要从人类也要从个体去认识人的真正关系；（二）要按照这些关系去节制心灵的一切感情。

但是，人是不是可以自主地按照这样或那样的关系去节制他的感情呢？如果他能够自主地把他的想象力贯注于这个或那个目标，或者能够自主地使他养成这样或那样的习惯，他当然是可以的。此外，现在的问题不在于一个人能够怎样教育他自己，而在于我们通过给我们的学生所选择的环境如何去教育他。阐明了我们采用什么方法就能使他遵守自然的秩序，就可以清楚地说明他怎样就能脱离那个秩序。

只要他的感觉力对他个人还受到限制的话，他的行为

就没有什么道德的意义；只有在他的感觉力开始超出他个人的时候，他才首先有情感，而后有善恶的观念，从而使他真正成为一个大人，成为一个构成人类的必要的部分。因此，我们必需首先阐述这一点。

在进行阐述的时候，困难在于一方面必需摒弃我们眼前的事例，另一方面又必需寻找那些顺着自然的秩序连续发展的例子。

受过一定方式的文化熏陶的孩子，只要有了能力就要把他所受的过早的教育付诸实践的；这种孩子是非常清楚他什么时候就具有这种能力的，他不仅不等待，反而要加速这种时候的到来；他使他的血液还未成熟就开始沸腾，甚至，在他还未体验到他有哪些欲望以前，他早就知道他的欲望所要达到的目的了。这不是大自然在刺激他，而是他在强迫自然，因为它从来没有教过他采取这种方式去做成年人，他在实际上还没有成为一个大人，他在思想上就早已成为一个大人了。

自然的真正进程是比较缓慢地逐渐前进的，血液一点一点地开始沸腾，心思一点一点地趋于细致，性情一点一点地慢慢形成。管理工厂的聪明的工人，在用工具去制造东西以前，是十分注意地要使他所有的工具都做得非常精良。在产生最初的欲望之前，有一个漫长的焦虑不安的时期，长期的无知状态蒙蔽了他的欲望的心；他有所欲望，然而又不知道他要得到的是什么东西。血液激烈地沸腾起来，过剩的生命力要向外奔放。眼睛炯炯有神，频频地观看别人，他开始对我们周围的人发生兴趣，他开始觉得他

生来不是要单独一个人生活的，这时候，他的心对人类的爱打开了大门，懂得什么叫爱了。

经过细心培养的青年人易于感受的第一个情感，不是爱情而是友谊。他日益成长的想象力首先使他想到他有一些同类，人类对他的影响早于性对他的影响。所以，把蒙昧无知的时期加以延长，还可以获得另外一个好处，那就是：利用日益成长的感性给这个青年人的心中投下博爱的种子。正是由于在他一生中，只有这个时候对他的关心教养才能取得真正的成效，所以这个好处的意义更为重大。

我往往发现，很早就开始堕落、沉湎酒色的青年是很残酷不仁的：性情的暴烈使他们变得很急躁、爱报复和容易发脾气的人；他们不顾一切，只图达到他们想象的目的；他们不懂得慈悲和怜悯；他们为了片刻的快乐就可牺牲他们的父亲、母亲和整个的世界。反之，一个在天真质朴的生活中成长起来的青年，由于自然的作用是必然会养成敦厚和重感情的性情的：他热诚的心一见到人的痛苦就深为感动；他见到伙伴的时候就高兴得发抖，他的两臂能温柔地拥抱别人，他的眼睛能流出同情的眼泪；当他发现他使别人不愉快了，他就觉得羞愧；当他发现他冒犯别人了，他就觉得歉然。如果火热的血使他急躁不安和发起怒来，隔一会儿以后，你就可以从他那深深惭愧的表情中看出他的天性的善良；他见到自己伤害了别人就哭泣和战栗，他愿意用自己的血去赔偿他使别人所流的血；当他觉察到他犯了过失，他所有的怒气就会消失，他所有的骄傲就会变为谦卑。如果别人冒犯了他，在他盛怒的时候，只要向他

道一个歉，只要向他说一句话，就可以消除他的怒气；他既能真心实意地弥补他自己的过失，也能真心实意地原谅他人的过失。青春时期，不是对人怀抱仇恨而是对人十分仁慈和慷慨的时期。是的，我是这样说的，我不怕把我的话付诸经验的考查，一个在二十岁以前一直保持着天真的善良人家的孩子，在青春时期的确是人类当中最慷慨和最善良的人，他既最爱别人，也最值得别人爱。我深深相信，还从来没有人向你说过这样的话；你们那些在学院的腐败的环境中教育出来的哲学家，是不愿意知道这一点的。

人之所以合群，是由于他的身体柔弱；我们之所以心爱人类，是由于我们有共同的苦难；如果我们不是人，我们对人类就没有任何责任了。对人的依赖，就是力量不足的表象：如果每一个人都不需要别人的帮助，我们就根本不想同别人联合了。所以，从我们的弱点的本身中反而产生了微小的幸福。一个孤独的人才是真正幸福的人；唯有上帝才享受了绝对的幸福；不过，我们当中谁知道这种幸福是什么样的呢？一个力量不足的人即使自己能够满足自己的需要，照我们想来，有什么乐趣可说呢？也许他将成为一个孤孤单单、忧忧郁郁的人。我认为，没有任何需要的人是不可能对什么东西表示喜爱的：我想象不出对什么都不喜爱的人怎么能过幸福愉快的生活。

由此可见，我们之所以爱我们的同类，与其说是由于我们感到了他们的快乐，不如说是由于我们感到了他们的痛苦；因为在痛苦中，我们才能更好地看出我们天性的一致，看出他们对我们的爱的保证。如果我们的共同的需要

能通过利益把我们联系在一起，则我们的共同的苦难便可通过感情把我们联系在一起。一个幸福的人的面孔，将引起别人对他的妒忌，而不会引起别人对他的爱慕。我们将诉说他之所以过得格外舒服，是因为他窃取了他不应当享受的权利；同时，就我们的自私心来说，是更加感到痛苦的，因为它使我们觉得这个人已不再需要我们了。但是，有哪一个人看见别人遭受苦难而不同情的呢？如果从心愿上说，谁不想把他从苦难中解救出来呢？我们的心将使我们设身处地地想象自己就是那个受苦的人，而不会把自己想象为那个幸福的人。我们觉得，在这两种人的境遇中，前一种人的境遇比后一种人的境遇更能打动我们的心。怜悯心是甜蜜的，因为当我们设身处地为那个受苦的人着想的时候，我们将以我们没有遭到他那样的苦难而感到庆幸。妒忌心是痛苦的，因为那个幸福的人的面孔不仅不能使羡慕的人达到那样幸福的境地，反而使他觉得自己不能成为那样幸福的人而感到伤心。我觉得，前者可使我们免受那个人所受的痛苦，后者将从我们身上剥夺另一个人所享受的那种幸福。

因此，如果你要在一个青年人的心中培养他那开始冲动的日益成长的感情，如果你要使他的性格趋向善良，那就绝不能用虚假的人们的幸福面貌在他身上播下骄傲、虚荣和妒忌的种子，绝不能先让他看到宫廷的浮华和富丽的排场，绝不能带他到交际场所和衣饰华丽的人群中去；只有在你已经使他能够就上流社会的本身去了解上流社会的时候，你才能够让他看见上流社会的外表。在他对人们还

没有获得认识以前，就让他出入社交场合的话，那就不是在培养他，而是在败坏他；不是在教育他，而是在欺骗他。

人并非生来就一定能做帝王、贵族、显宦或富翁的，所有的人生来都是赤条条地一无所有的，任何人都要遭遇人生的苦难、忧虑、疾病、匮乏以及各种各样的痛苦，最后，任何人都是注定要死亡的。做人的真正意义正是在这里，没有哪一个人能够免掉这些遭遇。因此，我们开始的时候，就要从同人的天性不可分离的东西，真正构成人性的东西，着手进行我们的研究。

⑤痛苦与幸福

长大到十六岁的少年能够懂得什么叫痛苦了，因为他自己就曾经受过痛苦；但是他还不大清楚别人也同样地遭受痛苦：看见别人的痛苦而自己没有那种痛苦的感觉，是不明白别人的痛苦是怎样一回事的，而且，正如我已经说过一百次的，当孩子还不能想象别人的感觉时，他只能知道他自己的痛苦；但是，当感官一发育，燃起了他的想象的火焰的时候，他就会设身处地为他的同类想一想了，他就会为他们的烦恼感到不安，为他们的痛苦感到忧伤。正是在这个时候，那苦难的人类的凄惨情景将使他的心中开始产生他从来没有体验过的同情。

如果你在你的孩子的身上不容易看出这个时刻的到来，那又怪得着谁呢？你很早就教会他们玩弄情感，教会他们说带情感的语言，以致他们谈起话来总是那种腔调，拿你教他们的东西来对付你自己，使你没有办法可以看出

他们什么时候说的才不是假话，而是他们真正的感觉。可是，你们看一看我的爱弥儿，我已经带他长大到这样的年龄了，但他从来没有动过什么感情，也没有说过任何假话。在他还不懂得什么叫爱以前，他从来没有向任何人说过："我很爱你"；我从来没有给他讲过他在他爸爸、妈妈或生病的老师的房间里应该表现什么样子，我从来没有告诉过他怎样在他心中根本没有忧愁的时候装出一副忧愁的样子。见到人死的时候，他是不会假哭一场的，因为他不知道死是怎样一回事情。他在心中没有某种感觉，他在态度上就没有某种表情。除他自己以外，他对什么人都是一概不注意的；他跟其他的孩子一样，对任何人都不表示关心，所不同的是，他不假装一副关心人的样子，他不像他们那样虚伪。

爱弥儿很少在心中思考过有感觉的生物究竟有哪些感觉，所以要很晚以后他才知道痛苦和死亡是怎样一回事情。现在，呻吟和哭泣已开始打动他的肝肠，流血的样子已使他不能不张开他的眼睛；在他不知道一个奄奄一息的动物为什么会全身痉挛以前，我不知道他看到那种肌肉颤动的情形会感到多么的痛苦。如果他仍然是那样地粗野和懵懵懂懂的话，他就不会有这些感觉；如果他受了更多的教育，他就可以明白这些感觉是从什么地方来的；他已经把他的观念做过很多的比较，所以不能说一点没有感觉，但要说能想象出他所感觉的情景，那还是不够的。

怜悯，这个按照自然秩序第一个触动人心的相对的情感，就是这样产生的。为了使孩子变成一个有感情和恻隐之心的人，就必需使他知道，有一些跟他相同的人也遭受到他曾经遭受过的痛苦，也感受到他曾经感受过的悲哀，而且，还须使他知道其他的人还有另外的痛苦和悲哀，因为现在他也能够感觉到这些痛苦和悲哀了。如果我们不能忘掉自己的形骸，把自己同那个受痛苦的动物看作一体，替它设身处地地想一想，我们怎么能动怜悯之心呢？我们只有在判明它确实在受痛苦的时候，我们才会感到痛苦；我们所痛苦的不是我们自己而是那个动物。因此，任何人都只有在他的想象力已开始活跃，能使他忘掉自己，他才能成为一个有感情的人。

为了激发和培养这种日益增长的感情，为了按它的自然的发展倾向去引导它和认识它，如果我们不使一个青年人把他心中愈来愈扩充的力量用之于那些能扩大他的胸襟，能使他关心别人，能使他处处忘掉他自己的事物；如果我们不十分小心地消除那些使他心胸狭隘，使他以自己为中心而时时都想到他个人的事物，换句话说，如果我们不促使他的心中产生善良、博爱、怜悯、仁慈以及所有一切自然而然使人感到喜悦的温柔动人的情感，并防止他产生妒忌、贪婪、仇恨以及所有一切有毒害的欲念——不仅使人的情感化为乌有，而且还使它发生相反的作用和折磨他自己的欲念，我们又怎样做呢？

一般地说，流血、创伤、啼哭、呻吟、痛苦的手术操作和一切使感官感到痛苦的东西，是马上可以使所有的人的心都通通紧张起来的。见到毁灭的情景时，反而比较镇定，没有那样紧张；死的形象要很晚以后才微微地使人有

所感动，因为谁都不曾有过死的经验，必需要看见过一些死尸之后，才知道临死时候的痛苦是什么味道。但是，这种形象一旦在我们心中牢牢地形成以后，则我们心目中就会觉得再也没有什么东西比死亡更可害怕的了，因为这个时候，我们或者是由于这种形象通过感官使我们产生了彻底毁灭的观念，或者是由于我们知道任何人都不可避免地要遇到这样的时刻，因而对那无法逃脱的情景更感到惊恐。

这种种印象，随每一个人特有的性格和原先的习惯而有所变化和程度上的差异，但它们是人人都有的，任何人都是不可避免地要产生的。有一些印象的获得比较缓慢，而且除了敏感的人以外也不是谁都能够获得的，因为这些印象来之于精神的痛苦、内心的忧伤、情绪的苦闷、烦恼和悲哀。有些人是只有号哭的声音才能打动他们的心的，他们见到一颗万分悲伤的心在那里暗暗哽咽，甚至叹都不叹息一声；他们见到一张颓丧、苍白的面容和没精打采地再也哭不出眼泪的眼睛，也不流一滴眼泪。在他们看来，心灵的痛苦是无所谓的，他们把它们拿在心上一衡量，没有什么感觉。他们可以成为诚实和正直的人，但绝不能成为仁慈、宽厚和有恻隐之心的人。

不过，你不要忙着拿这个标准去判断年轻的人，尤其是不要忙着拿去判断那些受过良好的教育、从来没有谁使他们遭受过精神痛苦的年轻人，因为，我再说一遍，他们所能同情的，只是他们能体会的痛苦；其所以有这种外表上看起来好像是冷淡无情的样子，是因为他们还处在蒙昧无知的阶段，然而，当他们开始意识到人的生活中还有

千百种痛苦是他们不知道的时候，这种冷淡无情的样子马上就会变成同情心的。至于我的爱弥儿，如果他在童年时期确实是那样地单纯和善良的话，我深信，他到了青年时期必然是心地仁慈和十分厚道的，因为情感的真实在很大的程度上是依靠观念的正确的。

为什么又在这里提到他呢？毫无疑问，不止一个读者会责备我忘记了我当初的意图，忘记了我答应过我的学生享受永恒的幸福。“老是谈那些穷苦的人和将死的人，谈那些痛苦和悲惨的情景！哪能使一个走向生活的青年人的心懂得幸福和快乐！他那位可怜的教师原来说要对他进行优良的教育，可是从现在的做法看，只不过是叫他去受苦罢了。”有些人也许会这样说的；这同我有什么关系？我说过要使他过得幸福，但是我没有说过要使他在表面上看起来幸福。如果你硬要迷惑于外表，把表面现象当作真实，能怪我错了吗？

现在假定有两个受过初步教育的青年人从截然相反的门进入社会。其中之一马上就登上了奥林匹斯山，活跃于最体面的上流社会；人们带他出入宫廷，出入大官、富人和名媛之家。我假定他到处都受到欢迎，但我看不出这种欢迎对他的理智有什么好处；我假定他的理智将拒绝这种欢迎，快乐的事情纷至沓来，每天都有新的事物使他感到喜欢，他对所有一切都是那样地有兴趣，从而也引起了你的兴趣。你看他是那样的专心、入迷和好奇；他所赞美的第一个事物将给你留下深刻的印象；你以为他是感到满意了；可是再看一看他的精神状态，你以为他在享乐；可是我，我却认为他在受罪。

当他一睁开眼睛的时候，他首先看见的是什么呢？各种各样他以前没有见过的所谓的财产，然而其中大部分的东西他只能一时接触一下，因此在他看来，便觉得它们的出现在他的眼前，只是为了使他难过，难过他没有那些东西。当他在宫廷漫步的时候，你从他那又忧愁又好奇的样子就可以看出他暗中在想他父母的家为什么不是这样。他的每一个问题都在告诉你，他在不断地把他自己同那间房屋的主人加以比较，一加比较，他就感到羞耻，产生反感，从而助长了他的虚荣。如果他碰到一个青年人比他穿得好，我就发现他嘴里在嘟囔，抱怨他自己的父母太悭吝。即使他比别人穿得好，他也痛苦，因为他觉得同那个人比起来，自己在出身或智慧上是相形见绌的，所以反而使他那一身锦绣在一件朴朴素素的布衣服面前显得丑陋。假使在一群人中间只有他一个人显得最漂亮，假使他因此就伸长脖子让人家看他，这时候，谁不想打掉一个花花公子的浮华虚骄的神气呢？大家都一齐动起来：严肃的人用不安的眼光看他，爱讽刺的人用冷嘲热讽的话说他，即使当时看起来他的人只有一个，但一个人的轻蔑态度也马上会使别人的喝彩带上恶意的成分。

他要什么我们就给他什么，让他尽情地高兴，对他百般地夸奖，使他穿得漂亮，精神饱满，讨人喜欢，也许有些妇女会来找他；但是，如果不是他爱她们，而是她们来追求他的话，其结果就会使他成为一个疯人而不会成为一个情人；他也许可以碰上好运气，但他不能一往情深地领

略其中的乐趣。他的欲望既然很快就得到了满足，所以反而使他觉得郁郁不乐；本来是为了使他获得幸福生活的女性，竟在他还不懂得是怎样一回事情以前，就已经使他感到厌烦，觉得没有什么意义；即使他还继续去追求的话，那也只是出于无聊；及至他了解其真意而有所钟情的时候，他也许就不再是一个唯一可爱的美少年了。他在他的情人当中也许始终就找不到忠贞的佳人了。

我还没有谈到同这种生活分不开的纠纷、变节、黑暗和痛心的事情哩。我们处世的经验将使我们对世事感到厌恶，这一点大家都是知道的，所以我在这里只是谈一下随第一个妄念而来的烦恼。

他，在亲友的怀抱中一直生活到今天，深深知道自己是他们独一无二的爱护的对象，可是现在一下就进入了另外一个环境，使他在其中竟成了无足轻重的人；他，长久以来都是他那个世界的中心，而现在竟发现自己好像是掉进了一个陌生的世界；这一切，在他看来，同他以前的生活形成了多么鲜明的对照啊！他在自己的亲友中养成了妄自尊大的观念，而在陌生人中，如果不丢掉这种观念的话，岂不要遭到许多的侮弄和羞辱！当他是小孩子的时候，大家都让他，大家都殷勤地照顾他；而一成了青年，就必需要他让大家了，否则，哪怕他只保留一点点旧样子，他就要受到多么严酷的教训！他一向是要什么就可以得到什么，因此养成了这种习惯，使他想得到更多的东西，使他不断地觉得他缺少这个或那个，一切讨他喜欢的东西都在引诱他，别人有什么他就想要什么。他垂涎一切，他妒忌

每一个人，他到处想高居人上；虚荣在腐蚀他，不可克制的欲望的火焰焚烧着他年轻的心；有了欲望，同时也就产生了猜忌和仇恨。所有一切腐化人的欲念都同时在他的心中爆发出来，在喧嚣的世界中，他被这些欲念弄得激动不安，他每天晚上都带着不安的心情回家，对自己不满意，也对别人不满意；他睡觉时也在翻来覆去地凭空打算，被千百种奇奇怪怪的想法弄得心绪不宁，他傲慢的心在梦中给他描绘出他一生如饥似渴地想望而不可能得到的虚幻的财富。以上所谈的，就是你的学生。现在，让我们来看一看我的学生。

如果第一个使他印象深刻的情景是很凄凉的，则他一回想他自身就会获得一种快乐的感觉。当他看见他免掉了那么多的灾难，他就会以他没有想成为那样的人而感到高兴。他分担他的同伴的痛苦，而这种分担完全是自觉自愿出自一片好心的。他同情他们的痛苦，同时又以自己没有遭到他们那种痛苦而感到庆幸。在这种情况下，他觉得他有一股能使我们超越自我的力量，使我们除了为我们自己的幸福以外，还能把多余的精力用之于别人。要同情别人的痛苦，当然要知道别人的痛苦是怎样一回事情，但不一定要自己去感受那种痛苦。当一个人受过痛苦，或者害怕受痛苦的时候，他就会同情那些正在受痛苦的人的；但是，当他自己受痛苦的时候，他就只同情他自己了。所以，如果说所有的人都因为有遭遇人生的苦难的可能，所以要把他目前不用之于自身的情感给予别人，则由此可见，在同情别人的时候，自己的心中也得到了很大的快乐，因为这

表明我们有丰富的情感，反之，一个硬心肠的人总是很痛苦的，因为他的心不让他有多余的情感去同情别人。

我们太从表面现象去判断幸福了，所以，我们认为幸福的地方，恰恰是最不幸福的地方；我们到不可能有幸福的地方去寻求幸福，因为快乐往往只是幸福的可疑的征兆。一个快乐的人往往是一个不幸的人，他的拚命地欺骗别人和愚弄自己。在交际场所是那样喜笑颜开的人，回到自己家里差不多都是忧忧郁郁满腹牢骚的，他们的仆人要代他们受他们取悦朋友时候所受的那一番苦。真正的心满意足是不会那样嬉嬉闹闹的。由于我们百般地爱护这样甜蜜的一种感情，所以我们在享受的时候就会想到它，领略其中的滋味，生怕它化为乌有了。一个真正快乐的人是很少把他的快乐形之于言笑的，可以说他是把他的喜悦储藏在他的心里的。闹闹嚷嚷地寻欢作乐是失望和烦恼的烟幕。忧郁和淫乐是相陪伴的，同情和眼泪是随甜蜜的快乐而来的，极端的快乐将使人哭而不会使人笑。

乍看起来，好像玩乐的次数和花样一多就可以增加人的幸福，而平淡单调的生活将使人感到厌倦；但仔细一想，事情恰好相反，我们发现心灵的甜蜜在于享乐适度，使欲望和烦恼无由产生。欲望一动，就必然使我们好奇和浮躁，无聊的狂欢则将给我们带来烦恼。当一个人不知道还有其他更美好的环境时，他不会觉得他现在的环境是可厌的。在世界上所有的人类当中，野蛮人是最没有好奇之心的，同时也是最难得遇到什么烦恼事情的；所有一切在他们看来都无所谓，他们所乐的不是各种各样的东西而是他们的

自身，他们一生无所事事，因之也就从来不感到烦恼。

通世故的人总是戴着假面具的，他们几乎没有以他们本来的面目出现过，甚至弄得自己也不认识自己，当他们不得不露出真面目的时候，他们就会感到万分地局促。在他们看来，要紧的不是他们实际上是什么样的人，而是要在外表上看起来好像是什么样的人。

一看到我在前面讲到的那个青年人的面貌，我不禁想到他是多么的倨傲、油滑和做作，使世人厌恶他和责难他；而一看到我的学生的面貌，我就不禁想到一副朴实可爱的神情，它流露出他内心的喜悦和宁静，赢得了人们的尊重和信任，好像你到他的身边，他就要向你倾诉他的友情。有人认为，人的相貌只不过是大自然所描绘的特征的简单的发展而已。而在我看来，除了这种发展以外，一个人的面部的特征是通过心灵的某些感情的惯常的影响而不知不觉地形成的。在面貌上流露的这些情感是最真实不过的，它们流露惯了，就会在脸上留下持久的痕迹。因此，我才说相貌可以显示一个人的性格，我们用不着去听人家拿我们不懂得的学问做一番神秘的解释，也往往能互相看出彼此的性情。

小孩子只有两种很显明的感情：高兴和痛苦。高兴就笑，痛苦就哭；他没有介于这两者之间的情感，他不断地时而哭时而笑。像这样时哭时笑，既不会在他的脸儿上留下永恒的痕迹，也不会使他形成一定的面貌；但是，当他长到一定的年龄，变得比从前更富于感觉的时候，情感的影响就更加强烈和持久，从而便留下难以消失的深深的印

痕；从心灵的习惯状态中产生的特征，随着时间的推移就变得永不磨灭了。然而，我们也看到不少的人的面貌是随年龄的不同而有所变化的，我就看见过几个人是这样的；我往往发现，我所见到的这些人也改变了他们惯常的脾气。这种情形，要是能充分地加以研究，在我看来将产生重大的意义，不能不在一篇以阐述根据外部征象去判断内心活动为重点的教育论文中占一个位置。

我不知道我所教导的这个青年是不是会由于他不懂得模仿习俗的做法和假装他实际上没有的情感，就没有那样地可爱，我不打算在这里论述这一点，我只知道他将来比别人更有感情；我很难相信，一个只爱他自己的人，为了使别人喜欢，竟能假装得同有些人一样，以爱别人而使自己得到一种新的快乐的感觉。至于说到这种感觉的本身，我认为我在这方面所做的阐述已足以使一个有头脑的读者明了这个问题，同时表明我前后的话并不矛盾。

⑥成人教育

我们终于进入了道德的境界：我们刚刚以成人的步伐走了第二步路。如果现在的时机恰当的话，我就试想指出从心灵的最初的活动中是怎样产生良心的真正呼声的，从爱和恨的感情中是怎样产生善和恶的观念的。我将阐明“正义”和“仁慈”不仅不是两个抽象的词，不仅不是由智力所想象出来的纯粹道德的概念，而是经过理智的启发的真正的心灵的爱，是我们的原始的情感的循序发展；我将阐明，如果单单通过理智而不诉诸良心的话，我们是不

能遵从任何自然的法则的；如果自然的权利不以人心自然产生的需要为基础的话，则它不过是一种梦呓[①]。但是，我认为，我在这里没有必要做什么形而上学和伦理学的论述，也没有必要在这里做任何形式的探讨，我只需就我们的天性指出我们的感情和知识的形成的次序和进程就够了。我在这里只是把问题提出来，让其他的人去进行阐述。

到现在为止，我的爱弥儿是只管他自己的，因此，他向那些同他相似的人投下的第一道目光，将使他把他自己同他们加以比较；这样一比，首先就会刺激他产生一种处处要占第一的心。由自爱变成自私的关键就在这里，因自私而产生的种种感情也就是在这里开始出现的。但是，要判明在他性格中占据上风的这些情感，是博爱敦厚还是残忍阴险，是宽和仁慈还是妒忌贪婪，就必需了解他自己认为他在人类当中占据什么地位，就必需了解他认为要达到他所希望的地位，需要克服哪些障碍。

① “你希望别人怎样对你，你就应当怎样对别人。”这句格言本身就是以感情和良心为基础的；不然的话，还有什么恰当的理由说明：我既然是我，为什么在做事的时候要把自己看作另一个人，尤其是在我的确肯定不会遭遇同样的情况时，为什么还要把自己看作另外一个人呢？当我忠实地按照这句格言行事的时候，谁能够向我担保别人也同样按照这句格言对我呢？正因好人很诚实，坏人不正直，所以坏人才能占便宜，他才盼望除他以外，大家都是好人。这一条，不管怎样说，对好人都是不大有利的。但是，当豁达的心怀使我把自己看成跟我相似的人是形同一体的时候，当我可以说是把自己看作为他的时候，我希望他不受痛苦，也正是为了使我自己不受痛苦；我爱他，也正是为了爱我，所以这句格言的理由存在于天性的本身，因为它使我不论在什么地方都怀有过幸福生活的愿望。因此，我认为，说自然的法则完全是以理智为根据，是不对的；它们有一个更坚实稳固的基础。由自爱而产生的对他人的爱，是人类的正义的本原。《福音书》中所包括的全部道德，归纳起来就是这一条法则。

为了在这方面对他进行指导，就应当在通过人类共有的一些遭遇向他表述人是什么样的之后，再在这个时候通过人和人之间的不同向他讲一讲人的情形。所以，我们现在要衡量自然的和社会的不平等了，要描绘一幅整个社会秩序的图画了。

必需通过人去研究社会，通过社会去研究人；企图把政治和道德分开来研究的人，结果是这两种东西一样也弄不明白的。我们首先着重研究原始的关系，我们就可以发现人是怎样受这些关系的影响的，就可以发现哪些欲念是从这些关系中产生的；我们发现，正是由于欲念的发展，才反过来使这些关系愈来愈复杂，愈来愈紧密。人之所以能够独立自由，不是由于他的臂力而是由于他的心灵的节制。不论什么人，只要他的欲望少，他就可以少去依赖别人。有些人常常把我们的妄念和我们身体的需要混为一谈，把我们的身体的需要看为人类社会的基础，因此，因果倒置，把他们的全部理论愈讲愈糊涂。

在自然的状态下，是存在着一种不可毁灭的真实的平等的，因为，单单是人和人的差别便不可能大到使一个人去依靠另一个人的程度。在人类社会中存在的权利平等是虚假的，因为用来保持这种平等的手段，其本身就是在摧毁这种平等，同时，公众的势力也有助于强者压迫弱者，从而打破了大自然在他们之间建立的平衡[1]。从这头一个矛盾中，也就源源产生了我们在社会等级中所见到的那种表

① 所有一切国家的法律的普遍精神，都是祖护强者欺凌弱者，祖护富人欺凌穷人。这个缺点是不可避免的，而且是没有例外的。

面和实际之间的矛盾。多数人总是为少数人做牺牲，公众的利益总是为个人的利益做牺牲；正义和从属关系这些好听的字眼，往往成了实施暴力的工具和从事不法行为的武器。由此可见，口口声声说是服务他人的上层阶级，实际上是在损他人而利自己；因此，我们要按正义和公理来判断我们对他们的尊重是否适宜。为了要知道我们每一个人对他自己的命运抱着怎样的看法，就需要了解他们所得到的地位是不是最有利于占据这种地位的人的幸福。这就是我们现在要研究的问题，不过，为了把这个问题研究得很好，就必需从了解人心着手。

如果说问题只是在于按人的假面具向青年人讲述人的话，那我们就用不着向他们讲述了，因为他们经常都是看到这种假面具的；但是，既然假面具不是人，不能让它表面的光泽去引诱青年，那么，我们在向他们描绘人的时候，就要向他们如实地描绘人的本来面目。其所以要这样做，并不是使青年人去恨他们，而是使青年人觉得那些人很可怜，从而不愿意学他们的样子。在我看来，这样做是合乎一个人对人类所抱有的最真挚的情感的。

根据这个看法，我们这时候教育年轻人，所采取的方法就要同我们从前所采取的方法完全相反，就要多用别人的经验而少用他自己的经验。如果人们欺骗他，他就要恨他们；如果他们尊重他，他看见他们互相欺骗的时候，就会同情他们。“世界上的情景，”毕达哥拉斯说，“宛如奥林匹克竞赛会的情景一样：有一些人在那里开店铺，为的是牟利赚钱；另一些人在那里拼性命，为的是追求荣誉；

而其他的人则只是为了去看竞技的，但是，去看竞技的人并不是坏人。”

我希望人们这样替一个青年选择社交界，希望他认为同他一块儿生活的人都是好人，希望人们教他仔仔细细地认识世界，把世界上的事都看作是坏事，希望他知道人天生都是很好的，希望他意识到这一点，希望他自己去判断他的邻人，然而也希望他了解社会是怎样使人堕落和败坏的，希望他能发现人们的偏见就是他们种种恶习的根源，希望他衷心地尊重个人而蔑视大众，希望他知道所有的人差不多都戴着同样的假面具，但是也希望他知道有一些人的面孔比脸上所戴的面具还漂亮得多。

应当承认，这个方法有它的缺点，而且实行起来也不容易；因为，如果他过早地变成一个善于观察的人，如果你使他过于细致地去窥察别人的行动，那么，就可能使他养成喜欢说长道短、挖苦讽刺和动不动就武断地评判别人的习惯：喜欢幸灾乐祸地把一切事情都看得很糟糕，甚至连好事情他也认为不好。正如你见到穷人并不感到他们可怜一样，他见到邪恶的事情也视为常事，见到坏人也不害怕。不久以后，人类的种种恶行就不仅不能成为对他的教训，反而成为他的借口；他心里会这样想：既然人人都是这样的，我也不应该另外来一个样子。

如果你想用一番大道理去教育他，企图在他了解人心的天性的同时，再了解那些把我们的倾向变成恶习的外部原因的作用，如果你一下就使他从用感官感觉的事物转移到用脑筋思维的事物，你就要采用一种他根本无法懂得的

形而上学的方法，你就要重新遇到你一直是十分小心地避免的麻烦，就要给他讲一些劝世文似的教条，就要在他的思想中用老师的经验和威信去代替他自己的经验和理智的发展。

为了同时拔掉这两个障碍，为了使他既能够了解别人的心而又不败坏自己的心，我打算就把离开我们很远的人指给他看，让他看其他时间或其他地点的人，以便使他虽能看到那种场合，但绝不能到那种场合中去进行活动。所以，现在是到了讲历史的时候了，通过历史，他用不着学什么哲学也能深入地了解人心；通过历史，他就能作为一个普通的观众，不带任何偏见和情绪，以裁判人而不是以同谋或控诉人的身份对他们进行判断。

为了认识人，就必需从他们的行为中去认识他们。在社会上，我们听见的是他们的话，他们口头上讲一套，然而却把他们的行为隐藏起来；而在历史上，他们的行为就要被揭露，我们就要按照他们所做的事情去评判他们。他们所说的话，反而可以帮助我们对他们进行评价，因为把他们的言行加以比较，我们就可以同时看出他们实际上是什么样的人，而在表面上又装成什么样的人。他们愈是伪装，我们愈是能够了解他们。

可惜的是，这种方法有它的危险，有好几种缺点。要从一种观点去公正不偏地判断别人，那是很困难的。历史的最大弊病之一是，它从人类坏的方面描写人的时候多，从好的方面描写人的时候少；由于它感兴趣的只是革命和巨大的动乱，所以，只要人民在太平政治之下安定地过着

昌盛繁荣的生活，它就毫无记载，只有在一个国家的人民由于自己不能满足自己的要求，因而就插手邻国的人民的事情，或者让邻国的人民来插手他们的事情的时候，它才开始记述他们的活动，它在他们已经处在衰亡的时候才对他们进行描写。我们的一切历史都是从它们应该宣告结束的时候才开始写的。我们对那些灭亡的民族的历史，已经是掌握得够多的了；我们所缺少的是人口兴旺的民族的历史，它们是那样地幸福和善良，以致使历史对它们无话可说。实际上，甚至在今天，我们还发现把国家管理得很好的政府，反而不为人们所谈论。我们所知道的尽是坏事，好事几乎是没有人提过。只有坏人才能出名，好人不是被大家遗忘就是被大家当作笑柄。由此可见，历史像哲学一样，在不断地诋毁人类。

此外，在历史中所记述的那些事情，并不是怎样经过就怎样准确地描写的，它们在历史学家的头脑中变了样子，它们按照他们的兴趣塑成了一定的形式，它们染上了他们的偏见的色彩。哪一个历史学家能准确地使读者置身于事件经过的地方，让他看见那件事情的真实经过？无知和偏袒把整个事情化了一次装。即使不歪曲历史事实，但如果把跟那个事实有关的环境加以夸大或缩小，结果就会使它的面貌多么不同啊！把同一个东西放在不同的观点看，就不大像原来的样子，其实除了观看者的眼睛以外，什么都是没有改变的。你告诉我的即使是一件真实的事实，但你没有使我照它原来的样子去看它，这能说是尊重事实吗？有多少次是由于多了一株树或少了一株树，是由于左边有

一块岩石或右边有一块岩石，是由于一阵大风刮起的一股尘沙，而决定了战役的胜负，但是还没有哪一个人看出过这种原因哩！是不是这样就使得历史学家不能像目睹者那样确切地向你讲述胜负的原因呢？再说，当我不知道其中的道理的时候，那些事实对我有什么意义呢？一件事情，我既然不知道它真正的原因，哪里能从其中得到什么教训？历史学家可以告诉我一个原因，但那是他杜撰出来的；至于说到评论，尽管是讲得天花乱坠，但其本身也不过是一种猜度的方法，只能够在几种谎言当中选一个同真实的事实最相像的谎言。

……

对一个青年来说，那些一边叙事一边又加上自己的评语的历史学家，是最坏不过的了。事实！事实！让青年人自己去判断好了；要这样，他才可以学会了解人类。如果老是拿作者的判断去指导他，则他只能通过别人的眼睛去看问题，一旦没有这些眼睛，他就什么也看不见了。

……

一般地说，历史是有它的缺点的，其原因是由于它只能记载可以确定其人物、地点和时间的著名的重大事件，然而造成那些事件的日积月累的原因，是不能用同样的方法加以记述的，所以总付阙如。人们常常在一场胜仗或败仗中去寻找一次革命的原因，其实，在这场战争之前，那次革命已经是不可避免地要发生的了。战争只不过使那些由精神的原因所造成的事情突出地表现出来罢了，而精神的原因，则是历史学家很少看得出来的。

哲学的精神已经把本世纪的几位史学家的思想向这方面扭过来了，但是我很怀疑，真理是不是能通过他们的著作而得到阐发。他们各持一说，不仅不努力按事情本来面貌去描述，反而要事情去符合他们各自的一套看法。

除了以上几点外，我还要补充的是：历史所描述的是动作而不是人，因为它只能够在几个选定的时刻，在他们衣冠楚楚的时候抓着他们的样子来描写；它所展示的，只是经过事先的安排而出现在公众面前的人，它不能跟着他到他的家中、到他的私室中、到他的亲友中去看一看，它只是在他扮演什么角色的时候描绘他，因此，它所描绘的是他的衣服而不是他那个人。

为了着手研究一个人的心，我倒要看一看他的个人生活，因为这样一来，那个人要逃也逃不掉了；历史学家到处都跟踪着他，不让他有一会儿喘息的机会，不让他躲在任何角落里逃避观众的锐利的眼睛；正是当他自以为躲得很好的时候，历史学家反而把他看得清清楚楚。蒙台涅说："传记家只要把他们的兴趣更多地放在思想上而不放在偶然的事情上，更多地放在出自内心的东西上而不放在形之于外的东西上，那么他们做的传记我就喜欢阅读，这就是我为什么选来选去还是选读普卢塔克的著作的原因。"①

……

普卢塔克的过人之处，正是在于他敢描写我们不敢描写的细微情节。他以一种无法模仿的优美笔调在细小的事情上描述伟大的人物，他是那样善于选择他的事例，所以

① 蒙台涅：《论文集》，第 2 卷，第 10 章。

往往用一句话或一个笑容或一个手势，就足以表达其主人公的特殊性格。汉尼拔说一句笑话就重振了他那溃败的军队的士气，使他们欢欢喜喜地奔向他征服意大利的战场；阿杰锡拉跨在一根棍子上，反而使我喜欢他这位战胜大王的人；恺撒在经过一个偏僻的村庄，同他的朋友谈话的时候，无意中竟暴露他这个曾经说只想同庞培地位平等的人原来是心怀叵测的奸雄；亚历山大一句话不说，就把药吞下去了，这一刹那间竟成了他一生中最美妙的时刻；亚里斯泰提①把自己的名字写在一个贝壳上，从而表明他理应得到他那个别名；菲洛皮门到了别人家里，就取下披风，到厨房去替房主拾弄木柴。这才是真正的描写的手法，不是以粗大的笔划去描写人物的面貌，不是以豪迈的行为去描写人物的性格，而是以细小的事情去揭示他们天生的性情。

在这样的指导之下读书，对一个青年人白璧无瑕的心灵将产生怎样的影响，是很少有人能够估计出来的。我们从童年时候起就埋头书本，已经养成了学而不思的习惯，我们对所读的东西印象极不深刻，在历史和人的生活中到处充斥的欲念和偏见，在我们身上也已经产生了，从而使他们所做的一切事情在我们看来都是很自然的，因为我们已经脱离了自然，以自己的面貌去判断别人了。但是，请你想象一下按照我的主张培养起来的青年，想象一下我十八年来辛辛苦苦地使之保持了完备的判断力和健康的心

① 亚里斯泰提（公元前540—468），古希腊政治活动家和战略家，掌管希腊财政极为廉洁，史称公正的亚里斯泰提。

灵的爱弥儿，想象他在布幕拉开的时候，头一次看到这个世界的舞台的情景，或者更确切一点，想象他站在舞台后面看演员们化装，在舞台后面数有多少绳子和滑车在用假情假景蒙蔽观众的眼睛，他将有怎样的感觉。他起初是大吃一惊，但接着就对他们表示一阵羞辱和轻蔑。看到整个的人类这样自己欺骗自己，自甘堕落地去做那些幼稚的事情，他感到非常的气愤；看到他的弟兄为了一场空梦就互相厮打，看到他们不愿意做人，而一定要把自己变成猛兽，他就感到非常痛心。

毫无疑问，只要学生有了自然的禀赋，即使老师没有那么慎重地选择他所读的书籍，即使老师没有使他在读书之后对书中的东西进行一番思考，他这样学来的东西也可以变成一种实用的哲学，它同你们用来把学校中的青年的头脑弄得一团混乱的种种空泛的理论相比，还是踏实得多和有用得多的。西内阿斯[①]在听完了皮鲁士[②]的想入非非的计划以后，就问他，既然从今以后一定要受许多的折磨和痛苦才能征服世界，那么，征服了世界又能获得什么真正的好处。在我们看来，西内阿斯的问法只不过是随随便便的一句俏皮话，但爱弥儿却从中发现了一个很明智的见解，这个见解，他最初就曾经是有过的，今后也永远不会从他的思想中消灭掉，因为在他的思想中没有任何一个同它相矛盾的偏见妨碍他把它印在自己的心里，以后，在他阅读皮鲁士的传记的时候，他就会发现，这个疯子的一切

① 西内阿斯是埃皮鲁斯国王皮鲁士的谋士。

② 皮鲁士（公元前 318—272），埃皮鲁斯国王。

伟大的计划都无非是想使自己丧身在一个妇人的手里；因此，除了不佩服这种所谓的英雄行为以外，他不把这样伟大的一个统帅之所以建立奇功，不把这样伟大的一位政治家之所以施展权谋看作是为了去寻找那不祥的砖瓦，以可耻的下场结束他的一生和计划，又将看作是什么呢①？

并不是所有的征服者都是被杀死的，并不是所有的篡位者都是在他们的冒险事业中遭到失败的；在充满了俗见的头脑看来，其中有几个人好像是很幸运的；但是，谁要是不只看表面的现象，而完全按他们的心境去判断他们究竟是不是幸运的话，他就可以发现，那些人即使成功，也是很惨然的；他将发现，他们的欲望和伤心的事情随着他们的幸运而愈来愈繁多；他将发现，他们虽然是上气不接下气地拼命前进，但始终达不到他们的尽头；他将发现，他们像没有经验的旅行家头一次爬越阿尔卑斯山似的，在每爬一个山冈的时候，就以为过了这个山冈便翻过了整个的山脉，及至爬到冈顶一看，才沮丧地发现更高的山峰还在前面咧。

奥古斯都②在平服了他的臣民和打败了他的对手以后，

① 皮鲁士于公元前 280 年不听西内阿斯的劝告，远征罗马，仗固然是打胜了，但牺牲特别惨重，以至他手下的将军们都说，要是再打一次这样的胜仗，我们全都完了。后来，皮鲁士又率军转战于希腊境内，于公元前 272 年攻克阿尔果城的时候，被一个年老的妇人从屋顶上扔下的瓦片击中头部而死。

② 奥古斯都（公元前 63—公元 14），即罗马皇帝屋大维，原为三执政之一，公元前 31 年击败安东尼以后，遂集政教大权于一身，改称奥古斯都。公元前 9 年，他手下的将军瓦鲁士所率三个军团被日耳曼人包围，以至全军覆没；当奥古斯都得到消息的时候，急得在皇宫中连声叫喊：“瓦鲁士，瓦鲁士，还我的三个军团！”

统治那空前的大帝国达40年之久，但是巨大的权力是否能使他在要瓦鲁士重振他那溃败的军队的时候，不急得用头去碰墙壁，不急得叫喊连天，使那巨大的宫廷处处都听到他的闹声？只要在他的周围有各种各样的伤心事在继续不断地产生，只要他最亲密的朋友在图谋他的性命，只要他眼见自己的亲族遭遇羞辱和死亡的时候只能哭泣而不能有所作为，即使他战胜了他所有的敌人，那空幻的功业对他又有什么用处呢？这个可怜的人想统治整个的世界，然而却不知道要管好他的家！疏于治家的结果怎样呢？他看见他的侄子、他的义子、他的女婿都在年富力强的时候死掉了；他的孙子最后弄得只好吃自己床上的垫絮，以便使他可怜的生命多活几个小时；他的女儿和孙女做了许多寡廉鲜耻的事情，使他蒙受羞辱，而且，后来一个是饿死在荒岛，另一个是在监狱中被一个弓手所杀死。至于他自己，则成了他的可怜的家庭剩下的最后一个人，被自己的妻子逼得只好让一个怪物作他的继承人。这个主宰世界的人，尽管曾经是多么的荣耀和富贵，结果他的命运却落得如此。在羡慕荣耀和富贵的人当中，难道说还有哪一个人愿意用同样的代价去换取这种东西吗？

我在前面是拿人的野心做例子，然而所有一切人类欲念的冲动，对那些想从历史的研究中，借死者的命运而认识自己和使自己变得聪明的人来说，都可以提供同样的教训。就教育年轻人来说，在最近的将来，最适宜于读安东

尼[①]的传记而不适宜于读奥古斯都的传记。爱弥儿近来在他所读的书籍中见到了许多奇怪的事物，弄得他摸不着头脑，但是他知道在欲念未产生以前，就必需先摆脱欲念的幻象；同时，由于他知道人无论在任何时候有了欲念就会使自己变得昏庸，因此，他事先就不会采取那种可以让欲念（万一他果真产生了欲念的话）迷惑他的生活方式[②]我知道，这些教训对他来说是很不适宜的，而在需要的时候，也许又会觉得它们既不及时也不够用；不过，你要知道，我想从阅读历史中得出来的并不是这样一些教训。在开始读历史的时候，我就抱有另外一个目的，如果这个目的没有完全达到的话，那无疑是老师的错误。

必需知道的是，只要自私心一有了发展，则相对的"我"就会不断地进行活动，而青年人一看到别人的时候，便没有一次不联想到他自己，并且把自己同他们加以比较。因此，在看过别人之后，他就想知道他在他们当中将处在怎样的地位。从你向青年人讲授历史的方法看来，我认为，你可以说是在使他们想变成他们在书中看到的那些人，是在使他们时而想做西塞罗，时而想做图拉真[③]，时而又想做亚历山大；是在使他们头脑一清醒时就感到沮丧，是在使每一个人悔恨他自己不过是这样一个人。我不否认这种方

① 安东尼（公元前 83—30），恺撒的朋友和副手。恺撒死后，同屋大维和雷必达组成罗马史上的第二个三人执政。

② 始终是偏见在我们的心中使欲念旺盛如火。一个人如果只注意于现有的东西，只看重他确实了解的东西，他的欲念是不会冲动起来的。有了错误的看法，就会产生强烈的欲望。

③ 图拉真（52—117），罗马皇帝。

法也有一定的优点；但就爱弥儿来说，万一他也这样把自己同别人加以比较，喜欢做那样一个人而不愿意做他自己这样的人的话，即使说他想做一个苏格拉底，想做一个卡托，我认为我对他的教育也是全盘失败的。一个人只要开始把自己想象为另外一个人，不久以后就会完全忘掉他自己了。

你的孩子要读书，他们在读书中可以取得他们如果不读书就不可能取得的知识。如果他去钻研的话，他们的想象力便将在寂静的书斋中燃烧起来，而且愈燃愈猛烈。当他们到社会中去生活的时候，他们就会听到一些鄙俗的话，就会看到一些使他们印象深刻的行为；你再三告诉他们说他们已长成为大人了，因而在他们看着大人所做的事情中，他们不免要追问这些事情怎样才可以由他们去做。既然别人所说的话，一定要他们听，则别人所做的行为，他们就可以照着去做了。家中的仆役是隶属于他们的，因此为了取悦他们，就不惜糟蹋善良的道德去迎合他们的心；有一些爱嘻哈打笑的保姆，在孩子还只有四岁的时候就向他们说一些连最无耻的女人在他们十五岁的时候都不敢向他们说的话。她们不久就把她们所说的话忘记了，然而他们是不会忘记他们所听到的事情的。轻佻的言语为放荡的行为埋下了伏机，下流的仆役使孩子也成了放荡的孩子，这个人的秘密，正好供另一个人用来保守他自己的秘密。

按年龄进行培养的孩子是孤独的。他一切都照他的习惯去做，他爱他的姐妹就好像爱他的时候一样，他爱他的朋友就好像爱他的狗一样。他自己不知道他是哪一个性别

的人，也不知道他是哪一个种族的人，男人和妇女在他看来都同样是很奇怪的；他一点不知道他们所做的事情和所说的话同他有什么关系，他不看他们所做的事，也不听他们所说的话，或者说，他压根儿都没有去注意过他们，他们所说的话也像他们所做的事一样，引不起他的兴趣：所有这些都是同他不相干的。这并不是由于我们采用了这个方法因而使他有这样一个人为的过错，这是自然的无知。现在，大自然对他的学生进行启蒙的时刻已经到来了，只有在这个时候它才使它的学生可以毫无危险地从它给他的教育中受到益处。这是一个原则，至于详细的规则，是不在我论述的范围的；我针对其他事情提出的那些方法，也可以应用于这件事情。

四、忏悔者的遐想

1. 我在世间孑然一身

我在世间就这样孑然一身了，既无兄弟，又无邻人，既无朋友，也无可去的社交圈子。最愿跟人交往，最有爱人之心的人竟在人们的一致同意下遭到排挤。他们以无所不用其极的仇恨去探索怎样才能最残酷地折磨我这颗多愁善感的心，因此把我跟他们之间的一切联系都粗暴地斩断了。尽管如此，我原本还是会爱他们的，我觉得，只要他们还是一个人，他们是不会拒绝我对他们的感情的。然而他们终于在我心目中成了陌生人，成了从未相识的人，成了无足轻重的人，因为这是他们自己的本愿。而我脱离了他们，脱离了一切，我自己又成了怎样一个人了呢？这就有待于我去探索了。不幸，要进行这样的探索，我就不能不对我的处境先作一番回顾：我必需通过这番思索，才能从他们转为谈我自己。

十五六年以来，我一直处在这样一种奇怪的景况中，依然觉得这仿佛是春梦一场。我总想象我是受着消化不良的折磨，老是在做着噩梦，总想象我就要摆脱一切痛苦，醒来时可以跟我的朋友们重新欢聚一堂。是的，毫无疑问，我一定是在不知不觉之中，从清醒转入沉睡，或者，说得

更确切些，从生转入死。我也不知怎样被排除于事物的正常秩序之外，眼看自己被投入无法理解的？昆沌之中，现在还是什么也看不清。我越是对我当前的处境进行思考，越是不明自我现在置身何处。

唉！我当时怎能预见到等待着我的命运是什么？我今天还受着它的摆布，又怎能去理解它？我怎能以我的常识来设想，我过去是这样一个人，现在还是这样一个人，怎么会被别人看作是，被毫无疑问地肯定是一个没有心肠的人，一个下毒害人的人，一个杀人的凶犯；怎么会成为全人类为之毛骨悚然的恐怖人物，成为无耻之徒手中的工具；怎么会成为遭到人人唾面的人；怎么会成为整整一代人乐于活埋的人？当这奇怪的变迁产生时，我万万没有料及，不免深为震惊。激动与愤怒使我陷于谵妄状态中达十年之久，随后才慢慢平静下来；在这期间，我一错再错，一误再误，做了一件又一件的傻事，以我的鲁莽行为为操纵我命运的人提供了一件又一件的武器，他们巧妙地加以利用，使我的命运陷于万劫不复的境地。

我曾长期拼命挣扎，但是无济于事。我这个人既无智谋，又乏心计，既无城府，又欠谨慎，坦白直爽，焦躁易怒，挣扎的结果是越陷越深，不断地向我的敌人提供可乘之机，而他们是绝不会不利用的。我终于感到我的一切努力全归无效，徒然自苦而一无所得，于是决心采取唯一可取的办法，那就是一切听天由命，不再跟这必然对抗。通过这种顺从，我得到了内心的宁静，而这是长期既痛苦又无效的抗拒所无法提供的，这样，我的一切苦难也就得到

了补偿。

我之所以得到这种内心的宁静，还有另外一个原因。迫害我的人在无所不用其极仇恨我时，却被敌意蒙住了眼睛，忘了使用一计；他们把他们的全部招数一下子全都使了出来，而不是随时准备给我新的打击，使我永远处于层出不穷的痛苦之中。如果他们的计谋更深，随时让我还存一线希望，那么，他们就会使我依然处在他们的掌握之中。他们还可用他们的圈套，使我成为任凭他们摆布的玩物，使我的希望落空而受新的折磨，新的痛苦。然而他们却是把他们的全部能耐一下子都施展出来；他们既然对我不留余地，也就使自己黔驴技穷。他们对我的诽谤、贬低、嘲弄、污辱早已无以复加，当然不会有所缓和，但也无法再有所增强，我也无法从中脱逃。他们已如此急于把我推到苦难的顶峰，以至全部人间的力量，再加上地狱中的一切诡计，也不能再使之有所增长。肉体的痛苦不但不能增加我的苦楚，反而使我忘掉精神上所受的折磨。它在使我高声叫喊时，也许可以使我免于呻吟，而我肉体的痛苦也许可以暂时平息我心灵的创伤。

既然他们已经无所不用其极，我为什么还要怕他们呢？他们既然已不能使我的处境更糟，也就不能再使我产生什么恐慌。他们已使我从此免于不安和恐惧，这对我倒是一个宽慰。现实的痛苦对我起不了多大作用；我很容易顶住身受的痛苦，而对担心会降到头上的痛苦就不然了。我那惊人的想象力把这样的痛苦交织起来，反复端详，推而广之，扩而大之。期待痛苦比身受痛苦给我的折磨更胜

过百倍；对我来说，威胁比打击更加可怕。这样的痛苦一旦来到，那么事实就把这痛苦原来孕育着的想象的成分除去了，从而暴露出它本身究竟有多大分量。这时，我就觉得它比我原来设想的要轻得多，甚至就在忍受时，也觉得舒了一口气。在这样一种情况下，我得以免于任何新的担心，免于在心怀希望时感到不安，单凭习惯的力量就足以使我一天比一天地更能忍受这不能变得更坏的处境，而当我的感情随着时日的迁移而逐渐迟钝时，他们也就无法再把它煽动起来。这就是迫害我的人在把他们的全部解数心怀敌意地一次施展出来时给我带来的好处。他们对我已经无所施其技，使我从此就可以对他们毫不在乎了。

不到两个月以前，我的心恢复了彻底的平静。很久以来我就什么也不再害怕了；然而我还存着希望，而这份希望时隐时现，成为一种诱饵，我思虑万千，因为这一希望在不断地激动我的心。一件始料所不及的惨事[①]终于抹去了我心头这一线微弱的希望之光，使我看到我那今生无法逆转的命运，从而反得以重获安宁。

当我一旦看出这阴谋的全部规模时，我就永远放弃了在我生前重新把公众争取到我这一边来的念头；这种恢复，由于不再可能是有来有往的行动，甚至也不会对我有多大用处。人们即使想回到我身边来也是枉然，他们再也找不到我了。由于他们曾如此鄙视我，所以跟他们的交往也会是索然乏味，甚至成为一种负担，而我生活在孤寂之中要

① 指本书《漫步之二》中所说的那次事故。在那次事故后，卢梭看到了人们在他身后会怎样对待他。

比生活在他们之中幸福百倍。他们已把社交生活的乐趣从我心中连根拔除了。在我这样的年龄，这样的乐趣再也不可能在我的心中萌发；为时已经太晚了。从此以后，不管他们对我行好还是使坏，我对他们的所作所为都已感到无所谓，也不管我的同代人做些什么，他们对我也永远是无足轻重的了。

但我还是寄希望于未来，希望较优秀的一代在更好地考察这一代对我的评断、更好地考察这一代对我的所作所为时，将不难看清我的本来面目。正是这一希望促使我写出了我的《对话录》，启发我做出万千愚蠢的尝试来使这部《对话录》能传诸后世[①]。这个希望虽渺茫，却曾使我心潮澎湃，就跟我当年还在当代寻找一颗正直的心的时候那样，而尽管我把我的希望寄托于遥远的将来，它却照样使我成为今天大家取笑的对象。我在《对话录》中说出了我的期待据以建立的基础。我那时错了。我幸而及时感到了这一点，还能在我最后时刻到来之前得到一个充分安定、绝对宁静的阶段。这一阶段开始于我现在所谈的时期，而我有理由相信，它是不会再中断的了。

我原来指望，迟早总有那么一天，哪怕是在另一个时代，公众将会回心转意，但几乎每天都有新的想法证实我是错了；因为在对待我的问题上，公众是接受一些向导的指挥的，而在对我表示强烈反感的团体当中，这些向导在不断更新。个人会死去，这些团体是不会死去的。同样的

① 指1776年2月24日企图将这部作品的手稿藏进巴黎圣母院的主祭坛中，以及又将此书内容摘要抄写多份，在街上散发。

激烈情绪会在那里长期存在下去，而他们那种既强烈、又跟煽动它的魔鬼同样长生不死的仇恨，总是同样富于生命的活力。当我的那些敌人都死了时，医生和奥拉托利会[①]会员总还会有活着的；而即使当迫害我的人仅仅只有这两个团体时，我相信他们也不会让我身后的声名无损，就跟他们在我生前不让我个人得到安宁一样。也许，随着时间的推移，我确实曾经冒犯过的医生们可能平静下来，而我过去爱过、尊敬过、充分信任过而从未冒犯过的奥拉托利会会员，这些教会人士和半是僧侣的人却始终不会对我留情；我的罪过虽然是他们的不公正造成的，他们却出于自己的面子而绝不会对我宽恕；他们要竭力维持并不断煽动公众对我的敌意，所以公众跟他们一样，也是不会平静下来的。

对我来说，这世上的一切都已经结束。人们对我已经再也行不了什么好，使不了什么坏了。我在这世上也既无可期待，也无所畏惧。我这个可怜的凡夫俗子命途多舛，就这样安安静静地呆在深渊底里。然而我却跟上帝一样泰然自若。

一切身外之物从此与我毫不相干。在这人间，我也不复再有邻人、同类和朋友。在这块大地上，我就像是从另外一个星球掉下来的一样。我要是在周围碰见什么的话，那无非是些刺痛我心、撕裂我心的东西，而当我环顾四周时，总不免看到一些使我为之震怒的应该予以蔑视的东西，一些叫人心酸的痛苦的事。所有那些我曾痛苦地、但又徒

① 奥拉托利会是 17 世纪初在巴黎成立的天主教修会。

劳无益地过问过的令人伤心的事，我都要从心底抹去。既然我现在心中只有宽慰、希望和安宁，在有生之年又是孑然一人，我就只应也只愿过问我自己。正是在这样的心情下，我继续进行我过去称之为“忏悔”的严格而坦率的自我审查。我将把我的余生用来研究我自己，预先准备好我不久就将提出的那份汇报。我要投身于和我的心灵亲切交谈这样一桩甜蜜的事里去，因为我的心灵是别人无法夺走的唯一的东西。在通过对我的内心素质进行思考时，如果我能把它理得更有头绪，并能纠正我心里还能存留的缺点，那么我的沉思也就不至于完全无用，尽管我在这世上已一无是处，但我的有生之年还不至于完全虚度。我每天在散步时常作一些令人神往的沉思默想，遗憾的是已经不复记忆了。我将把那些还能想得起的笔之于书，今后每次重读还能得到一点新的享受。我要把我的苦难、我的迫害者、我蒙受的耻辱统统忘却，只去想我的心灵理应得到的褒奖。

这些篇章实在只是我的遐想的一种没有定形的记录。这里谈的很多是我自己，因为一个孤独的人在沉思时，必然想自己想得多些。不过，凡是在散步时在我脑中闪过的奇怪的念头也都会有它们的地位。我是怎么想的就怎么说，其间没有多少联系，就跟一个人前一天所想的跟第二天所想的通常没有多少联系一样。但是，通过在我所处的奇特的处境中每天在我头脑中出现的感情和思想，总有助于对我的天性和我的气质产生新的认识。这些篇章因此可以看成是《忏悔录》的一个附录；但我不再给它这个名称，因为我感到再也没有什么能和这一名称相称的事情可说了。

我的心已在困厄的熔炉中得到净化，现在再仔细探查它时，已很难找到还有什么该受责备的倾向的残余了。一切人间的感情既然已从心中根除，我还有什么要忏悔的呢？我既不再有什么地方可以自夸，也不再有什么地方应该自责；我在世人中间从此就等于零，而跟他们既不再有什么真正的关系，也不再有什么真正的相处，我也只能是等于零了。既然随便想做什么好事，结果总会变成坏事，想做什么事情不是害人就是害己，我的唯一的职责就只能是闪避在一边，我将尽我所能恪守的这一职责。不过，我的身体虽然无所事事，我的心却还活跃，还在产生思想和感情，而由于任何人间的世俗的利害都已在我心中泯灭，内心的精神生活似乎反而更加丰富。对我来说，我的躯壳已不过是个累赘、是种障碍，我将尽可能早日把它摆脱。

这样奇特的处境自然值得研究和把它描写出来，我的最后余暇也将用之于这项研究。为了把它做好，理应进行得有条不紊；然而我已无力从事此类劳作，同时我的目的是在于把我心中的变化和这些变化的来龙去脉记载下来，这种做法甚至反而可能使我偏离我的目的。我将在己身进行一种在一定程度上和科学家为研究大气逐日变化所做的观察同样的观察。我将用气压计来测试我的心灵。这样的测试如果进行得好，持之以恒，就会提供跟科学观察同样精确的成果。然而我并不想把我的工作做到这样的水平。我将以把观测结果记录下来为满足；并不打算从中找出什

么规律。我现在所做的是跟蒙田[1]同样的工作，但是目的完全相反：他的《随笔集》完全是写给别人看的，我的遐想纯粹是写给自己看的。如果当我年事更高，在临近离世时还能如我所愿继续处在现在这样的景况的话，那时我在重读我的遐想时，就能重尝我在撰写时的甘美，使逝去的岁月得以重现，这也可说是使我的生命延长了一倍。我将得以无视众人的阻挠，重尝社会的魅力；我将在衰迈之年跟另一个时代里的我生活在一起，犹如跟一个比我年轻的朋友生活在一起一样。

我在写《忏悔录》和《对话录》时经常焦虑操心，总想找到一个办法来使它们不至落入我的迫害者的贪婪之手，使它们尽可能传诸后世。在写这部东西时，这样的焦虑已不再折磨我了，因为我知道即使焦虑也是枉然；得到大家更好的理解这样一个愿望已在我的心中熄灭，留下的只是对我真实的作品以及能表明我清白的证件的命运彻底的不在乎，这些作品和证件本也可能早就永远销毁了。别人窥探我的行动也好，为我现在所写的篇章感到不安也好，把它弄走也好，把它删节也好，篡改也好，我都毫不在乎；我既不把我的篇章隐藏起来，也不出示于人。如果有人在我生前把它抢走，他们却抢不走我在撰写时的乐趣，抢不走我对其中内容的回忆，抢不走我独自进行的沉思默想；正是这些沉思默想产生了我的遐想，而它们的源泉只能跟

① 蒙田（1533—1592），法国文艺复兴时期的思想家、散文家，著有《随笔集》。他通过自己的思想和心理活动来分析人性，因而成为现代哲学、科学和文学的先驱。

我的心灵一起枯竭。如果我从最初遭灾时起，就懂得不去跟命运对抗，采取我现在采取的办法，那么人们的一切努力，他们的全部骇人听闻的计谋对我也就产生不了任何效果，他们那无所不用其极的阴谋诡计也就扰乱不了我的安宁，正如他们今天虽已得逞，却不能使我稍为所动一样。让他们尽情为我所蒙受的屈辱兴高采烈吧，他们是绝不能阻止我为自己的清白无辜、为自己能排除他们的干扰安享余年而欢欣鼓舞的。

我处在任何凡人所不能经历的最奇特的处境中。自从我计划要把我的心灵在这种处境下的常态记录下来之后，我发现要从事这样一项工作，最简单最可靠的办法莫过于在我让我的头脑无拘无束、让我的思想纵横驰骋时，把我独自进行的漫步以及漫步时涌上心头的遐想忠实地一一记载下来。在一天当中，只有在这孤独和沉思的时刻，我才充分体现我自己，自由自在地属于我自己，能毫不含糊地这样说自己正是大自然所希望造就的那种人。

我不久就感到，执行这个计划已经为时过晚。我的想象力已经不再那么活跃，不能再像过去对某一对象沉思默想时那样迸发出火花来了，也不再能沉醉于遐想的狂热之中了；我的想象力的产物已是回忆多而创造少；一种疲惫之感使我的一切智能都变得软弱无力；生命之火在我心中慢慢熄火；我的心要挣脱它的包膜已经不是那么容易；而我感到我有权向往的那种境界已完全无望达到，今后也只能是在回忆中度日了。因此，为了在暮年到来之前对有关自己之事做一次沉思默想，我至少得回顾几年已逝的岁月，

回顾那此生已失去一切希望，在这块大地上已找不到可以哺育我自以为了不起的知识的虚妄时，我就带着这一成就离去。到那时，我的灵魂将为此生因妄图获取那些知识而虚度岁月而哀叹。而耐心、温馨、认命、正直、公正，这些都是我们不愁被人夺走的财富，它可以永远充实自己而不怕死亡来使其丧失价值。这就是我在晚年残存的日子里从事的唯一有益的学习。如果通过我自身取得的进步，学会了怎样能在结束此生时虽不比投入此生时更好一些——这是不可能的——，但至少更有道德的话，那我就深以为幸了。

2. 扯谎者的良知

在我现在偶尔还读一读的少数书籍中，普鲁塔克的那部作品[①]最能吸引我，这是使我得益最大的一部。它是我童年时代最早的一部读物，也将是我老年最后的一部读物：他几乎是我每读必有所得的唯一的一位作家。前天，我在他的伦理著作中读到《怎样从敌人那里学到东西》这篇论文，同一天，在整理作家们赠给我的小册子时，忽然发现罗西埃教士[②]的一部日记，标题下写有 Vitam impendere

① 普鲁塔克，公元 1 世纪罗马帝国时期的传记作家，这里指的是他的《希腊罗马名人比较列传》。

② 罗西埃（Rosier），法国植物学家，卢梭曾于 1768 年同他一起在里昂采集标本。

vero，Rosier[1] 字样。对这些先生在文字上耍花招的惯技我久已领教，绝不至于上当受骗，我明白他貌似有礼，实际却是对我讲了一句反话。然而他说这话究竟有什么根据？为什么要说这么一句挖苦的话？我究竟给了他什么把柄？为了充分利用普鲁塔克的教导，我决定把第二天的漫步用来就说谎这个问题对自己进行一番考查，结果证实德尔斐阿波罗神殿上《要有自知之明》这句格言，并不像我在《忏悔录》中所想象的那样容易做到。

第二天走出家门去实现这个计划，我就开始沉思起来，涌上心头的第一件事就是我在童年撒的那个恶劣的谎[2]，这一回忆使我终生为之不安，直到晚年还一直使我那早已饱受创痛的心为之凄然。这个谎言本身就是一桩大罪，它究竟产生什么后果，我一直都不知道，但悔恨之情使我把它想象得非常严重，这样罪过也就更大了。然而，如果只考虑我在撒这个谎时的心理状态，那么，它只不过是害羞心理的产物，绝不是存心要损害谎言的受害者。我可以对天发誓，就在这压抑不住的害羞心理迫使我撒谎的一刹那，我也甘愿付出生命的代价来独自承受它的后果。这是一种精神错乱，连我自己也解释不了，只能说是在感受的那一瞬间，我那天生的腼腆战胜了我内心的一切意愿。

对这不幸事件的回忆以及它留给我的难以平息的悔恨，使我对说谎产生了痛恨，从而今生不再重犯这样的罪。

① Vitam impendere vero（终生献于真理），语出公元 1 世纪罗马讽刺诗人尤维纳利斯，是卢梭的座右铭。

② 指卢梭 16 岁那一年在维尔塞里斯夫人家当仆人时偷了一条丝带却诬陷女仆玛丽永一事，见《忏悔录》第 2 章。

当我选定我的座右铭时，我觉得我的天性是当之无愧的，而当我看到罗西埃教士这行字开始对自己进行更严格的审查时，对自己确是如此这一点也毫不怀疑。

可是当我对自己进行更仔细的解剖时，我吃惊地发现，有许多事是我杜撰出来的，当年却把它说成是真的，而在说的时候还以热爱真理而自豪，以为我正以人间别无先例的公正为真理而牺牲自己的安全、利益和性命呢。

最使我吃惊的是，在回想起这些捏造的事情时，我竟没有丝毫真正的悔恨之心。我这个人是痛恨虚伪的，而这时心中居然毫无反应；当必需用撒谎来免遭酷刑时，我是宁愿迎着酷刑而上的；究竟出自何种古怪的不合逻辑的行为，我竟既无必要、也毫无好处就轻而松之地撒起谎来；仅仅因一个谎言的悔恨之心就使我在五十年间受尽折磨，现在则由于怎样的不可思议的矛盾，竟没有感到任何遗憾之情？我从来没有对我的错误漠然置之，出之本能，一贯由道德指导着我的行为，我的良心一直保持着它最初的正直，再说，即使它为了迁就我的利益而偏离正道，那怎么会在一个人为激情所驱，至少可以以意志薄弱来原谅自己的场合，我的良心尚能保持它的正直，而唯独在毫无理由作恶的无关紧要的问题上就失去了呢？我看出了，这个问题的答案关系着我在这一点上对自己的评价是否正确。经过一番仔细的审察，我终于做出了如下的解释。

我记得曾在一本哲学著作里读到，说谎就是把应该显示的真相掩盖起来。从这个定义可以推论出，一个人如果没有把他并无义务讲出来的真相讲出来就不是说谎；但是

如果一个人在同样的情况下不仅不把真相讲出来，反而讲了它的反面，那么他算是说谎呢还是没说谎？按照那个定义，我们不能说他是说谎。因为如果他给一个人一块赝币，但是他并不欠这个人的账，那么他当然是骗了他，但并没有诈取他的钱财。

这里有两个问题需要研究，而这两个问题都很重要。第一，在什么时候，又是在什么情况下，人们应该向别人讲出真相，因为人们并不总是有义务这样做。第二，是不是有这样的情况，人们可能是骗了别人，然而并无恶意。我知道，这第二个问题是很明确的：书本上给的是否定的回答，写书的人在提倡最严峻的道德时反正无需付出任何代价；而在社会上给的却是肯定的回答，因为在社会上，人们把书本上的伦理道德看成是无法付诸实践的空话。因此我就不去管那些互相矛盾的权威们，而根据我自己的原则来对这两个问题做出答案。

普遍的绝对的真理是一切财富中最可宝贵的。缺了它，人就变成瞎子；因为它是理性的眼睛。正是通过它，人才学会怎样立身处世，学会做他应该做的那样一个人，学会做他应该做的事，学会奔向真正的目标。特定的个别的真理并不总是好东西，有时甚至还是个坏东西，更多的时候则是个不好不坏的东西。一个人为了自己的幸福而必需学习的东西为数并不很多，而不管数量多寡，这些东西都是属于他的财富，他无论在什么地方发现这种财富都有权利要求，而别人不能剥夺他，否则就是犯下最不公平的抢劫罪，因为这种财富是人人共有的，谁要是给了别人，自己

也并不因此就会感到匮乏。

至于那些无论对教育别人还是对付诸实践都没有任何用处的真相，既然连财富都不是，怎么会是一种对别人的欠债呢？再说，既然财产只能建立在效用的基础上，那么根本没有任何效用的东西就不可能成为财产。一块土地虽然贫瘠，但你可以要它，因为你至少总可以在这块土地上居住；但是一件毫无所谓的事实，无论从哪一方面看都无关紧要，对任何人都毫无干系，那么不管是真是假，也就引不起任何人的兴趣。在精神世界里，就跟在物质世界里一样，没有任何东西是一无用处的。你欠别人的东西不可能是一无用处的东西；你要是欠别人什么东西，这东西总得是或者可能是有些用处的。因此，应该说出来的真相总跟公道这个问题有关，而要是把真相这个神圣的名称用之于一些存在与否跟任何人都无关，认识与否对任何事都无补的空虚的事物，那就是亵渎了这个名称。真相如果丧失了任何可能的效用，那就不能是一种你可能欠别人的东西，因此，谁要是不把它说出来或者把它掩饰起来，就不是说谎。

然而，对任何事物连一丝一毫用处都没有的真相是不是有呢？这是需要讨论的另一问题，待一会儿我就来论及。现在先谈第二个问题。

不把真相说出来跟说假话是很不一样的两回事，然而却可能产生同样的效果；因为每当这效果等于零的时候，两者的结果当然是一样的。只要真相无关紧要，那么说的是真相的反面也就同样无关紧要了：从而得出，在这种情

况下，以说与真相相反的话来骗人的人，并不就比以不把真相说出来骗人的人更不公道些；这是因为，就毫无用处的真相而言，错误并不比无知更坏。我相信海底的沙子是白的还是红的，跟我不知道它是什么颜色，对我都同样无关紧要。既然所谓不公道就是对别人造成了损害，那么一个人如果对谁也没有造成损害，那怎么会是不公道呢？

然而这些问题，虽然这样简单地解决了，但还不能为实践提供可靠的应用，还需要很多必要的阐述，才能解决在各种可能出现的情况下怎样正确地予以运用。如果说把真相说出来这个义务仅仅建立在真相是否有效用这样一个基础上的话，那么我该怎样担任这个效用的判定者呢？一个人的利益经常构成对另一个人的损害，个人利益又几乎总是同公共利益相对立。在这种情况下，应该怎样行动？是否应该为你谈话对方的利益而牺牲不在场的第三者的利益？真相如果对一方有利而对另一方有害，是该说还是不该？是该用公共利益这一唯一的天平还是用个别是非的天平来权衡该说的一切话？我是不是有把握充分认识事物的一切联系，是否足以把我所掌握的知识都运用得完全公平合理？再说，当我考虑人们对别人该做些什么的时候，我是否把我对自己该做些什么，对真理该做些什么作了充分的考虑？如果我在骗人时没有对别人造成什么损害，是否就可以说对自己也没有造成什么损害呢？仅仅由于从来都不曾有失公道就能算一贯清白吗？

“不管后果如何，我要永远诚实”，当你这样想时，那就很容易招来一场麻烦的争论。公理存在于事物的实在性

之中；当你把并不存在的东西当作你行为和信仰的指针时，那么谎话就总是不义，错误就总是欺骗了。而不管从真相中产生什么效果，你把它说出来就总是无罪的，因为你并没有添加自己编造的内容。

然而这只是把问题掐头去尾而并没有加以解决。问题不在于判定永远把真相说出来是好是坏，而在于判定是否永远都有同样的义务把它说出来；同时根据我在前面考察过的那个定义（它对上述问题做出否定的回答），问题也在于区别两类不同情况，一类是严格地必需把真相都说出来，一类是不说也不算有失公允，掩饰也不算说谎。因此，现在的问题在于探求一条可靠的规则来认识这两类情况，很好地加以区别。

然而这条规则从何而来，保证它万无一失的证据又从何而来？在所有像这样难以解决的伦理问题中，我总是通过良心的指引而不是通过理性的启发找到答案。道德的本能从来没有欺骗过我；它在我心中至今纯洁如初，使我对它信赖无疑；虽然它在我感情冲动而轻举妄动之际有时也曾默不作声，但当我事后回忆时却总能重新控制我的感情。也正是在这类时刻，我以来世最高审判者在审判我时的同样的严厉来审判我自己。

用人们的言词所产生的效果来判断言词，时常会做出错误的评价。首先，效果并非总是显而易见、易于认识的，而且由于发表言词的场合各个不同，效果也是变化万千。只有说话的人的本意才能正确评价他所说的话，决定它含有几分恶意或几分善意。只有在有骗人之意时说假话才是

说谎，而即使是骗人之意也远不是永远和害人之心结合在一起的，有时甚至还抱有完全相反的目的。要肯定一个谎言无害，单是害人之心不明确这一点还不足以说明，还得确信那使听话的人所陷入的错误无论如何也不会对他们自己或对任何他人造成损害才行。能取得这样的确信是既罕见又困难的；因此，完全无害的谎言也是既难得又罕见的。为自己的好处而说谎是欺诈，为别人的好处而说谎是蒙骗，怀有害人之意而说谎是中伤：这是最坏的谎言。既无利己之心又无害人害己之意而说谎，那就不是说谎，而是虚构。

带有伦理道德目的的虚构叫做道德故事或寓言，由于它们的目的只是，也只能是以易于感受和令人愉快的方式来包容有益的真理，在这种情况下，人们也就不大去费力把事实上的谎言掩饰起来，这种谎言也只不过是真理的外衣罢了，而为寓言而寓言的作者无论如何也不是说谎。

还有一种纯粹无益的虚构，那就是大多数并不含有任何真正的教导，而目的仅在供人消遣的故事和小说。这样的虚构并无任何伦理道德的功用，只能根据作者的意图来予以评价，而当作者断言他那些虚构是实实在在的真情实况时，我们也不能不承认它们是真正的谎言。然而，又有谁曾为这样的谎言而大惊小怪呢？又有谁曾对编出这种谎言的人严厉斥责？譬如说，如果《格尼德圣堂》[1]有什么伦理道德的目的的话，那它也被色情的细节和淫荡的场面所模糊了、所破坏了。为了给作品抹上一层无伤风化的油彩，

①《格尼德圣堂》，这是孟德斯鸠的幻想作品，一般公认是他写得最糟的一部。

作者又做了些什么呢？他假装这是一部希腊手稿的译文，而把发现这部手稿的经过说得那么活灵活现，引诱他的读者把他自己编造的故事信以为真。如果这不是明摆着的谎言，请问什么才叫谎言？然而又有谁想给作者定下撒谎之罪，为此而把他看成是骗子呢？

有人会说，这不过是开个玩笑，作者在那么说的时候并不想说服谁，事实上谁也没有被他说服，公众片刻也没产生怀疑，作者装作是一部所谓的希腊作品的译者，其实却是它的真正作者。但这么说也是枉然。我认为，这样一个毫无目的的玩笑只能是愚蠢的儿戏，撒谎的人虽没有说服谁，然而当他表明有必要把大量头脑简单、易于轻信的读者排除于有文化的公众之外时，他同样也没少撒谎。一个严肃的作者一本正经地把手稿的故事硬塞给前一类读者，结果他们放心大胆地喝下了装在古瓶里的毒药，而这毒药如果是装在新瓶里的话，他们至少是会怀疑一下的。

这样一些区别不管在书本里是否存在，反正在任何对自己真诚、不愿做任何该受良心责备的事的人们心中是存在的。为自身的利益而说假话，跟为损害别人而说假话同样都是撒谎，只不过罪过小些罢了。把利益给予不应得的人，那就是破坏了公正的秩序；把一件可能受到赞扬或指责、确定一个人有罪或无罪的行为错误地归之于自己或别人，那就是做了件不公正的事；因此，一切与真相相违，以某种方式有损公正的话都是谎话。这里有一条明确的界限：一切与真相相违，但并不以任何方式有损公正的话就只能是虚构；我认为，谁要是把纯粹的虚构看成是谎言而

自责，那他的道德感简直比我还要强了。

所谓出于好意而编造的谎言也是地道的谎言，因为把这样的谎言强加于人，无论是为了别人或自己的利益，还是为了损害别人，都是同样的不公道。谁要是违反真相而赞扬或指责一个人，只要涉及的是一个真人，那就是撒谎。如果涉及的是一个想象中的人，那么他爱怎么说就怎么说也不算是撒谎，除非他对他所编造出来的事加以评论而又评论错了，因为在这种情况下，他虽没有就此事撒谎，但却违背伦理道德的真实而撒谎，而这种真实是比事实的真实更值得百倍尊重的。

我见过一些被上流社会称之为诚实的人。他们的诚实全都用于毫无意义的谈话，他们忠实地讲出时间、地点和人物，没有任何虚构，不渲染任何情况，对任何事都不夸张。只要不牵涉他们自己的利益，他们在叙述时的忠实确实到了无懈可击的程度。然而如果是谈到与他们自己有关的问题，叙述牵涉到他们自己的事时，他们就着意渲染，把事情说得对他们最有利，而如果撒谎对他们有好处，自己又不便说出口，他们就巧妙地予以暗示，让别人去说这一谎言还无法去说是他们说的。谨慎要求他们这么干，诚实也就只好见鬼去了！

我所谓的诚实人却恰恰相反。在一些根本毫无所谓的事情上，别人如此尊重的真实，他却很少理睬；他会毫无顾忌地用些捏造的事来逗在座的人，只要从这些事中得不出任何对活着的或去世的人有利或有害的不公正的评断。而任何足以产生对某人有利或有害、为他赢得尊敬或蔑

视、招致赞扬或指责、与公理和真理相违的言词，都是从来也不会涌上他的心头，出之他的口，来自他笔底的谎言。即使是与他的利益有损，他也是诚实不欺，不为所动，但是他在毫无所谓的谈话中却并不怎么追求诚实。他的诚实在于他不想欺骗别人，无论是对为他增光或遭人谴责的真相他都同样忠实，绝不为自己谋利或为损害敌人而进行欺骗。我心目中的诚实人跟他人的之所以不同就在于上流社会中的诚实人对不需要他们付出代价的一切真相是严格忠实的，但绝不能超出这一范围，而我心目中的诚实人是只有在他必需为这一真相做出牺牲时才如此忠实地侍奉它。

有人会问，你这种灵活怎么能跟你所鼓吹的对真理的热爱相协调呢？既然这种热爱可以搀进这么多的杂质，那不就是假的了吗？不，这种热爱是纯洁真实的；它只是对正义之爱的一种表现，虽然常是难以置信，然而绝非假话。在我所说的诚实的人的心目中，正义和真理是两个同义词，他不加区别地加以使用。他衷心崇敬的神圣的真理根本不是一些毫无所谓的事实和毫无用处的名称，而在于要把应属于每个人的东西归于每个人：包括真正属于他的事物、功绩或罪过、荣誉或指责、赞扬或非难。他对任何人都不虚伪，因为他的公正不容许他这样做，而他也不愿不公正地损害任何人；他对自己也不虚伪，因为他的良心不容许他这样做，而且他也不会把不属于他的东西归在他的名下。他所珍惜的是自尊自重，这是他须臾不可缺的财富，而他把牺牲这一财富去赢得别人对他的尊重看成是真正的损失。他有时也会在他认为无所谓的问题上撒谎，毫

无顾忌，而且也并不认为是撒谎，但绝不是为了别人或自己的好处，也不是为了要损害别人或自己。在一切与历史事实、人的行为、正义、社交活动、有益的知识和有关的问题上，他将在自己力所能及的范围内，防止自己和别人去犯错误。在他看来，除此之外的任何谎言都不是谎言。如果《格尼德圣堂》是部有益的作品，那么所谓希腊手稿这个故事就不过是个无罪的虚构，而如果这部作品是部危险的作品，那么这就是一个完全应该受到惩罚的谎言了。

这些就是我的良心在谎言和真实问题上所遵循的法则。在我的理性采纳这些法则以前，我的感情早就自发地遵循它们，而我的道德本能则在没有外力协助的情况下予以实施。以可怜的玛丽永姑娘为受害人的那个罪恶的谎言，给我留下了无法消除的悔恨，使我在余生中不仅没有再撒任何这类的谎，而且也没有撒过以任何方式损害别人的利益和名声的谎，我把是否损害别人的利益和名声作为界线，运用于任何场合，省掉了去精确权衡利害、区分有害的谎言和出于善意的谎言的麻烦；我把这两种谎言都视作有罪，不许自己犯其中的任何一种。

在这类问题以及在一切问题上，我的气质对我的生活准则，或者毋宁说对我的生活习惯产生过很大的影响，因为我这个人做事是不大按照什么条规的，也可以说是在任何事情上，除了听凭天性的冲动以外，不大遵循其他规矩的。我从来没有起过念头要撒一个事先想好的谎，从来没有为了自己的利益而撒过谎；不过当我不得不参加谈话，而由于思想迟钝，不善言词，必需求助于虚构才能找出几

句话来的时候，为了摆脱窘态，出于害羞心理，时常在一些无关紧要，或者至多跟我个人有关的事上撒谎。当有必要讲话，而一时又想不起什么有意思的真实故事时，就只好现编一点故事，免得一言不发；在编故事时，我尽量避免编造谎言，也就是说，尽量避免有损于正义和真理，而只是一些对任何人以及对我自己都无关紧要的虚构。我的意思是要在这样一些虚构中，用伦理道德的真实来替代事实的真实，也就是要很好地表现人心的自然情感，从中得出一些有用的教益，总之是要讲一点道德故事；然而这就要求有更多的机智，而且要求更好的口才，才能化闲言碎语为有益的教导。可谈话进行得很快，我的思路跟不上去，这就几乎总是迫使我没等想好就得开口，结果时常是蠢话连篇。话刚一出口，理性就使我感觉不对头，心里就直嘀咕，不过话既然没经思考就出了口，要改也改不了了。

还是出于我的气质的难以抗拒的最初冲动，在难以预料的瞬间，害羞和腼腆时常使我说些谎话，这里并没有意志的份儿，而是在意志力出现之前，由于有必要即刻做答而说出来的。可怜的玛丽永那件事给我留下了深刻的印象，足以使我永远避免说可能有损于人的谎，可挡不住我在只牵涉到我个人时，为了摆脱窘境而说谎——这样的谎话，跟可能影响到别人命运的谎话一样，也是违背我的良心和原则的。

我请老天为我作证，如果我在这种情况下马上就能把为自己辩解的谎话收回，把使我受责的真相说出来而不至遭受反复无常之讥的话，我是心甘情愿这样做的；然而怕

当众出丑这样一种害羞心理却把我阻止了；对这样的错误我是真心悔恨的，然而没有勇气去纠正。有一个例子可以把我要说的意思解释清楚，说明我撒谎既不是为自己的什么好处，也不是为自己的自尊心，更不是出于妒忌或恶意，而纯粹是由于一时的尴尬或难为情，有时也明明晓得这谎话有人知道底细，而且根本帮不了我什么忙。

不久以前，富基埃先生请我破例带我的妻子跟他和贝努瓦先生一起野餐，地点是在开饭铺的伏卡桑太太家里。这位太太和她的两个女儿也跟我们一起用餐。在席上，那位不久前结婚并已有了身孕的大女儿忽然两眼瞪着我问我是不是有过孩子。我脸一直红到耳根，答道我从来不曾有过这样的福气。她瞧着席上的人，露出不怀好意的微笑；所有这一切的意思都很清楚，我肚子里也明白。

很明显，即使我有意骗人，我想要作出的回答也不该是这样的，因为从在座的人的情绪来看，我很清楚，我的回答对他们在这个问题上的看法不会有任何影响。他们早就料到这个否定的回答，甚至是故意把它激出来，好享受一下看我撒谎的乐趣。我当时还没有傻到连这点也感觉不出来的地步。两分钟以后，我应该做出的回答终于涌上我的脑际。“一个年轻妇女对长期单身独处的老头提出这样的问题，未免不大得体吧。”要是这么说的话，既没有撒谎，也不用脸红，既免遭他们的耻笑，又给她一个小小的教训，叫她在向我提问时不再那么无礼。然而我没有这么做，没有说出该说的话，却说了既不该说又于我无益的话。显然，我这个回答既不是出之我的判断，也不是由于我的

意愿，而是一时尴尬的产物。从前我是根本没有这种尴尬之感的，我承认我所犯的过失，更多的是出于坦率而不是出之害羞心理，因为我毫不怀疑人们会看到我身上具有足以弥补这些缺点的东西，而我也是感觉到我身上是具备这种素质的；而现在呢，带有敌意的眼睛使我痛心，使我心烦意乱：我变得越来越不幸，也变得更加腼腆了，而我从来也都是由于腼腆才撒谎的。

我从来没有比在写《忏悔录》时对说谎更厌恶了；在写这部作品时，只要我的心稍微偏向这一面的话，说谎对我的诱惑就会是既频繁又强烈的。然而，于我不利的事我什么也没有不说，什么也没有隐瞒，却由于一种我自己也难以解释，也许是出之对任何模仿都存有反感的气质，我觉得我毋宁是在朝相反的方向撒谎，也就是说，我不但不是以过分的宽容为自己辩护，而是以更过分的严厉谴责我自己；我的心告诉我，来日人们在对我进行审判时将不像我对自己进行审判时那样严厉。是的，我现在以自豪的高尚的心做出这样的宣告，并且也有这样的感觉：我在那部作品中已把诚实、真实、坦率实践到与任何前人相较也毫不逊色的地步，甚至更为出色（至少我是这样认为）；我感到我身上的善超过恶，把一切都说出来于我有利，因此把一切都说出来了。

我从没有说得不够过，有时倒是说得有点过头，但这不是在事实方面，而是在事实发生的情况方面，同时这种谎言不是意志的产物，而是想象力错乱的结果。我把这算做谎言，其实错了，因为增添进去的东西没有哪一件够得

上称做谎言。当我写《忏悔录》时，我已进入老年，对一度涉猎过的虚妄的人生乐趣已感到厌恶，感到它的空虚。我是凭记忆写的，有些事时常想不起来，或者只留下一些不完整的回忆，所以只好用我想象出来的可以作为这些回忆的补充的细节来填补，但这些细节是绝不会和那些回忆完全相反的。我爱对一生中幸福的时刻加以铺叙，有时又以亲切的怀念作为装饰来予以美化。对已经遗忘的事，我是根据我觉得它们应该是那个样子，或者它们可能当真就是那个样子来叙述的，但从来不会跟我回忆中的那个样子完全相反。我有时在真实情况之外添上一点妩媚，却从不曾用谎言来掩饰我的恶习或者僭取一些美德。

如果有时我在描绘自己的一个侧面时无意中掩盖了丑恶的一面的话，那么这种略笔却被另外一种异乎寻常的略笔弥补了：我在隐善方面时常是比隐恶下更多的工夫的。这是我本性中的一个特点，别人要是不信，那是完全可以原谅的；然而再怎么不可置信，这些特点却丝毫不失其为真实：我时常把我的毛病中的卑鄙可耻说个淋漓尽致，而很少把我的优点中的可爱之处极力宣扬，时常根本就不置一词，因为这些优点把我抬得太高，使写《忏悔录》一事可能变成自我颂扬。我在写我的青年时期时并没有写我禀赋中的优秀品质，甚至删去了过分突出的这些品质的事实。我现在还记得童年时有两件事当初在写书时也是想起来了的，但为了刚才所说的那个理由，却把这些都放弃了。

我当年差不多每星期天都到巴基我的一个姑夫法齐先生家去，他在那里开了一家印花布厂。有一天，我正在轧

光机房的晾干棚旁观看那生铁的滚轴，发出的闪光使我很喜欢，我不由得把手指放上去了，正当我满心喜悦地抚摸这光滑的滚轴时，小法齐把飞轮转了小半个圈，正好把我食中两指的指尖压进滚轴，这就把两个指尖碾碎，把指甲也拽下来了。我发出一声尖叫，法齐赶紧把飞轮倒转，但是指甲还是粘在滚轴上面，血从手指直往下流。法齐吓坏了，高叫一声，撒开飞轮来拥抱我，恳求我别再叫得那么响，还说他这下可完了。我虽处于痛苦之中，却被他的痛苦所感动，就一声不吭了，两个人到了蓄水池边，他帮我把手指洗干净，用青苔止住血。他两眼含泪恳求我别告他的状，我答应了。我一直坚守诺言，就在二十多年以后谁也不知道我这两个指头到底为什么留下伤疤，直到如今。我在床上躺了三个多星期，两个多月没法用手，只说我的指头是被滚落下来的大石头砸碎的。

Magnanima menzogna! or quando è il vero s bello, che si possa a te preporre[①]?

（宽宏大量的谎言啊！难道有比这美妙的真相更值得去爱的吗？）

在当时的条件下，我对这件意外事故的感受分外深刻，因为那时正是民兵操练的时光，我本来跟另外三个同年的孩子组成一列，穿上制服，跟我们所住的那一区的连队一

① 见塔索《解放了的耶路撒冷》（第 2 部，第 22 歌）。索夫罗尼为了搭救基督教徒，承认她并未犯的罪行。

起参加操练。我眼睁睁地听着连队跟我那三个伙伴在鼓声中走过我的窗口，而我却只能躺在床上。

另外一件事跟这也完全一样，不过发生在我年龄较大一点的时候。

我跟一个名叫普朗斯的伙伴常在普朗宫区[1]打棒球。有一次在玩的时候我们吵了起来，打开了架，他在我光秃秃的脑袋上打了一槌，打的是那么准，要是手再重一点的话，就会使我脑袋开花。我马上就倒下来了。可怜的孩子见我头上流血，那慌乱劲儿是我一辈子也没有见过的。他以为把我打死了，赶紧跑到我跟前，拥抱我，把我紧紧搂在怀里，热泪横流，尖叫不已。我也以全身的力量拥抱他，跟他一起啼哭，那是一种说不出来的感情，其中并不缺乏甘美的滋味。我的血还在流着，他赶紧把它止住；看到我们的两块手绢还无济于事，他就领我上她妈妈那里，她的小花园就在附近。这位好心的夫人看到我这副模样，吓得差点儿晕了过去，不过她马上鼓起勇气来为我包扎；她把我的伤口仔细洗过，把在烧酒里泡过的百合花敷在上面——这是我们家乡广泛使用的极好的敷伤药。他们母子俩的泪水浸润了我的心，我很久都把她看成是我的母亲，把她的儿子看成是我的兄弟，直到日后久不见面，慢慢把他们遗忘了为止。

跟前一件事故一样，我对这一件也是守口如瓶的。类似的事一生中遇到不下百次，我连在《忏悔录》里提一提的念头都没起过，因为我不想在这部作品里把我曾感到的

① 在日内瓦。

我品格中的优点加以突出。当我违反我明明知道的真相而说话时，那总是一些无关紧要的事，而且总是或者由于难以启口，或者出于写作的乐趣，绝不会是出于自身的利益或是为了讨好或损害别人。谁要是能不偏不倚地读一读我的《忏悔录》，一定会感到，跟坦白一件虽然比较严重然而说出来不那么光彩的罪恶相比，我在书里所做的坦白使我更加丢脸，说出来也更加痛苦，而我之所以没有说前一类的罪恶，那是因为我并没有犯过。

从以上这些想法可以看出，我所做的坦白，它的基础更多的是正直感和公正感，而不是事实的真实性；我在实践中更多地遵循的是我良心在伦理道德方面所受的指引而不是抽象的是非概念。我讲过不少无稽之谈，但很少撒过谎。在遵照这些原则时，我给别人抓住不少把柄，但我没有指责任何人的不是，也没有把我的优点说过了头。我觉得，只有这样做，真实才能是一种美德。从其他任何观点看，它就只能是从中既得不出善也得不出恶的一种玄学而已。

然而有了这样一些区别，我并不因而就相当的心安理得，认为自己就是无可指责。在反复考虑我有负于人之处的时候，我是否充分考虑我有负于己之处了呢？如果说对人要公道，那么对己也要真实；这是一个有教养的人对自己的尊严应有的尊重。我不该由于言词枯窘而被迫编些无害的虚构，因为绝不该为了取悦于人而贬低自己；而当我为乐趣所驱，在真实的事上添加一些编造出来的点缀时，我就更不应该了，因为用无稽之谈来点缀真相，实际就是歪曲了真相。

然而使我更难以原谅的是我所选的那条座右铭[①]。这条座右铭要求我比任何人更严格地信奉真理，而仅仅是随时牺牲我的利益和爱好也还嫌不足，还得为此而去掉我的软弱和天生的腼腆。应该有在任何情况下都保持真实的勇气和力量，绝不让任何虚构和编造的东西从奉献给真理的口中和笔下发出。这才是我在选择这条高尚的座右铭时应该想到，并在敢于遵循它的期间应该反复去想的一点。我的谎言从来不是出之虚伪，而全都是软弱的产物，但这并不足以为我辩解。性格软弱，至多只能做到不犯罪恶，如果还要侈谈高尚的美德，那就是狂妄和大胆了。

以上这些想法，要是没有罗西埃教士的启发，也许不会进入我的脑海。当然，要想把这些想法付诸实践，为时确已嫌晚；但用来纠正错误，把我的意志重新纳入正轨，至少还不能算迟，因为从今以后，这就是唯一操之于我的东西了。在这一点以及在类似的一切事情上，梭伦的那句箴言对各种岁数的人都能适用：要学习，甚至从自己的敌人那里去学习怎样做到明智、真实、谦逊，学习怎样避免自视过高，这总不会为时太晚的。

3. 幸福的境界

在我住过的地方当中（有几处是很迷人的），只有比

① 指“终生献于真理”。

埃纳湖中的圣皮埃尔岛[1]才使我感到真正的幸福，使我如此亲切地怀念。这个小岛，讷沙泰尔人称之为土块岛，即使在瑞士也很不知名。据我所知，没有哪个旅行家曾提起过它。然而它却非常宜人，对一个想把自己禁锢起来的人来说，位置真是出奇地适宜；尽管我是世上唯一命定要把自己禁锢起来的一个人，我却并不认为这种爱好只有我一个人才有——不过我迄今还没有在任何他人身上发现这一如此合乎自然的爱好。

比埃纳湖边的岩石和树林离水更近，也显然比日内瓦湖荒野些、浪漫色彩也浓些，但和它一样的秀丽。这里的田地和葡萄园没有那么多，城市和房屋也少些，但更多的是大自然中青翠的树木、草地和浓荫覆盖的幽静的所在，相互衬托着的景色比比皆是，起伏不平的地势也颇为常见。湖滨没有可通车辆的大道，游客也就不常光临，对喜欢悠然自得地陶醉于大自然的美景之中，喜欢在除了莺啼鸟啭、顺山而下的急流轰鸣之外别无声息的环境中进行沉思默想的孤独者来说，这是个很有吸引力的地方。这个差不多呈圆形的美丽的湖泊，正中有两个小岛，一个有人居住，种了庄稼，方圆约半里约[2]；另一个小些，荒无人烟，后来为了不断挖土去修大岛上被波涛和暴风雨冲毁之处而终于遭

① 卢梭从莫蒂埃村被逐后（此村在讷沙泰尔邦的特拉维尔山谷中，当时受普鲁士统治），于1765年9月18日迁往4公里外的该岛，于10月25日再度被迫离开，逃往斯特拉斯堡，再经巴黎去英国休谟处（参看《忏悔录》第12章）。卢梭当年在岛上住过的房子现在是家旅馆，年轻的浪漫主义者经常到这里来朝圣。

② 1里约约为4公里。

到破坏。弱肉总为强食。

岛上只有一所房子，然而很大，很讨人喜欢，也很舒适，跟整个岛一样，也是伯尔尼医院的产业，里面住着一个税务官和他的一家人以及他的仆役。他在那里经营一个有很多家禽的饲养场、一个鸟栏、几片鱼塘。岛虽小，地形和地貌却变化多端，景色宜人的地点既多，也能种各式各样的庄稼。有田地、葡萄园、树林、果园、丰沃的牧地，浓荫覆盖，灌木丛生，水源充足，一片清新；沿岛有一个平台，种着两行树木，平台中央盖了一间漂亮的大厅，收摘葡萄的季节，湖岸附近的居民每星期天都来欢聚跳舞。

在莫蒂埃村住所的投石事件以后，我就是逃到这个岛上来的。我觉得在这里真感到心旷神怡，生活和我的气质是如此相合，所以决心在此度过余生。我没有别的担心，就怕人家不让我实现我的计划，这计划是跟有人要把我送到英国去的那个计划很不协调的，而后者会产生什么结果，我那时已经有所感觉了。这样的预感困扰着我，我真巴不得别人就把这个避难所作为把我终身监禁的监狱，把我关在这里一辈子，消除我离去的可能和希望，禁止我同外界的任何联系，从而使我对世上所发生的一切一无所知，忘掉它的存在，也让别人忘掉我的存在。

人们只让我在这个岛上呆了两个月，而我却是愿意在这里呆上两年，呆上两个世纪，呆到来世而不会有片刻厌烦的，尽管我在这里除了我的伴侣①以外来往的就只有税

① 指戴莱丝·勒·瓦瑟。卢梭自 1745 年起即和她同居，直到 1768 年才正式结婚。

务官、他的太太还有他的仆人。他们确实都是好人，不过也就是如此而已，而我所需要的却也正是这样的人。我把这两个月看成是一生中最幸福的时刻，要是能终生如此，我就心满意足，片刻也不做他想了。

这到底是种什么样的幸福？享受这样的幸福又是怎么回事？我要请本世纪的人都来猜一猜我在那里度过的是怎样的生活。可贵的 far niente（闲逸）的甘美滋味是我要品尝的最主要的第一位的享受，我在居留期间所做的事情完全是一个献身于闲逸生活的人所必须做的乐趣无穷的活动。

有人求之不得地盼望我就这样与世隔绝，画地为牢，不得外力的援助就不可能在众目睽睽之下离开，没有周围的人帮忙就既不能同外界联系，也不能同外界通讯。他们的这个希望使我产生了在此以前所未曾有过的就此安度一生的指望；想到我有充分时间来悠悠闲闲地处理我的生活，所以在开始时我并没有做出任何安排。我被突然遣送到那里，孤独一人，身无长物，我接连把我的女管家[①]叫去，把我的书籍和简单的行李运去。幸而我没有把我的大小箱子打开，而是让它们照运到时的原样摆在我打算了此一生的住处，就好像是住一宿旅馆一样。所有的东西都原封不动地摆着，我连想都没有想去整理一下。最叫我高兴的是我没有把书箱打开，连一件文具也没有。碰到收到倒霉的来信，使我不得不拿起笔来时，只好嘟囔着向税务官去借，用毕赶紧归还，但愿下次无需开口。我屋里没有那

① 即戴莱丝·勒·瓦瑟。

讨厌的文具纸张，却堆满了花木和干草；我那时生平第一次对植物学产生了狂热的兴趣，这种爱好原是在狄维尔诺瓦博士[①]启发下养成的，后来马上就成为一种嗜好。我不想做什么正经的工作，只想做些合我心意，连懒人也爱干的消磨时间的活儿。我着手编《皮埃尔岛植物志》，要把岛上所有的植物都描写一番，一种也不遗漏，细节详尽得足以占去我的余生。听说有个德国人曾就一块柠檬皮写了一本书；我真想就草地上的每一种禾本植物、树林里的每一种苔藓、岩石上的每一种地衣去写一本书；我也不愿看到任何一株小草、任何一颗植物微粒没有得到充分的描述。按照这个美好的计划，每天早晨我们一起吃过早饭以后，我就手上端着放大镜，腋下夹着我的《自然分类法》[②]，去考察岛上的一个地区，为此我把全岛分成若干方块，准备每一个季节都在各个方块上跑上一圈。每次观察植物的构造和组织、观察性器官在结果过程中（它的机制对我完全是件新鲜事物）所起的作用时，我都感到欣喜若狂，心驰神往，真是奇妙无比。各类植物特性的不同，我在以前是毫无概念的，当我把这些特性在常见的种属身上加以验证，期待着发现更罕见的种属时，真是心醉神迷。夏枯草两根长长的雄蕊上的分叉、荨麻和墙草雄蕊的弹性、凤仙花的果实和黄杨包膜的爆裂，以及我首次观察到的结果过程中的万千细微现象使我心中充满喜悦。拉封丹曾问人可曾读

① 卢梭在莫蒂埃村时结识的朋友，博士头衔是卢梭开玩笑加的。

② 瑞典博物学家、双名命名法的创立者林内（1707—1778）最重要的著作。

过《哈巴谷书》[1]，我也要问大家可曾见过夏枯草的角。两三个小时以后，我满载而归，下午如果遇雨的话，在家也就不愁没有消遣的东西了。上午剩下的时间，我就用来跟税务官、他的妻子和戴莱丝一起去看他们的工人和庄稼，经常也动手帮帮忙；也时常有伯尔尼人来看我，他们常看到我骑在大树枝上，腰里围了一个装果子的口袋，满了就用绳子坠下来。早上的活动，加上由此而必然产生的愉快心情，使得我午饭吃得很香；但当用餐时间过久，天气又好时，我不耐久等，就在别人还没有散席的时候溜了出去，独自跳进一只小船，如果湖面平静，就一直划到湖心，仰面躺在船中，双眼仰望长空，随风飘荡，有时一连漂上几个小时，沉浸在没有明确固定目标的杂乱而甘美的遐想之中。在我心目中，这样的遐想比我从所谓的人生乐趣中得到的甜蜜不知要好上几百倍。有时夕阳西下，告诉我踏上归途的时刻已经来到，那时我离岛已经很远，不得不奋力划桨，好在天黑以前赶到家里。有时，我不奔向湖心，却沿着小岛青翠的岸边划行，那里湖水清澈见底，岸畔浓荫密蔽，叫我如何不跳下水去畅游一番！但最经常的还是从大岛划到小岛，在那里弃舟登岸，度过整个下午，有时漫步于稚柳、泻鼠李、春蓼和各式各样的灌木之间，有时坐到长满细草、欧百里香、岩黄芪和苜蓿的沙丘顶上。这苜蓿看来是从前有人播下的，特别适于喂兔，兔子可以在那

① 此系卢梭之误。拉封丹曾问人可曾读过《巴录书》，而不是《哈巴谷书》。前者是次经（即历史上有过争议，最后才被列入正典的经卷）中的一卷，后者是《圣经·旧约》中的一卷。

里安然成长，一无所惧，也不至于糟蹋什么。我把这种想法跟税务官讲了，他就从讷沙泰尔买了几只回来，有公有母，他妻子和小姨、戴莱丝和我四个人浩浩荡荡地把它们护送到这小岛上，它们在我走以前就开始繁殖起来，如果能耐住严冬的话，肯定是可以繁荣昌盛的。这小小的殖民地的建立真是一个欢庆的节日。我踌躇满志地领着我们这支队伍跟兔子从大岛来到小岛，比阿耳戈号的指挥[①]还要神气；我也骄傲地注意到这样一个事实：税务官的太太向来是怕水怕得要命的，一到水上就要头晕眼花，这次却信心百倍地登上我划的船，一路上一点也没有害怕。

当湖面波涛汹涌，无法行船时，我就在下午周游岛上，到处采集植物标本，有时坐在最宜人、最僻静的地点尽情遐想，有时坐在平台或土丘上纵目四望，欣赏比埃纳湖和周围岸边美妙迷人的景色。湖的一边近处是起伏的山冈，另一边展为丰沃的原野，一直可以望到天际蔚蓝的群山。

暮色苍茫时分，我从岛的高处下来，高高兴兴地坐到湖边滩上隐蔽的地方；波涛声和水面的涟漪使我耳目一新，驱走了我心中任何其他的激荡，使我的心浸沉在甘美的遐想之中，就这样，夜幕时常就在不知不觉中垂降了。湖水动荡不定，涛声不已，有时訇的一声，不断震撼我的双耳和两眼，跟我的遐想在努力平息的澎湃心潮相互应答，使我无比欢欣地感到自我的存在，而无须费神去多加思索。我不时念及世间万事的变化无常，水面正提供着这样一种

① 即希腊神话中带领50名英雄乘舟前往科尔喀斯去寻找金羊毛的伊阿宋。

形象，但这样的思想不但模糊淡薄，而且倏忽即逝；而轻轻抚慰着我的平稳宁静的思绪马上就使这些微弱的印象化为乌有，无须我心中有何活动，就足以使我流连忘返，以至回归时还不得不做一番努力，才依依不舍地踏上归途。

晚饭以后，如果天色晴和，我们再一次一起到平台上去散步，呼吸湖畔清新的空气。我们在大厅里休息，欢笑闲谈，唱几支比现代扭扭捏捏的音乐高明得多的歌曲，然后带着一天没有虚度的满意心情回家就寝，一心希望明天也是同样的欢快。

除了有不速之客前来探望之外，我在这岛上逗留的日子就是这样度过的。那里的生活是那么迷人，我心中的怀念之情是如此强烈、亲切、持久，事隔十五年[①]，每当我念及这可爱的住处时，总免不了心驰神往。

在这饱经风霜的漫长一生中，我曾注意到，享受到最甘美、最强烈的乐趣的时期并不是回忆起来最能吸引我、最能感动我的时期。这种狂热和激情的短暂时刻，不管它是如何强烈，也正因为是如此强烈，只能是生命的长河中稀疏散布的几个点。这样的时刻是如此罕见、如此短促，以致无法构成一种境界；而我的心所怀念的幸福并不是一些转瞬即逝的片刻，而是一种单纯而恒久的境界，它本身并没有什么强烈刺激的东西，但它持续越久，魅力越增，终于导人于至高无上的幸福之境。

人间的一切都处在不断的流动之中。没有一样东西保

① 卢梭在圣皮埃尔岛居住是在1765年，而在1778年即去世。相隔仅13年。

持恒常的、确定的形式，而我们的感受既跟外界事物相关，必然也随之流动变化。我们的感受不是走在我们前面，就是落在我们后面，它或是回顾已不复存在的过去，或是瞻望常盼而不来的未来：在我们的感受之中毫不存在我们的心可以寄托的牢固的东西。因此，人间只有易逝的乐趣，至于持久的幸福，我怀疑这世上是否曾存在过。在我们最强烈的欢乐之中，难得有这样的时刻，我们的心可以真正对我们说："我愿这时刻永远延续下去。"当我们的心忐忑不安、空虚无依、时而患得、时而患失时，这样一种游移不定的心境，怎能叫做幸福？

假如有这样一种境界，心灵无需瞻前顾后，就能找到它可以寄托，可以凝聚它全部力量的牢固的基础；时间对它来说已不起作用，现在这一时刻可以永远持续下去，既不显示出它的绵延，又不留下任何更替的痕迹；心中既无匮乏之感也无享受之感，既不觉苦也不觉乐，既无所求也无所惧，而只感到自己的存在，同时单凭这个感觉就足以充实我们的心灵：只要这种境界持续下去，处于这种境界的人就可以自称为幸福，而这不是一种人们从生活乐趣中取得的不完全的、可怜的、相对的幸福，而是一种在心灵中不会留下空虚之感的充分的、完全的、圆满的幸福。这就是我在圣皮埃尔岛上，或是躺在随波漂流的船上，或是坐在波涛汹涌的比埃纳湖畔，或者站在流水潺潺的溪流边独自遐想时所常处的境界。

在这样一种情况下，我们是从哪里得到乐趣的呢？不是从任何身外之物，而仅仅是从我们自己，仅仅是从我们

自身的存在获得的；只要这种境界持续下去，我们就和上帝一样能以自足。排除了任何其他感受的自身存在的感觉，它本身就是一种弥足珍贵的满足与安宁的感觉，只要有了这种感觉，任何人如果还能摆脱不断来分我们的心、扰乱我们温馨之感的尘世的肉欲，那就更能感到生活的可贵和甜蜜了。但大多数人为连续不断的激情所扰，很少能经历这种境界，同时由于仅仅在难得的片刻之间不完全地领略了这种境界，对它也只留下一种模糊不清的概念，难以感到它的魅力。在当前这样的秩序下，对社会生活日益增长的需求要求他们去履行社会职责，如果他们全都去渴求那种醇美的心醉神迷的境界，而对社会生活产生厌倦，这甚至还不是件好事。但是一个被排除于人类社会之外的不幸者，他在人间已不可能再对别人或自己作出什么有益之事，那就可在这种境界中去觅得对失去的人间幸福的补偿，而这是命运和任何人都无法夺走的。

不错，这种补偿并不是所有的人，也不是在任何情况下都能感受的。要做到这一点，心必需静，没有任何激情来扰乱它的安宁。必需有感受者的心情和周围事物的相互烘托。既不是绝对的平静，也不能有过分的激动，而是一种均匀的、温和的、既没有冲动，也没有间歇的运动。没有运动，生命就陷于麻木状态。运动如果不均匀或过分强烈，它就会激起我们的狂热；如果它使我们想起周围的事物，那就会破坏遐想的魅力，打断我们内心的省察，把我们重新置于命运和别人的轭下，而去念及自己的苦难。绝对的安静则导致哀伤，向我们展现死亡的形象。因此，有

必要向欢快的想象力求助，而对天赋有这种想象力的人来说，它是会自然而然地出现在脑际的。那种并非来自外界的运动产生于我们自己的内心。不错，当有轻快甜蜜的思想前来轻轻掠过心灵的表面而不去搅动它的深处时，心中的宁静固然不是那么完全，然而却是十分可喜的。只要有相当的这样的思想，我们就可以忘记所有的痛苦而只记得我们自己。只要我们能够安安静静，这样的遐想无论在何处都能进行；我时常想，如果在巴士底狱，甚至在见不到任何东西的单人牢房里，我都可以愉快地进行这样的遐想。

然而必需承认，在一个跟世界其余部分天然隔绝的丰沃而孤寂的小岛上进行这种遐想却要好得多，愉快得多；在那里，到处都呈现出欢快的景象，没有任何东西勾起我辛酸的回忆，屈指可数的居民虽然还没有使我乐于与之朝夕相处，却都和蔼可亲，温和体贴；在那里，我终于能毫无阻碍，毫无牵挂地整日从事合我口味的工作，或者置身于最慵懒的闲逸之中。对一个懂得如何在最令人扫兴的事物中浸沉在愉快的幻想里的遐想者来说，能借助他感官对现实事物的感受而纵横驰骋于幻想之间，这样的机会当然是美好的。当我从长时间的甘美的遐想中回到现实中来时，眼看周围是一片苍翠，有花有鸟；纵目远眺，在广阔无垠的清澈见底的水面周围的是富有浪漫色彩的湖岸，这时我以为这些可爱的景色也都是出之于我的想象；等到我逐渐恢复自我意识，恢复对周遭事物的意识时，我连想象与现实之间的界限也确定不了了：两者都同样有助于使我感到我在这美妙的逗留期间所过的沉思与孤寂的生活是何等可

贵。这样的生活现在为何还不重视？我为什么不能到这亲爱的岛上去度过我的余年，永远不再离开，永远也不再看到任何大陆居民！看到他们就会想起我多年来兴高采烈地加之于我的种种灾难。他们不久就将被人永远遗忘，但他们肯定不会把我忘却；不过，这又有什么关系？反正他们没有任何办法来搅乱我的安宁。摆脱了纷繁的社会生活所形成的种种尘世的情欲，我的灵魂就经常神游于这一氛围之上，提前跟天使们亲切交谈，并希望不久就将进入这一行列。我知道，人们将竭力避免把这样一处甘美的退隐之所交还给我，他们早就不愿让我呆在这里。但是他们却阻止不了我每天振想象之翼飞到那里，一连几个小时重尝我住在那里时的喜悦。我还可以做一件更美妙的事，那就是我可以尽情想象。假如我设想我现在就在岛上，我不是同样可以遐想吗？我甚至还可以更进一步，在抽象的、单调的遐想的魅力之外，再添上一些可爱的形象，使得这一遐想更为生动活泼。在我心醉神迷时这些形象所代表的究竟是什么，连我的感官也时常是不甚清楚的；现在遐想越来越深入，它们也就被勾画得越来越清晰了。跟我当年真在那里时相比，我现在时常是更融洽地生活在这些形象之中，心情也更加舒畅。不幸的是，随着想象力的衰退，这些形象也就越来越难以映上脑际，而且也不能长时间地停留。唉！正在一个人开始摆脱他的躯壳时，他的视线却被他的躯壳阻挡得更厉害！

4. 善行的视点

对于我大部分行动的真实的、最早的动机，我并不像我曾长期认为的那么清楚。我知道，也感觉得出，行善是人类之心所能领略到的最真实的幸福。但很久以来，对这种幸福，我是心有余而力不足的了。在像我这般可悲的命运中，谁能够指望有所选择、’有所收效地去施行一次真正的善举呢？最叫那些左右我命运的人费心的是：让一切都对我蒙上一层虚假的、骗人的外表。我知道，任何一个行善的动机都不过是别人向我抛出的诱饵，以引诱我落入陷阱，使我不得脱身。我明白，今后于我唯一可行的善举，就是什么都不做，免得不自觉地、盲目地去干坏事。

但是，也曾有过比较快乐的时辰：我按照自己的心意行动时，有时也曾使别人心满意足过。我应该公开地表明，每一次领略到这种乐趣，我总感到它比任何乐趣都更甜蜜。这种禀性是强烈、真实而纯洁的，在我最隐秘的内心深处也不否认这一点。然而，由于我自愿行的善举带着义务的锁链，所以我常常感到它们的压力。于是，乐趣便烟消云散。当我继续做着这类过去曾使我着迷的好事情时，我感觉到的只是一种简直叫人受不了的束缚。在我那几次为时不长的幸运时刻中，曾有很多人求我帮忙，凡是我能为之效力的事，没有一桩遭到过我的拒绝。但是，当我用发自内心的真诚，去完成这第一桩善举之后，却戴上了约束人的义务的锁链，这是我原来不曾想到的，而且背上了这一

副枷锁就再也挣脱不了了。我这些最初的效劳，在那些受我之恩的人眼里，只不过是对今后还得为此效劳所做的担保而已。一旦哪个家伙因受我一次恩而使我上了钩，从此就和我结下了不解之缘。我这自觉自愿的第一桩善举，就成了他享有今后可能还需要我的其他善举的不成文的权利，即使我力不从心也无法摆脱。就这样，非常甜蜜的乐趣，后来便渐渐变成我的沉重负担了。

不过，当我默默无闻时，我还不觉得这些锁链过于沉重。可是，有一次我因我的作品而出了名——这无疑是个严重错误，就是我身受不幸也不足以把它补赎——从此，一切苦难者或一切自称为苦难者的人，一切到处物色愿上钩者的冒险家，一切借口说我影响很大，千方百计想控制住我的人，统统找到我的头上来了。因此，我有理由认为，一切天性的爱好，包括行善本身，最初它们还是有益的，一旦轻率地、不加选择地被搬到或应用于社会中，就肯定会改变性质，往往变得有害了。这么多严酷的经验教训，渐渐使我原先的禀性变了，或者毋宁说，终于堵塞了我这禀性的发展道路；它们还使我学会不再那么盲目地顺从我的天性去普行善事了，因为那只能助长邪恶。

我对这类的经验教训并不懊悔，因为它们是我经过审慎的自我认识，对我的行为在千百种情境中的真正动机进行重新思考后才获得的。在那些情境中，我曾经常产生错觉，我发现。要带着乐趣去行善，就必需自由地、不受约束地去做；而要剥夺一桩善举的全部温馨滋味，只需把它变成我们一种义务就行了。从此，履行义务的压力就把最

甜美的享受变成了最枯涩的负担。

……

出自于义务的需要，一个人就得违拗自己的禀性，去将之履行。这正是我比天底下任何人都更不善于去做的。我生性敏感而善良，心慈到了软弱的地步，一切慷慨大度之举都使我为之激动。我富有人情味，乐善好施，凭着爱好和热情本身去帮助人，只要别人把我的心打动就行。如果我曾是人类当中拥有至高权力的人，那我会是他们当中最优秀而又最宽宏大量的人；因为我能够为自己报仇，而我却任心头一切报仇的念头熄灭。若为我个人利益，我会毫不犯难地做到公正不倚，但若违背我所珍爱的人的利益，我可能就无法下此决心了。只要我的义务与我的感情相冲突，除非是在我只需什么都不做的情况下，否则前者很少会占上风。那时，我常常是有能耐的，但我却不能逆本性而行事。当我的心没有向我呼唤，我的意志充耳不闻，不管是人，还是义务，或是什么必然性，都无法叫我唯命是从。我看见祸害的威胁，但我宁可任其降临，也不愿意为防范它而激动不已。我偶尔开头很卖劲，但这种卖劲很快就使我厌倦，使我精疲力竭了，我就再也无法坚持下去。在一切假想的事情中，凡是我不带乐趣去做的，很快我就没法去做了。

更有甚者，与我的愿望相符却带几分勉强的事，只要稍为过分一点，就足以使我的这种愿望丧失净尽，使它变成令人厌恶、甚至强烈反感的东西。这就叫别人强求我或是别人并不强求而是我自己甘心情愿去做的好事使我感到

苦楚。纯属无报偿的好事肯定是我乐于为之的，但是，当人们把这种受惠视为应得而恣意索取、否则便以怨相报时，当某人因我当初乐意为他做了好事而规定我从此永远做他的恩主时，我就开始感到不自在，乐趣也就蔫然消失了。这时，如果我迁就，继续这样做下去，就意味着软弱和羞耻，诚意在此也就荡然无存了。我非但不能因此而感到满足，反而因做了违心事而受到良心的谴责。

我懂得，在施恩与受惠者之间，存在着某种甚至是所有契约当中最神圣的契约。那就是他们互相结成的某种社会关系，它比通常维系着人们的那种社会关系更加紧密。假如受惠者暗自发誓要感恩图报，施恩者同样会发誓把他刚向前者表示了的诚意再向另一个人表示——只要他是受之无愧的；而且，每当他能够做，别人又有求于他，他就会再次做出这种善行。这些条件是不成文的，那仅仅是建立于他们间的那种关系所产生的自然结果。一个人，第一次拒绝给予别人有求于他的帮助，被拒绝的人是没有任何权利去告他的，而在同样情况下，他拒绝给曾给过他好处的人以同样的好处，那就意味着他使那个人失望了，因为他使别人对他产生的期待落空了。人们会感到这种拒绝中有某种说不出的不公，比那种拒绝本身更加冷酷的东西。但这种拒绝仍不失为某种独立不羁所产生的效果。这种保持独立于其他人的倾向是人类的共同倾向，放弃它是不容易的。如果我还债，我是在尽我的义务；而我给人馈赠，那我是自寻乐趣。不过，尽自己的义务的乐趣，也是唯一的高尚的习惯所产生的乐趣之一，因为，直接从我们的本

性中产生的乐趣不会像它这样达到如此的高度。

5. 晚年反思

“我活到老学到老。”①

梭伦晚年经常吟咏这句诗。就诗中所含的某种意义而言，在我的晚年我也一样可以把它吟咏。可是二十年来，我从经验中获得的却是一种委实叫人伤心的学问：蒙昧无知反而更好。逆境当然是一个了不起的先生，但是，他索取的学费太高，而你从中获得的收益往往得不偿失。况且，没等你从这些姗姗来迟的教训中学有所成，运用它们的时机却转眼即逝了。青年期是增长才智的时期，老年期则是运用才智的时期。经验总是有用的，我承认这一点，但是，只有当你前头尚有光明，经验才能有益。死到临头了，还是学习应该怎样生活的时候么？

我付出了这么痛苦的代价，而又这么晚才获得有关自己的命运以及他人对此的激情的认识，于我还有什么用呢？我学会了更清楚地认识那帮人，其结果也只是使我更为强烈地感到他们给我造成的苦难而已。更何况这一认识虽则叫我明白了他的种种阴谋诡计，却没有一次能使我幸免于难。我要是没有一直耽于这种脆弱而温存的信任中该多好啊！多少年来，这种信任使我成了我那些爱吵嚷的朋友们的猎物和玩偶。我被他们策划的种种阴谋包围着，却未存半点戒心！诚然，我上了他们的当；做了他们的牺牲

① 引自普鲁塔克著的《梭伦生平》。

品，但我还自以为他们在爱我。我的心灵享受着他们曾使我产生的友谊，并同样地给他们以我的友谊。这些甜蜜的幻觉全都破灭了，时间和理智向我披露了这一可悲的实情，使我感到了自己的不幸。这个实情使我看清了我的不幸是无可挽救的，我所做的唯有忍受而已。因此，我这把年纪所积累的全部经验，此时此地，于我无益，往后也不会有什么好处。

我们刚刚投胎于世就进入了竞技场，到死方才走出来。人已到赛场的终点，再去学习更好地驾驭双轮马车还有何用呢？那时，还需要考虑的，就只是该如何从中解脱了。老年人的研究（如果他还需要做点研究的话），那仅仅是学习应该怎样死。人家到了我这种年龄，却恰恰很少做这种研究。常人把什么都想过了，就是想不到这一点。大凡老人比孩子更依恋生命，比年轻人更不情愿离开人世。因为，他们的全部劳作原是为了生存，而到了生命的终点，他们却发现自己的全部心血都白费了。他们全部操劳和财富，他们辛勤劳作换来的全部果实，当他们魂归九天时，这一切全都给撇开了。他们一辈子也未曾想到获取一点临死时能够带得走的什么东西。

当我反躬自问的时候，这一切我都思忖过了。我虽然不善于从这些思考中收益，但我及时作出这些思考和将之回味，这并非错事。从孩提时代，我就被抛入人生的漩涡之中，我很早就体验到，我天生就不是在这个世界上生活的。在这里，我永远也达不到我心灵所要求的那种境地。因此，当我停止在人类当中寻觅那似乎无法寻着的幸福时，

我那炽热的想象力就已经跳出了我刚刚起步的人生范围。仿佛跃到了一个于我完全陌生的地方，以便在我能够留驻的静谧场所安歇。

从我童年时代起，所受的教育就滋养了这种情感，它又为充盈着我一生中的一连串灾难和不幸遭遇所强化了。这种情感促使我每时每刻都力图以更大的兴趣和耐心去认识自我。我在任何别的人身上都找不到这样的兴趣和耐心。我见过许多言谈远比我博学的人物。但是，他们的哲学简直可以说跟他们本人是无缘的。为了显示出比别人更有学问，他们研究宇宙，了解它的排列，就像他们会去研究他们偶尔发现的某种机器那样，纯属好奇。他们研究人性，是为了高谈阔论，而不是为了认识自我；他们致力于教育别人，却从不启迪自己的内心；他们当中好多人只是为了著书，不管什么样的书，只要写出来受欢迎就行。他们的书一旦写出来和印出来，除了设法使别人接受和当书受到攻击而需要为它做一番辩护外，书中的内容无论如何再也引不起他们自己的兴趣。此外，他们压根儿不从中汲取点什么为自己所用，只要没有受到非难，甚至连书中所讲的是真是假也不屑一顾了。至于我，只要我去学习，就是为了认识自己，而不是为了教育别人；我一贯认为，在教别人之前，首先要充分认识自己。我毕生致力于在人们当中所进行的各项研究，没有一项不是我曾单独地在一个荒岛上同样做过的，我本来应该在那里度完我的余生。我们所要做的事情，在很大程度上取决于对它的信念。在一切与一个人本能的最起码的需要无关的事情当中，我们的

信念就是我们的行为准则。根据我一贯奉行的这个原则，我曾经常地、长时间地力图认识人生的真谛，以指导我的行动。但是，当我意识到无须探寻这个真谛的时候，我很快就为自己不善于为人处世而感到宽慰了。……隐退时做的默思，对大自然的研究，对宇宙的静观，迫使每一个孤独者不断地趋向着万物的创造之主，怀着轻微不安的心情去探究他所见到的一切事物的结果，和他感到的一切事物的原因。当命运把我再度抛入社会的急流中时，我再也找不到任何可以给我的心灵以片刻慰藉的东西。不管到了哪里，我都一直留恋那令人愉快的悠闲生活，对唾手可得的富贵荣华毫无兴趣，甚至厌恶。因为把握不住那些惴惴不安的欲念，我不敢奢求，所获无几。我在那福星高照的时候也感到，即使我以为获得了我一直在寻找的一切，也根本不会从中找到我心灵所渴望的而又不知道怎样才能分辨出它的对象的那种幸福。就这样，在那些把我隔绝于世的大灾大难降临之前，这一切就促使我渐渐地懂得不再为这个世界浪费感情。直到四十岁，我一直都在贫困与幸运、明智与迷惘之间浮沉，沾染了不少恶习，可是心地没有任何劣性；我盲目地生活，缺乏经我的理性规定的原则；我忽略了自己的义务，却不是因为轻视而总是缺乏很好的认识。

从青年时代起，我就决定，四十岁以前要积极进取，实现我和各种抱负。我抱定主意，一上这个年纪，无论身处何种境况，都不再为摆脱它而苦苦挣扎，而是得过且过地度过余生，不再思虑未来。现在这个时限来到了，我不费踌躇地履行了这个计划，尽管那时我的运气似乎还有望于达到一个更加稳定的地位，然而我却没那么做，我不觉得遗憾，反倒感到一种真正的快乐。我从这种种诱惑、种种无益的希望中脱身出来，对诸事冷漠，只寻找精神上的安宁，对此，我始终兴趣盎然。我丢开了上流社会和它的浮华；我把所有的装饰品都抛开了：不带佩剑，不揣怀表，不着白袜，不佩镀金饰物，不戴帽子，只有一副极为普通的假发，一套合身得体的粗布衣服；更重要的是，我从心底摈弃了利欲和贪婪，这就使得我所抛开的一切都变得无关紧要了。我放弃了当时所占有的、于我根本不合适的职位。[①] 我开始按页计酬抄写乐谱，对这项工作，我始终兴趣不减。

我没有把这种改变局限在外表的事物上，我觉着他还需要另一种改造，那就是在观念上的也许更艰难、但更有必要的改造。我打定主意，把这种改造一贯到底。于是，我开始对自己进行解剖，使我的内心世界在有生之年臻于完善，以便达到我临终时所希望的境界。

我身上刚刚发生了巨变；我眼前展现了另一种道德观；我感到那些人对我的评判真是荒谬绝伦，虽然那时我未曾料到我会深受其害，但我已经开始发觉那是荒谬的。我产生了另一种需要，它不同于我追求文学上的成就的那种需要，因为我刚一接触到这种气息就厌恶了；我渴望在我的余年开辟一条比我刚刚走过了大半辈子的道路更为可靠的路径。总之，这一切迫使我着手早已感到很有必要的深刻

① 在包税人弗朗克伊家担任秘书和出纳员的职位。——译者注

反省。因此，我深刻地检查了自己，而且，为了把它做得好些，我没有把任何与我有关的事忽略不计。

我完全弃绝社交界，对幽静产生浓厚兴趣，就是从这个时候开始的。打那时起，这种离群索居的兴趣就一直有增无减。我从事的工作只有在绝对的隐居中才能进行。它需要长时间的、宁静的默思，这是社交界的喧扰所不允许的。因此，有一段时间，我不得不采取另一种生活方式。后来我发现它是那么令人惬意。于是，我在中断了一个时间之后，又满心欢喜地重拾了这种方式。而且，只要有可能，我就把自己囿于这种方式之中。后来，当人们逼迫我不得不离群索居时，我发现，他们为了使我变得可怜巴巴而将我隔离起来，结果比我自己还要好地成全了我的希求。

我满怀热忱地投入了那个已经着手的工作，我觉得这种热忱是和这个工作的重要性相一致的。那时，我混在一些现代哲学家当中。他们和古代哲学家几乎毫无共同点。他们非但没有解答我的疑问和解决我所无法解决的各种问题，反而在我自认为是最有必要去了解的方面，使我动摇了，因为，他们是热心的无神论的传播者和说一不二的教条主义者，根本不能容忍别人在任何一点上敢和他们持有异议。我十分厌恶争吵，而且没有把争吵维持下去的能耐。因此，我的辩护常常显得软弱无力；但是，我从来不接受他们那些令人沮丧的学说。由于我对这些容不得异己、又有自己一套观点的人的反抗，也是引起他们嫉恨的一个颇为重要的原因。

他们不曾把我说服，但把我弄得不得安宁。他们的议

论曾一度动摇过我，但从未叫我信服。我一直没有找到一个合适的答辩，不过我相信肯定会有的。我常常责怪自己，我的无能多于过失，对于他们的论点，我凭心灵能做出胜过凭理性做出的反驳。

我终于这样想："难道我总这样任那些雄辩家的诡辩所左右吗？我甚至不相信，这些人所鼓吹的，并热切要求别人去接受的观点，当真就是他们自己的观点。他们用来主宰自己理论的激情和要人相信这、相信那的过分热情，叫人无法理解他们自己相信什么。谁能够在政党头目当中找到真正的信条呢？他们的哲学是为他人的，我则需要一种为自己的哲学。趁时候还来得及，我要竭尽所能去寻找，以便在有生之年找到一种明确的行为准则。如今，我已步入壮年，理解力正处于最强的时期，可是却未老先衰了。我若一再等待，等到以后再进行思考，就心有余而力不足了。我的各种智能都将丧失活力，我今天尚能竭尽所能做到的事情，到那时就将力不从心。我要抓住这个有利时机，现在是我的外表的改造时期，也是我的精神的改造时期。我要确定我的观点和原则。等我深思熟虑后，觉得应该成为什么样的人，在有生之年就做什么样的人。"

……我做了一番大概从无先例的最热情、最真诚的探寻之后，我决定在我的一生中选择感情这个东西。确实我的行动曾取得非我所愿的结果，但至少我可以肯定：我的错误还算不上犯罪，因为我已经竭尽所能去把它避免了。诚然，由于少年时期的那些偏见和我心中隐秘的愿望，我曾使天平倾向于对我安慰最多的一边，对此，我并不怀疑。

人们难免相信自己所热切希望的事情。谁能怀疑，对于大多数人来说，他们对别人所做的关于他们的评价是拒绝还是接受，标志着他们的态度是希望还是担心，决定着大多数人对自己的希望或不安所持的诚意。我承认这一切有可能迷惑我的判断，但没有动摇我的善意；因为我唯独把事情弄错。如果说一切都取决于如何度过这一生，那么，懂得生活，在合适的时候，采取最好的办法以免上当受骗，对我来说就是十分重要的。不过，依我当时的心境，我在世界上最为担心的还是为享受这于我如浮云的尘世间的富贵而豁出自己的灵魂。

我还承认，我并不总是如愿地克服那些曾使我不知所措，而我们的哲学家又反复给我唠叨的困难。但是，我下决心要在人类智慧几乎不可企及的事情上做出决断。由于我在各方面遇到了解不透的隐秘和解决不了的异议，我便把感情运用于每一个问题，它似乎是最直接、最可靠的东西。我没有停留在那些我无法解决的异议上，它们与对立体系中其他异议争执不下。在这些事情上，武断的口气只适用于江湖骗子；但是人要有自己的主见，要有建立在深思熟虑之上的主见，这显然十分重要。倘若这样，我们犯错误，那么，除非是不公正，我们是不会因此受到惩罚的，因为我们根本没有罪过。这就是我之所以能够泰然处之的不可动摇的原则。

这些艰苦的探寻的结果，大体就是我后来在《一个萨瓦省的牧师的信仰》[1]中记载的一样。这本书已被当代人可

① 即《爱弥儿》第4卷《信仰自由》。——译者注

耻地滥用和亵渎了。但是，倘若常识和真诚在人类中苏醒，它必将在人类引起一场革命。

在经过长久和反复认真的默思之后，我采取了这些原则，从此心情平静下来了。我把它们变成我的行动和信仰的坚定不移的准则。不再理会那些于我解决不了、预见不到、萦回脑海的异议。这些异议偶或弄得我不得安宁、但却未曾使我动摇。我反复自言自语："这都不过是形而上学的巧辩和故弄玄虚，比起我的理智所接受的、我的心灵所确认的、当我的激情缄默时为我内心默许的基本原则来，那是无足轻重的了。在这些大大超过人类的悟性的事情上，一个我解决不了的不同意见能够推翻一整套如此牢固的学说吗？它是用沉思默想联系起来，用恒心结成的，对于我的理智和感情以及我整个人是那样合适，而且又是为我内心的默许（我对其他学说却没有这种内心的默许）所强化了的。这样一种学说难道能够被推翻吗？不会，空洞的论据是不能摧毁我那永恒的天性与这个世界的结构，与我发现支配这个世界的物质秩序之间的协调：我在相应的精神秩序中（这个体系是我探寻的结果），找到了我为了忍受一生的灾难所必需的支撑。在任何别的体系中，我只能无能为力地活着，无所希求地死去，我兴许会是一个最不幸的人。因此，我还是坚持这个体系吧，不管命运和那伙人把我怎么样，只有这种体系能使我幸福。"

这些思考及其结果难道不就是上天授予我，让我对静候命运有思想准备和能够承受它的吗？设若在那可怕的焦虑中，在我这下半辈子所沦落的令人难以置信的境地中，

我总也找不到避难所以逃避那无情的迫害者；设若我在世上蒙受的耻辱不能昭雪，我的正义不能得到应有的伸张，而是眼睁睁地看着自己沦落前无先例的最可怕的命运中，那么，我如今成了什么样子，往后还会成为什么样子呢？一方面，我为自己的清白无辜而坦然，光想着世人对我的敬重和友爱；另一方面，那些背信弃义之徒却在暗地里用魔鬼的圈套将我缠绕。我由于遇到出人意料之外的灾难，这颗高傲的心简直无法忍受，又不明不白地被人陷害，蒙耻受辱；我整个儿为恐怖的阴影所笼罩，只能依稀辨出一些不兆之物。刚开始我就大吃一惊，不由得垮了下来。若不是我事前留有余力，摔倒后重新站起，那么，我怕是再也不能从这意外的打击中复元了。

在动荡不安中度过了好几年后，我才清醒过来，开始自我反省，这时我才发现我节余下来以抵抗厄运的气力是多么珍贵。我对凡是应该由我做出评判的事物做了决断，用我的行为准则去和我的处境相衡量，我看出，我过去太看重人们那些荒谬的评判，太看重这个短暂人生中的小事件。人生无非是一种受考验的状态。这些考验是哪一类型，并不重要，只要从中得出它们应得的结果就行。我还由此看出，考验越是巨大、严峻、繁复，对于善于承受考验的人就越有好处。无论多么强烈的痛苦，对于任何一个能够看出这痛苦给人带来非同一般的裨益的人，都会丧失效力。而确信能够得到这种裨益，就是我曾在默思中等到的主要收获。

诚然，当我感到受到来自四面八方的无穷无尽的侮慢

和羞辱时，间或出现的担忧和疑虑，曾不时毁灭我的希望，搅得我不得安宁。这时，我未能反驳的那些有力的论点，便更加强烈地萦回脑际，试图在我最倒霉的时刻，一个人处于绝望的边缘的时刻将之压垮。我还时不时地听到一些新的议论，和那些使我备受折磨的议论加在一起，常常浮现在我的脑海。

“哦！”这时我总是无限伤感地自忖道，“倘若我在这可怕的命运中，从理性给予我的安慰中看到的只是虚无缥缈之物，我的理性就这样毁掉自己的作品，摧毁自己留给自己的希冀与信赖的支柱，那么，还有谁能够使我免于绝望呢？在这世上唯有那能将我安抚的幻想，又还有何用处呢？当今这一代人认为在我的学说中，舍谬误和偏见无他，而在与我对立的体系中，真理与实情却能俯拾皆是；他们甚至还不相信我真心实意地采纳这个学说，我自己在悉心致力于它的研究时，也曾在其间发现许多解决不了的难题。然而，它们并没有阻止我坚持这个学说。难道在芸芸众生中，唯我独智、唯我独醒么？只要合我的心意，我就能相信一切事物均皆如此么？那些在少数人看来很不可靠，甚至倘若我的感情与理智背道而驰，我自己也觉得是虚无缥缈的种种表现，我能抱以明了的信心么？采用以子之矛、攻子之盾的方式来对付我的迫害者，岂不比恪守自己既定的戒律，一味忍受他们的中伤而不奋起反击更好么？我自认为明智，其实不过是枉自犯了错误而成了受骗者、牺牲品。”

在那百思不得其解、郁郁不安的时刻里，有多少次我濒于绝望。如果我连续在这种状态中过上一个月，那么，我这一辈子就完了，我这个人也就完了。但是，这些从前来得十分频繁的危机，总是瞬息即逝；现在，我还未全部脱身出来，但它们是那样罕至和短促，根本不可能打搅我的安闲。那不过是轻微的忧虑，再不能有损我的心灵。就像滔滔江河中落入一根羽毛，不能改变它的流向一样。我觉得，重新审定一下我先头已经决定采用的论点，就好像给我提出了新的评判，或向我提出了我在探索时尚未能得到的对真理更为成熟、更为虔诚的认识。因为这些情况没有一个符合于我的实际，所以无论凭哪种坚实的理由，我也不能弃绝我在壮年时期所采用的感情，而去适从那些在绝望的深渊里只能给我平添苦难的论点。而我在壮年时期所采用的情感则是在我精力最旺盛、经过严格的反省之后，在我除了追求对真理的认识之外，再无别的兴趣的那个幽静时期获得的。如今，我的心极度悲伤，我的感情因烦恼而衰竭，想象力因受了刺激而迟钝，头脑总是为那些笼罩着我的不胜枚举的可怕的奥秘所打搅。我的机能因年老和忧伤而衰弱，丧失了活力。我岂敢舍弃我尚存的一点气力呢？我哪能信赖曾使我不公正地受苦受难的日益衰退的理性，而对为我补偿了我不应当受的痛苦、充盈而活跃的理性反而不信赖呢？不，我没有比在决定这些重大问题时更明智、更豁达、更真诚的了。当时，我对今天烦扰着我的纷争并非不知道，它们并不曾阻挠我，如果还有我当时尚未察觉的纷争出现，那不过是微妙的形而上学的诡辩，它们是不能动摇这个古往今来为一切贤明之士所承认，为各

个民族所共仰、不可磨灭地刻在世人心上的永恒的真理。在思考这些问题时我深知：人类的悟性受感官的限制，不可能囊括这些问题的各个方面。因此我也只限于我力所能及的事情。这是合乎情理的办法。从前，我依照这个办法行事，今天我仍坚持这个办法，并得到我的心灵和理智的赞同。如今，既然我有那么多理由使我不得不坚持这个办法，我还有什么理由放弃它呢？我坚持它会担什么风险，放弃它又能得到什么好处呢？我在接受我的迫害者的理论的同时，还要接受他们的道德观吗？他们那种既无前因又无后果的道德，虽被他们在书中或某个引起轰动的戏剧情节中堂而皇之地大肆渲染，里面却没有任何能够渗入心灵与理智的东西。或者我应该接受另一种秘而不宣的无情的道德观么？那就是他们那伙党徒的内部学说，对这另一种学说只能当作面具而他们却在行动中遵循着，并巧妙地施加其影响于我的身上。这种道德观纯属进攻性的，根本不是用来自卫的，除了用来侵犯别人外别无他途。可在他们使我陷于这般田地之中，这学说对我又有何用呢？在这不幸中支撑着我的只有我的清白无辜；倘若我将这唯一的、强有力的源泉抛舍，而代之以邪恶，而我将是何等的更加不幸呢？我用损人的手段能够伤害他们几何呢？即使我得逞了，即使能够给他们造成痛苦，那我的痛苦又能因此而减轻多少呢？我会失去自重的，到头来一无所得。

就这样我内心做了一番斗争，终于将我的原则进一步坚定下来，不再为那些居心叵测的论点、无法解决的议论和超越我的能力或人类的智力的难题所动摇。我的心智一

直处于我曾为它创造的最牢固的位置上，它经常躲在我的良心的庇护下安歇，因此任何新的或老的奇异学说都不能一星半点地把它激动，或把我的安闲生活一时片刻地扰乱。当我精神颓丧和消沉的时候，即或我也把我的信仰和格言所基于的那些推理论断一时给忘却了，但我绝不会忘记我从中推论出来的、与我的心灵和理智相默契的结论。这些结论，我今后还要继续坚持。让一切哲学家去吹毛求疵吧，他们会白白浪费掉时间和气力。我在有生之年，无论对什么事情，我都将按照我在最善于做正确选择时所采取的决定行事。

我在这种心境中坦然而自得，在这里我找到了我的境遇所需要的希冀和慰藉。那样完全持久、夹带着凄苦的孤独，来自当今一代人的一触即发的深仇大恨，以及他们不断使我遭受的侮辱，偶或使我颓丧消沉，是十分可能的。那些飘忽的希望和令人丧气的疑惑，直到今天还不时把我的心骚扰，使这颗心忧伤。由于必需的精神活动并不能使我宽心，于是，我就需要回味往日的决定。这时，我曾为做出这些决定所付出的耐心、心计和真心诚意便又重现在我的记忆中，给我鼓起全部的信心。因此，我对一切新的思考概不接受，就像拒绝接受一切有害的错误一样。因为它们无非是一种假象而已，只会给我的安闲生活带来骚扰。

由于我把自己束缚在从前的、狭小的认识范围里，因此，我没有像梭伦那样，有幸活到老学习到老。我甚至还得克制想去学习一切尚未了解的东西的好强心。尽管我在有益的学识上可望获得的东西很少，但在我的处境所需要

的德行方面，我还有很多重要的东西有待学习。我还来得及用我学到的东西去充实和点缀我的灵魂，也只有这种东西是我的灵魂能够随身带走的。当它冲出阻碍着它、迷惘着它的躯壳时，看见纯粹的真理，它将看见我们那些伪学者们因以自负的那些知识是多么可怜。它将为今生今世用于获得这些知识所浪费的时光而惋惜。但是，恒心、温存、安分知命、廉洁、正义感却是一笔财富，是人可以随着灵魂带走的无价之宝。我们可以不断地以此丰富和充实自己，不担心死亡会丧失价值。我晚年的全部余暇就是花在了这种有益的、绝无仅有的研究上。倘若我对自己的研究日有长进，学会了超脱尘俗，那我就太幸福了。虽然我没有变得更好（那是不可能的），但我至少比人世时更具备德行了。

五、书信集

1. 论真理

致迪·帕克先生：

复信较迟，谅先生不会怪罪。我一直身患重病，直至目前仍不断遭受病痛的折磨，从而难以随心所欲地提笔复信。

我所热爱的真理不是玄学方面的，而是道德方面的；我热爱真理，因为我痛恨虚伪。万一我不够真诚，那只可能是在这一点上有所矛盾。如果我确认玄学的真理是可及的，我也会同样地热爱它；但我却从未在书中见到它，由于对此绝望，我就鄙视他们所教导的。而且我确信，一切于我们有益的真理应是唾手可得的，因而要获得真理也无必要拥有大量知识。

先生，你的著作可能会证明所有哲学家所许诺要证明，但事实上从未能证明的道理，不过我绝不会根据我所不知的道理，来改变我自己的决定。然而你的自信给我以深刻印象，而且你还做出如此多的、如此肯定的许诺；在其他方面我发现你的写作方式如此稳健而又令人满意，所以如果你的哲学包含有某种重要东西，我不会感到吃惊。可是由于我的目光短浅，如果你会在那些我认为不可能发现真

理的地方看到了真理，我也不会很吃惊的。不过我对这点的怀疑却令我焦躁不安，因为我所认识的，或者我认为应该是的真理是非常可爱的，而且会导致优雅的心情，因而我不能设想，我怎能对真理做了些变动而不使它失去一些重要的东西。假如我的观点得到了绝对的证实，我也就不会为你的观点所干扰；说实在话，我自己还是处于被说服的境地，而不是完全自信的境地；我不知道我知识的不足究竟是有利于还是不利于我求取知识；不知道在获得知识以后是否我该说：我一直在高空中探索光明，但在找到了以后却又感到失望。

先生，正是在这里你指责我自相矛盾，并找到了解决它的办法，或者说至少是找到了它的某种解释。然而，在你要我为了坦率表白自己的见解做辩护时，我却感到难以做到。相反为了感谢你，我倒要大胆地批评你的著作。无疑我可能是错误的，但是，在这方面有错误并非犯罪。

你要我就一件非常严肃的事件提出进一步的忠告，可能我给你的答复并非是你所想要的。不过，令人高兴的是，这种忠告一般不是一个作者所要求的，除非他下定了决心。

我首先要讲的，你假定你的作品发现了真理，这种假定并非你所特有的，这却是所有哲学家共同的。基于这种深信，他们发表了他们的著作，但是真理仍然有待发现。我还要讲一句，仅考虑一本书所包含的优点是不够的。同时还应对它可能引起的灾祸做出估计。应该记住在能读到这本书的人中，品德恶劣、思想刚愎自用的读者要比正直的读者为数要多。在出版前，就应该对可能产生的好处与

坏处、有益与无益进行比较——出版的究竟是一本好书还是坏书取决于这两者中哪一个占主导地位。

先生，如果我了解你，知道你的生活、社会地位以及年龄，我还可能对你本人谈点看法。年轻人会冒险，但是一个已趋成熟的人危害他人的休息就毫无意义了。我常听人说起，已故福特纳尔先生曾说过，没有一本书给作者的愉悦超过给他的烦恼。直到四十岁，我才变得聪明了些；四十岁时我拿起了笔，在五十岁前把它写了下来，当我看到我的幸福健康以及休息均化成烟云并毫无希望重新获得它们时。我就诅咒那些日子，当时由于我的愚蠢的傲慢我写了些东西。请看看那个你出版书向他求教的人！先生，衷心地祝贺你。

1761 年 6 月 25 日于蒙莫朗西

致伯尔尼樊尚·贝尔纳先生：

……

真理在世界上几乎从未起过任何作用，因为人多为感情用事，而不是凭理智办事。他们一方面赞同美德，另一方面却在干坏事。我们所生活的这个世纪是最开明的，甚至在道德方面也是如此：它是最好的一个世纪吗？一切学问对社会改进又有何用？书籍一点用也没有，学院与文化界也同样无用。人们对从他们那儿产生的有用事物，除了给以空口的赞同外，什么也不给。要不是如此，拥有弗内隆、孟德斯鸠、米勒博等人的国家不就是地球上管理最好且最幸福的国家了吗？社会是否会因这些伟人的著作而变

得更好些呢？是否因为有他们的箴言，而使邪恶有所纠正呢？不，先生们，不要自认为你们比他们更有所作为，你们可以教导人们，但既不能使他们变好也不能使他们更幸福。这正是最令我失望的事件之一。在我短暂的文学生涯中，我感到纵使我有一切必需的才能，我抨击致命的谬误是毫不起作用的，即使我在斗争中胜利了，情况也丝毫不见好转。有时我通过做些能满足我心灵的事以减轻我的痛苦，但对我努力所取得的结果从不自欺。很多人看了我的书，表示赞同，但正像我所预见的那样，他们却依然故我，毫无改变。你们可更有效地说些更好的话，但是先生们，你不会取得更大的成功。你们不但不能对你们所寻求的公共福利有所促进，相反你们所获得的倒是你们所害怕的那种荣耀。

……

1762 年 4 月 29 日于蒙莫朗西

2. 论宗教与信仰

致雅各布维恩先生：

……

你委托我与达朗贝先生所进行的事，一直无机会去办，因为我们不常见面，现在又互不通信；更由于我近期独居，与巴黎也失去了联系，所以我就像呆在地球的顶端，对巴黎的情况毫无所知。再说你所提到的文章即使不够严密，甚至可能会受指责，但它肯定不会是有意攻击他人。

然而，如果它伤害了你的圣职人员，可能他们会很好地对它做出反应的。说老实话，我对所涉及的细节有些厌烦；而且总的来讲，我根本不喜欢在信仰上让某人屈从于程式。我有宗教信仰，它对我有好处。我相信世上没有人比我更需要宗教信仰了，我一直与非宗教信仰者共处而不为所动摇。我爱慕他们，尊敬他们，但我与他们的主义不相容。我经常声明，虽然我不知道该怎样和他们斗争，但我也不会相信他们。

哲学在这些方面是无边无际的，且又缺乏基本概念与原理。哲学只不过是无数的不肯定和疑惑，因此玄学家就无法解脱自己。所以我听任理性自然发展，也就是说，支配我的信仰的内在情感不为理性所左右。我让他们自行安排他们自己的机遇以及必要的动作。就在他们凭借骰子的一掷来建造他们的宇宙时，我却在注视其目的的统一性，这告诉我，尽管他们反对，但独一的创造者总是有的。正如他们以前曾说的，伊利亚特就只不过是靠随意投掷字母而构成的，我却断然对他们说：这种事情是可能的，但绝不会是真实的，除了我不相信这些外，我举不出任何理由说明我为什么不相信他们。他们说我这是偏见，好吧，就算如此，虽然这有些粗暴，但理性对这种比它自己还具有说服性的偏见又能起什么作用呢？关于物质和精神有无差别的问题，又有无休止的争论，我深信一棵树和我的思想之间没有什么是相同的。看到他们为自己的诡辩驱赶到宁可赋予石头以意识，而不愿把灵魂交付给人的地步，我不由得感到有趣。

朋友，我相信上帝，如果我的灵魂不能永生，那么上帝就不公正了。在我看来，你在宗教方面，在这一点上，拥有了基本的有用的论据，余下的就由争论不休的人去争论吧。对于永恒的惩罚，我认为这与人的弱点，与上帝的公正都是不相协调的，因此我摒弃它。诚然确有一些心灵黑透了的人，我也无法理解他们怎会享受永久的天福，这是一种只有对自己感到满意时才会有的甜蜜的感情。这使我怀疑，坏人的灵魂是否在人死时就毁灭掉了；存在和意识是否就是对有道德的生活的报答。尽管如此，这些对恶人的未来又有什么意思呢？在我的生命将结束时，我想到自己在世上受了众多的苦难后仍有希望继续愉快地生存下去，我就心满意足了。即使我为此希望所欺骗，这希望本身就有好处，使我能较轻松地忍受一切苦难。我平静地等待现时仍对我隐蔽的真理能给我以启示。我确信，即使美德并不总能使人幸福，但没有美德，人们也绝不可能幸福地生活；我确信，正直的人忍受苦难不是得不到补偿的；我确信，清白人的眼泪较之恶人子孙的眼泪更会使人的心灵感到欣慰。

1758年2月18日于蒙莫朗西

致雅各布维恩先生：

亲爱的，我总认为我们相互爱慕，而且也无负于相互的感情。你所具有的一些品质，比世上的一切财宝更能有助于他人从烦恼中解脱出来，使此生更为幸福。朋友，我的战友，学会爱护我，但忘却你那些无用的施予，因为在你把心灵交给我时，你不是就给我以财富了吗，其余的东西对身体的不适或灵魂的苦难又能有什么好处呢？我所渴求的是得到一位知心朋友，这正是我所缺少的，除此而外我别无他求。贫穷并未使我寒心，匮乏也无奈我何。我最后一次向你讲明这些，是要你今后在这方面不必为我担心。

我们在许多问题上观点一致，因而就没有必要对其他问题进行争论。我曾多次告诉你，世上没人比我更相信福音书了。我认为这是最伟大的书，当其他的书使我疲劳时，我只要一拿起福音书，就会感到新的愉快，当一切人类的安抚无济于事时，求助于它总能奏效。但它毕竟是本书，一本为人类的四分之三的人所不知的书。难道我应该相信，对上帝来说，赛西亚人或非洲人不知你我那样珍贵吗？为什么我应该假设上帝给他们认识自己的手段没有给我们的那么多？不，我尊敬的朋友，我们不应在散页纸上而应在人的心灵中，去寻求上帝的法，在其上，上帝屈尊地写着："啊人，不论你是谁，开始体会自身，学会向自己的良知与天生具有的能力求教，你就会正直、善良，且道德高尚，你会在你的主前鞠躬致敬，在主的天堂里你就会享有永久的赐福。"在这一点上我不会蔑视我的或他人的理性。从我平静的心灵中，从生活在神的眼皮下所得到的愉快中，我感受到，在对神做判断时，在对神寄托希望时，我并没有欺骗自己。我的战友，我只是想向你倾诉我的胸怀，而并不想与你论战。假如你同意，我们就到此为止吧，何况这些问题是很难在来往信件中进行令人满意的探讨的。

前些日子我的病稍有好转，但近日又复发了，看来我只有指望来春了，当然我不指望我的精力能恢复到足以返回故园的程度。虽然还未读到你们的声明[①]，允许我预先向你致敬。我日益感到庆幸的是，我是第一个向你的圣职人员们致敬，在全欧洲人的眼中他们是无负于这种尊敬的。

再见了，朋友。祝你好

……

1758 年 3 月 25 日于蒙莫朗西

致雅各布维恩先生：

……

我已经研究了你对我的信仰的反对意见，我坦率地告诉你，你的反对并未能改变我的看法。我发现，对一个确信灵魂永生的人来说，你对今生的善恶估价过高了。我对这些罪恶比你或许比任何活着的人都了解得更多，但这些丝毫也未影响我崇尚上苍的公正，我觉得自己很可笑，我竟然像一位旅客在条件很差的旅店中过了一夜后发出抱怨那样，喃喃地抱怨我在短暂的一生所遭到的不幸。你关于（人们）没有足够的良心的话，用来说上天的启示可能更为有力，因为你能要求人们对发明治不了病的药物的人有些什么想法呢？难道人们不会说了解福音书的人是非常神圣的人物吗？不会说残暴而又奸诈的西西里人比之愚蠢而粗鲁的霍屯督人更好些吗？你是要我相信，上帝给人制定

① 指日内瓦的牧师们就达朗贝先生在“百科全书”上的论“日内瓦”的声明。

法只是为了有双重理由来惩罚他们吗？当心啊，我的朋友。在你力图证明上帝反对幻想的错误时，你却对他提出了控告。尤其是你应记住，在这次争论中，是你在攻击我的观点，而我只是在保卫我的观点，因为我远不是不赞同你的观点，只要你不强迫任何人接受你的观点。

……

1758 年 5 月 25 日于蒙莫朗西

致苏黎士福音堂牧师于斯特里先生：

……

爱国精神是一种妒忌的精神，它使我们将不是我们同胞的每一个人都当作陌生人，而且几乎都当作敌人看待。这就是斯巴达和罗马的精神。而基督教的精神与此相反，使我们将所有的人都当作我们的兄弟看待，因为他们都是上帝的孩子。基督教的博爱精神不允许我们将同胞与陌生人做令人厌恶的区分。成为共和派和武士都是不好的，应该成为基督徒和人——基督教的真诚毫无区别地拥抱整个人类。因此，基督教由于它的圣洁，是与自私的社会精神相反的。

亲爱的朋友，我亟切地盼望见到你和拥抱你，同时，我衷心地祝贺你。

1763 年 4 月 30 日于莫蒂尔斯

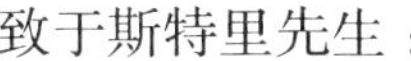

致于斯特里先生：

虽然我已被争吵和争论弄得疲惫不堪，并且极不愿意以可贵的友谊通讯来进行这些小小的战争，但既然你希望我这样做，我就继续来回答你的困惑。我以平时的坦率告诉你，我觉得似乎你没有很好地把握住问题。整个社会，整个人类是建立在人道上面的，是建立在博爱上面的，我认为，我一直认为基督教是有利于这个社会的。

但是，特殊的社会，政治的和民间的社会有着完全不同的原则。它们纯粹是人的机构，基督教最后使我们与它们脱离关系，就像它使我们与一切仅仅是世俗的东西脱离关系一样。仅仅由于人的邪恶才使这些机构成为必要，由于人有欲望，才需要保留这些机构。将基督徒身上的邪恶都除去，他们就不再需要地方行政官员和法律了；将他们身上的欲望都消去，对它们的约束立即就失去力量，不再有竞争，不再有荣誉，不再有偏好，私利消除了，支撑国家的东西都不存在了，国家也就衰落了。

你假设的由基督徒组成的非常政治化的社会，虽然很完善，却是个谬误。甚至想到有一个没有一个不公正的人，没有一个篡夺者的社会都是不合理性的。还有比圣徒们更完美的么？但他们当中有一个犹大！有比天使们更完美的么？但是，人们说魔鬼就来自他们中间。我亲爱的朋友，你忘记了你的基督徒是人，我假设他们具有的完美性只是适用于人类的完美性。我的书不是为神灵们写的。

这还不是全部问题。你赋予你的公民们以高尚的道德感，有什么理由呢？因为他们是基督徒。怎么能是这样呢？难道一个人不可能是你想象中的好基督徒，却同时又是个罗什福索特或是个布律耶么？我们的大师在为精神上

贫困的人祝福时，脑子里在想着什么？你的命题，首先是不合理的，因为高尚的道德感只有在比较中才能获得，而这种道德感在应用于隐蔽的邪恶时比应用于公开的邪恶时要好得多。其次，这一命题是完全不符合经验的，人们知道，在最大的城市里，在最堕落的人群里才最能看透人的心灵，观察人，以他们的情感来解释他们的谈话，将实在与事物的现象区分开。你能否认巴黎的人在道德上要比瑞士人好得多么，你能据此得出结论说在巴黎居住的人比与你住在一起的人要更有道德些？

你说你的公民对第一件不公正的事会大吃一惊。这，我相信，但是在他们看到不公正的事时，也没有更多的时间来反对这种事了，并且由于他们不愿意将他们的邻居想得很坏或者将可能是好的东西当作坏的（这与博爱不相符），因而就更没有时间了。你不会不知道聪明而有野心的人会很注意不以不公正的事开始他们的事业的。相反，他们会开始以外表的道德来赢得公众的信任和尊敬。只有在他们已安排好，人们已逃不出他们的掌心时，他们才会脱下假面具，予以狠狠的打击。克伦威尔在当了十五年的法律的保护者和信仰的捍卫者以后，人们才知道他是个暴君。

为了使你的基督教共和国能存在下去，你使它的邻国和它一样善良。好！我同意如果它不遭到攻击的话，它总能很好地保卫自己。至于你赋予士兵们出于热爱自卫的勇敢，这是每个人都不缺乏的东西，我赋予基督徒的动机甚至更为有力，即热爱职责。关于这一点，我想我可以请你到我的书中寻找完美的答案，因为那本书里讨论了这个问

题。难道你不知道，伟大的事业只有靠伟大的感情才能做成，而除了自救以外就没有别的感情的人，在世间是永远也不会做出伟大的事业？如果缪休斯·斯凯伏那仅仅是个圣徒，你能想象他能解除对罗马的包围吗？可能你会向我提出高尚的朱迪恩，但是我们假设的基督徒们不会那样无耻地卖弄风情，我认为他们不会去以色情引诱敌人，和敌人睡在一起，以便在敌人睡着时将他们杀死的。

我亲爱的朋友，我并不冀求能说服你。我知道没有两个头脑的构造是一模一样的，在经过许多的争论，许多的反驳和解释以后，总以各人仍然持有原来的意见而告终。我再说一遍，我给你复信是你要我这样做的，但是我不会因为你想得和我不一样就不那么喜欢你了。我已经向公众发表了我的意见，我认为我应该在重要问题上和对人类有益的问题上发表我的意见。此外，可能每次我都错了，无疑我的意见是经常错误的。我说出了我的理由，现在要由公众和你自己去衡量、去批评这些理由并做出你们的选择。至于我自己，我知道的就这么多，我完全愿意持有其他意见的人保留他们的意见，只要他们让我安静地保留我的意见。

1763 年 7 月 18 日于摩蒂埃

致蒙特利埃穆尔士先生：

……

从你的一些来信中，主要是最后一封信中，我看出时尚的潮流正在影响着你。我以前认为你具有的某些坚定不移的感情，现在你的这些感情开始产生了动摇。啊，亲爱的朋友，你做了些什么啊。我以前认为你心地纯正，精神坚定，你现在不再感到满足，你的感情的秘密见证人对你来说已不再重要了么？我知道，信仰不是不可或缺的，完全没有信仰也完全不是罪过，对一个人的最终审判是根据他做了什么而不是根据他信仰什么。但是，我请求你注意，你要非常慎重，因为你的情况与从来没有信仰也从来不想要信仰的人是很不相同的。我能想象从来没有信仰的人永远也不会信仰什么，但是我不能想象一个曾经有信仰的人怎么会不再信仰了。再说一遍，我要求于你的，不完全是信仰，而是慎重。你想否认普在的神明么？那么，神明正在看着你呢。你想窒息道德的本性么？那么，在你的心中响起了内心的呼声，它批驳了流行的说法，向你呼喊，认为好人与坏人，善与恶都是无所谓的说法是不对的，因为你是一个很有理智的人，不会看不到，一旦你否认了上帝，认为一切都是物质和运动产生的，你就从人生中取走了道德。上帝啊！这个不幸的正直人真会成为这种生活的不幸（甚至也不排除耻辱和辱骂）的俘虏吗？他真的没有事后得到补偿的希望吗？他真的会在像上帝那样生活以后，像野兽那样死去吗？不，不，穆尔士，这个世纪否认耶稣，是因为这个世纪不配了解他，耶稣为了使他的邪恶的同胞成为光荣和有道德的人死去了，伟大的耶稣并没有死在十字架上。我只是一个有许多缺点的人，但是我知道我自己的心中从来没有罪恶的感情。在我感到我的身体的崩溃已经临近的时候，我满意地感到我（的灵魂）肯定将继续活

下去。我认为，整个上苍（Nature）都能保证这点。上苍是不会食言的。我看到神奇的自然次序在主宰着一切，从来不爽。道德次序应该与之相适应。然而，我的一生中，一切都是颠倒的。因此，我的生命是在死亡时才开始的。原谅我，我的朋友，我知道我在唠唠叨叨，但是我的心充满了对我自己的希望和信心，也充满了对你的关心和感情，因此，忍不住要爆发出这简短的议论。

……

1769 年 2 月 14 日于蒙古安

3. 生活的哲学

致日内瓦罗米利：

人不可能爱其父而不及其亲爱的孩子，因此我虽然与你不相识却也喜欢你，而且你可以相信，我从你那儿得到的均不会削弱我对你的感情。我读了你的颂歌，我发现它具有活力，含有一些很好的比喻，有时，有几行诗的用词很巧妙；但我总感到你的诗有些晦涩，有些矫揉造作，未臻完善。有时韵律还好，却少有优雅之句，用词也不恰当。我亲爱的罗米利，当我以讲真话的方式向你致谢时，我所回报你的要比你给我的好些。

你有才能，而且毫无疑问，你会在你从事的事业中做出成绩。然而为你的幸福着想，如果你能像他一样地扬名于世，你还是从事你可尊敬的父亲的职业吧。适量的工作，简朴而有规律的生活，平静的心情以及健康的体魄都是幸

福生活的果实，比之知识与荣誉更有价值。你如确愿培育文人的才能而不沾染他们的偏见，即尊重你认为有价值的，那你就会获益匪浅。

我要明确地告诉你，我不喜欢你信中的结尾，我认为你对富人过于苛求。你没考虑到这一点；既然他们从孩童时期就形成了许多我们所没有的生活上的需要，一旦他们沦落为穷人时，他们比原来就贫苦的人更感到愁苦。我们必需对世上所有的人都公正，即使那些对我们不公正的人也不应例外。先生，假如我们具有美德而没有他们所有并备受我们指责的邪恶，我们可以视这些人不存在于世上，那么他们很快就会有求于我们而不是我们去求他们。再说一句，为了有权鄙视富人，我们自己必需节约，审慎、以至从不寻求财富。

再见了，亲爱的罗米利，热情拥抱你。

致某青年：

先生，你不知道你是在给一个满是烦恼的可怜人写信，更有甚者，一个非常忙的人，他很少有可能给你复信，而且更少有可能与你建立你所期待的那种关系。你是尊敬我的，你认为我对你是有用的，而且由于那促使你渴望与我交往的动机，你还应受到赞扬。但就这一目的本身来讲，我看不出你有什么来到蒙莫朗西居住的必要。你没有必要为了寻求道德规范而跑这么远。与你自己的心灵交流，你就能寻到这些规范。在这个问题上我无话可对你说，如果你不和心灵交流，你的良心也就不可能告诉你更多的东西。

先生，美德不是通过任何东西来学会的。只要下决心做的话，就可成为品德高尚的人，如果你真有此大志，并做了必须做的一切，你肯定是会幸福的。假如我能给你提出什么忠告的话，我首先要给你的忠告就是不要屈服于你所说的爱好忏悔祈祷的生活，因为这只是精神的怠惰，而这一点正是各种年龄的人，尤其是你这个年龄的人所应摒弃的。人活着不是为了思索，而是为了行动。上帝所加给我们的劳动生活只不过使想要尽责而献身于劳动的真正善良的人感到心胸愉快；他赋予我们青年人的充沛精力不应该消磨在懒散的思考中，因此，先生，就在你父母、上苍所赐予你的地方工作吧，这是你所要追求美德的第一准则。假如你蛰居巴黎，从事你所进行的工作，对你来说难以很好地结合的话；先生，你应更好地去做，生活在家庭怀抱中，照顾并为你品德高尚的父母工作，这样你就真正地完成了道德所赋予你的职责。

……

你不应因为会像你父亲一样地生活而感到不幸，只要人们尽全力去完成自己的职责，那么世上任何命运都会因工作积极的乐趣、清白以及自足而变得可以忍受。先生，以上就是我所能提供给你的忠告，可能它们并不合你的心意，而且我还担心你并不会听从这些，但是我能肯定今后你会为此而悔恨的。祝你前途光明，希望今后不会有任何情况迫使你想起我今天所讲的这些话。

……

1758 年春于蒙莫朗西

致布夫莱埃伯爵夫人：

夫人，请接受我合理的抱怨。我收到了康帝亲王大人的礼物——一件猎物，你肯定参与了此事，虽然你知道在收了第一份礼物后我就决定不再收受礼物。不过殿下在信中附带说明这是他亲手猎得的猎物，因而我感到我不可能拒绝这份表示敬意的礼物。前两次我都是考虑到亲王的情况，因而这次考虑我自己的权益是无可非议的。

殿下对我表示的敬意以及仁爱之心令我十分感动，尤其是因为我无理由指望从亲王那儿得到这些。我知道应如何尊重他人的优点，甚至尊重亲王的优点，这是因为，要是他们有优点的话，必定比他人要多得多。除了亲王的头衔以外，我在他身上看到了那些我所喜欢的东西，但与其说他的头衔令人讨厌，不如说他的为人更能吸引人。尽管如此，夫人，我不愿（即便是为了他）再违背我的原则。可能我之所以赢得亲王的尊敬，部分是因为我尊重原则，而这也正是我异常尊重那些原则的原因；如果我也像其他人一样，亲王他会屈尊来看望我吗？礼物与和他交谈相比，我更喜爱后者。

当然，我承认这些礼物不过是猎物而已，但什么样的礼品是无关紧要的。正因为是猎物，反倒变得更有价值，但我却更清楚地看到我是迫不得已才接受这些礼物的。在我看来，人所接受的礼物不会是没有后果的。人们一旦开始接受某样礼物，以后他就不会拒收任何东西了；人们一旦收受各种礼品，他就会索要东西，任何向他人索要东西的人，就会尽全力获取他所要的东西，这是事物发展的必

然趋势。但是，夫人，不管会发生什么，我绝不愿事物发展到这种地步。

1760 年 10 月 7 日于蒙莫朗西

致阿姆斯特丹出版商扬·内亚尔姆先生[①]：

你因出版《信仰的表白》而遭到了麻烦，我感到抱歉，但我再一次声明，世上没有任何谴责、危险、暴力或权力使我收回哪怕是一个音节。既然你在联系出版该书时从未就我手稿的内容与我商量过，因此在你遇到障碍而不能出书时，你也无权责怪，更不能因为我在所有书中所阐述的大胆的真理使你假设书中如果没有这些真理，这本书也就不成其为书而责怪我。我并非突然攻击你，更非欺骗你，我倒愿施恩惠于你，但这在你求我所做的事中是不可能得到的。而我也深感震惊，你竟可能相信，一个千方百计避免在他死后有人改动他的作品的人，竟会在他活着的时候允许他人来删除他的作品。

……

在使荣耀归于上帝，并为人类真正的好处说话时，我已尽了责，至于人们是否从中得益，他们是谴责或赞同我，那是他们自己的事，我则不会给他们以任何东西，从而变他们的谴责为赞扬。我谅他们不敢做最坏的事，因为不用他们自己动手，自然规律以及我本人的病痛也会完成他们想干的事。他们不会付我报酬，也无法从我这儿拿走任何报酬，因为这不取决于人的权力。先生，你清楚地看到，

① 内亚尔姆是荷兰承印《爱弥儿》的出版商。

不管会发生什么，我的决定已作出。因此我劝你别再就此事发表什么意见了，因为它是毫无用处的。你曾要我发表声明，以使你摆脱责任，这种要求是绝对公正的，你只要起草一份表白书，与你的最后几页书一并寄来，我会亲手抄写并签名，然后再寄回给你。

……我想你一定已知道我的书《社会契约论》的出版以及对其删节的问题，因而我不想再对你谈及此事。他们说最高法庭建议法办作者，但我却不相信这样聪明及开明的法庭竟会如此愚蠢，衷心拥抱你。

1762 年 6 月 5 日于蒙莫朗西

致昂里埃特小姐：

昂里埃特，你来信的目的我很清楚，就像我对你的信从巴黎发出的日期一样清楚。你不是要征求我对你必需做出的决定提意见，而是要我同意你已经做出的决定。你信中的每一行都在说：让我们看看你是否有脸来谴责有这种想法并写出来的人不要再这样想和写！这样来解释你的信并不是责怪你，你将我列入那些他们的判断对你会有影响的人中，我感到很荣幸。但是，在你这样表扬我时，我认为，你并不是要我也奉承你，而在我的意见与你一生的幸福有关时，不向你提出这意见就是辜负了你对我的好意。

我们且不去管那些无用的问题。现在不再存在要你去刺绣缝纫的问题了。昂里埃特，人的脑袋是不能像帽子那样随便脱下来的，一个人是不可能回复到婴儿时期的单纯的。一旦人脑发达了，就永远发达；任何人有了某种想法，

终生也不会改变。这是思考的不幸之处：人越是感到某些邪恶，就越是扩展这邪恶，我们做一切努力想从这邪恶中解脱出来，却越是深深地陷入邪恶之中。

我们且不说改变处境，我们只说你从现在所处的境地可能得到什么好处。你的处境是不幸的——并会永远如此。你悲愤异常而又无法可施，你感到了并为之不平，为能承受这忧伤，你寻求暂时解脱。你制订的读书与活动计划的目的不就是这样么？

从另一个角度看，你想到的方法可能是好的，但是，欺骗你的是你的目的，因为你看不到你忧伤的真正原因，却在使你忧伤的原因中寻找安慰。你在你的处境中寻找你所遭受的困难的原因，但你的处境正是你自己所作所为的结果。多少有功之人，生于富贵却陷于贫困，他们远不像你那样成功地承受着这命运，但是他们没有一个人像你那样忧伤而痛苦地理解你尽力描绘的可怕的处境。这是为什么呢？无疑，你会说，他们没有你那样敏感。我在一生中还没有见到一个人会不这样说。但是，这值得夸耀的敏感究竟是什么呢？你想知道吗，昂里埃特？分析到底，这是一种自爱之心，它使人进行比较。我已经找到了你的困苦的原因了。

你的一切苦恼都来自并且将继续来自你想要在公众面前出头露面。用这种办法是不可能找到幸福的。一个人永远不可能在别人眼里得到他自认为应该得到的地位。如果他们在某些方面给予我们这种地位，他们会在其他千百个方面拒绝给予我们，而一次拒绝给我们带来的痛苦要超过

成百次感谢给我们带来的欢快。对一个想使自己成为一个男人，从而马上使整个女性都反对她，而男性又不把她当作她想成为的男人看的女人说来，情况就更糟了，不论给予或拒绝给予她以荣誉，都使她的自尊心受到伤害。她永远得不到她所要的东西，因为她所要的是矛盾的东西，她想占有一个性别的权利而又不愿放弃另一个性别的权利，结果，她哪一个性别的权利也掌握不全。

但是谋求在公众面前出头露面的女人的大不幸是她只吸引了，也只看到与她同样的人，而没有看到那些不自我标榜，不在群众中显现出来的实实在在的、谦逊的功绩。对人类的判断没有比那些极为自负的人所做的判断更为错误和虚假的了，因为他们只从自己或类似自己的人出发来判断，这样当然不能正确地看待人类。你对你的周围都不满意，我完全相信这点，因为你生活在其中的人们是最不能使你幸福的了，在他们当中，你找不到一个可以信任的人，而信任能给人以慰藉。在那些只关心他们自己的人中，你怎么可能找到这种人呢？你要求他们首先想到你，而他们却连第二个想到你也做不到。你想要出人头地，处处占先，为人爱戴，而这些都是不能相容的事。一个人必需进行选择。没有平等，就没有友谊，而在自负之人之中，平等是不被承认的。为了需要朋友而去寻找朋友是不够的，我们必需有东西可以奉献来满足别人的需要。在你提供的一切东西中，你忘却了这一点。

你获得知识的途径既不能证明你的目的，也不能证明你对知识的使用是正确的。你想要成为哲学家，而这样想

就是不想成为一个哲学家，一个找丈夫的女子的外表比一个谋求别人供奉他的圣人的外表要有价值得多。你只为了外表而尽力去寻求的结果，远不是幸福，而是外表是善、实际是恶的东西。你陷入的沉思状态使你不断地回想到不幸的自我，然而，你想用使你产生这些想法的同样活动来排除这些想法。

你看到了你采取的途径的错误，你相信你能用你的计划来改变这途径，但你是在走另一个途径来达到你原来的目标。你不是自己想要回到读书上去，你是想给人以读书的印象。你是想在你年老的时候以丰富的学识来取代你的美貌的地位，以学识的王国来取代妩媚的王国。

你不愿奉承任何别的女人，但是你自己却想要得到别人的奉承。你想要有朋友，也就是说，你想要奉承者，因为不论是年轻或年老的妇人的朋友从来都是她的奉承者，她们侍候她或者离她而去，你事先采取了一些预防措施将他们都留在你的身边，你始终是大大小小的圈子的中心。除了这些考虑以外，我认为你想要采取的措施对达到你天真地为自己设想的目的会是最不起作用的。你说，你想使自己理解别人。为此，你需要新的权力吗？我确实不知道你对你自己的实际智慧有什么评价，但是，如果俄狄浦斯是你的朋友，我很难相信你会想去理解你今天不能理解的人。那么，为什么花那么大的气力去获得你已经占有的东西呢？不，昂里埃特，你不是为了这个，如果你成为女预言家，你就会发布预言了，你的真正计划不是想倾听别人的意见，而是要找到倾听你的意见的人。你借口为独立而

工作，但仍在为统治别人而工作。因此，你不是在减轻使你不愉快的舆论的负担，你使这枷锁更为沉重了。这个办法能为你自己获得宁静的沉思。你认为唯一能减轻折磨你的痛感的办法是远离自己，而我的意见正相反，你应该在内心更接近自己。

你的全部来信都证明到目前为止你的一切行为的唯一目的就是使你自己在别人面前处于有利的地位。你在公众面前像其他人一样获得了成功，为什么内心却得不到满足，你感觉不到你必需的幸福就在那里，现在是改变你的计划的时候了！你的计划对获得荣誉是个好计划，但对获得幸福是个坏计划。一个人不应该谋求逃离自我，因为这是不可能的，无论我们做什么事，一切都会将我们带回去。你承认在给我写或谈到你自己时曾有过幸福甜蜜的时刻。很奇怪，这种经历虽然并没有使你走上正确的道路，但至少教会你应该怎样寻求平静（如果不是你的幸福的话）。

虽然我在这些问题上的意见与你的意见很不一致，然而，在你应该做什么的问题上，意见却大致相同。从现在开始，读书对你来说就是阿基里斯的剑，它将医治它所造成的创伤。但是你只愿丢弃伤痛，而我却愿你丢弃邪恶的来源。你想要以哲学来分散你的痛苦，而我却要哲学使你与一切事物分开，并使你回复到你自己那里去。可以肯定，你永远不会对别人感到满意，除非你不再需求他们，而只有当社会不再成为必需的时候，你才能对它感到惬意。永远不要对那些你不能从他身上得到好处的人感到不满意，你自己倒是应该成为他们所必需的人，如果他们感到你无

求于他们，他们会感到高兴，因为你承认别人的价值是与你的价值相同的。他们不再会认为他们在给你好处，因为他们一直在接受你给他们的好处。生活的快乐会找到你，因为你不在寻找它们，这时，也就是你自我满足而又不对别人不满意时，你就可以睡一个安稳的觉，而醒来时就会感到美好。

的确，如果读书的目的截然相反，这两种读书就很少有相似之处，装饰思想的文化与滋养灵魂的文化是很不相同的。如果你有勇气来制订一个计划，而在开始执行这个计划时会很痛苦，你就该改变你行为的道路。这就要求在开始以前必需慎重考虑。我又有病，又忙；我的思想不敏捷；要超出我所熟悉的小圈子，对我说来，是要做痛苦的努力的，而你的情况与这些都大不一样。要我竭尽全力却一无所获是不公平的，因为我很难相信你会改建（打个譬喻）你整个道德的结构。你的哲学太多了，要这样去做是不会不感到担心的。如果你轻率地就开始这样做，我会对你感到失望的。目前，让我们就谈到此为止，你的主要问题已经得到了答复，这就够了。按照来信去做，你没有其他的事可做。

以上都是我匆匆写出的，因为我心神不宁并且在生病，这些都不是真正应该说的话，但是匆忙中可能出的错不是不可弥补的。最重要的是要你感到我对你很关心，我认为你在读这封信时是不会怀疑这点的。到目前为止，我把你看成是个可爱、颖慧的妇女，她竭力抑制她的本性，在外衣下掩饰的本性，就像一件铜铸的精品，人们赞赏它的外

表，但是它的内里却是空的。但是，如果你还知道为你的状态而哭泣，那你还不是不可救药的。只要你心中还留有一点真心，就不需绝望。

1764 年 5 月 7 日摩蒂埃

图书在版编目（CIP）数据

卢梭民主哲学 /（法）卢梭著；陈惟和等译.
— 北京：九州出版社，2004.08（2018.11重印）
（哲人咖啡厅）
ISBN 978-7-80195-121-2

Ⅰ.①卢… Ⅱ.①卢…②陈… Ⅲ.①卢梭，J.J.
（1712～1778）—民主—哲学思想 Ⅳ.①B565.26

中国版本图书馆CIP数据核字(2004)第078282号

卢梭民主哲学

作　　者（法）卢梭　著　陈惟和等　译
出版发行　九州出版社
地　　址　北京市西城区阜外大街甲35号(100037)
发行电话　(010)68992190/3/5/6
网　　址　www.jiuzhoupress.com
电子信箱　jiuzhou@jiuzhoupress.com
印　　刷　三河市九洲财鑫印刷有限公司
开　　本　880毫米×1230毫米　32开
印　　张　12.75
字　　数　250千字
版　　次　2004年8月第1版
印　　次　2018年11月第5次印刷
书　　号　ISBN 978-7-80195-121-2
定　　价　32.00元